U0505427

上海智库报告
SHANGHAI ZHIKU BAOGAO

# 乘「数」而上

## 数字赋能上海产业高质量发展

余典范 魏航 王超 王佳希
张家才 杨翘楚 等 / 著

上海人民出版社

# 出版说明

智力资源是一个国家、一个民族最宝贵的资源。中国特色新型智库是智力资源的重要聚集地，在坚持和完善中国特色社会主义制度、全面推进中国式现代化过程中具有重要支撑作用。党的十八大以来，习近平总书记高度重视中国特色新型智库建设，多次发表重要讲话、作出重要指示、提出明确要求，强调把中国特色新型智库建设作为一项重大而紧迫的任务切实抓好。在习近平总书记亲自擘画下，中国特色新型智库的顶层设计逐步完善，智库建设迈入高质量发展的新阶段。

上海是哲学社会科学研究的学术重镇，也是国内决策咨询研究力量最强的地区之一，在新型智库建设方面一向走在全国前列。近年来，在市委和市政府的正确领导下，全市新型智库坚持“立足上海、服务全国、面向全球”的定位，主动对接中央和市委重大决策需求，积极开展重大战略问题研究，有力服务国家战略，有效助推上海发展。目前，全市拥有上海社会科学院、复旦大学中国研究院等 2 家国家高端智库建设试点单位，上海全球城市研究院、上海国际问题研究院等 16 家重点智库和 10 家重点培育智库，初步形成以国家高端智库为引领，市级重点智库为支撑，其他智库为补充，结构合理、分工明确的新型智库建设布局体系。

“上海智库报告”是市社科规划办在统筹推进全市新型智库建设的过程中，集全市之力，共同打造的上海新型智库建设品牌。报告主要来自市社科规划办面向全市公开遴选的优秀智库研究成果，每年推出一辑。入选成果要求紧扣国家战略和市委市政府中心工作，主题鲜明、分析深刻、逻辑严密，具有较高的理论说服力、实践指导作用和决策参考价值。“上海智库报告”既是上海推进新型智库建设的重要举措，也是对全市智库优秀研究成果进行表彰的重要形式，代表上海新型智库研究的最高水平。

2023年度“上海智库报告”深入学习贯彻落实党的二十大精神，紧密结合主题教育和十二届市委三次全会精神，聚焦上海强化“四大功能”、深化“五个中心”建设的一系列重大命题，突出强调以落实国家战略为牵引、以服务上海深化高水平改革开放推动高质量发展为基本导向，更加注重报告内容的整体性、战略性和前瞻性，引导全市新型智库为上海继续当好全国改革开放排头兵、创新发展先行者，加快建设具有世界影响力的社会主义现代化国际大都市，奋力谱写中国式现代化的新篇章提供智力支撑。

上海市哲学社会科学规划办公室

2023年9月

# 目　录


**前　言** 001

**第一章　数字经济赋能上海现代化产业体系** 001

第一节　上海数字经济发展现状 001

第二节　上海现代化产业体系中的数字化建设 014

第二节　上海数字化转型面临的问题及对策 040

**第二章　数字经济助力上海打造创新策源高地** 048

第一节　创新策源能力的内涵 048

第二节　上海创新策源能力的现状分析 057

第三节　数字经济助力上海创新策源能力的主要途径 067

第四节　对策建议 079

**第三章　ChatGPT 与上海产业发展新机遇** 084

第一节　ChatGPT 简介 084

第二节　ChatGPT+ 上海产业 090

第三节　对策建议 100

第四章　上海服务业的数字化转型　108
第一节　服务业数字化转型的总体趋势　108
第二节　上海服务业数字化转型升级　111
第三节　上海服务业企业数字化转型具体案例　126
第四节　上海市服务业数字化转型对策建议　142

第五章　上海供应链数字化的实践与启示　145
第一节　供应链数字化的概念与内涵　145
第二节　上海供应链数字化的基本情况　162
第三节　上海供应链数字化的典型案例　177
第四节　上海供应链数字化的问题与对策　181

第六章　上海加快建设数字贸易国际枢纽港　186
第一节　建设数字贸易国际枢纽港的时代背景　186
第二节　上海数字贸易国际枢纽港建设进程　194
第三节　上海建设数字贸易国际枢纽港的短板分析　209
第四节　数字贸易规则的国际管理模式与经验启示　211
第五节　建设数字贸易国际枢纽港的对策建议　224

第七章　数字时代的上海产业政策　229
第一节　产业政策转型与上海实践　229
第二节　数字时代上海产业政策存在的问题与挑战　244
第三节　数字时代下上海产业政策调整方向　255

参考文献　265
后　记　275

# 前言

当前，以人工智能、大数据等为代表的新兴数字技术方兴未艾，建设数字中国是数字时代推进中国式现代化的重要引擎，是构筑国家竞争新优势的有力支撑。数字经济以其战略性、基础性、强渗透性、普惠性等赋予了中国式现代化产业体系新的内涵，为产业的转型升级带来了新的机遇，也对现有的制度创新形成了较大的挑战。特别是数据要素的产生和传递边际成本极低，数字技术迭代创新周期极短，发展方向变化莫测。相比于传统产业，数字产业更难监测和管理。构建更加符合数字技术特征的制度规则，推动数据要素开放是数字经济健康发展的重要保障。因此，在数字经济时代，政府规制和治理手段也将发生重大变革。上海作为我国经济发展最为活跃、开放程度最高、创新能力最强的城市之一，人工智能、大数据、云计算以及集成电路等数字产业有着良好的基础，在传统重点产业和新兴产业发展上也走在前列。但产业的数字化转型往往是千企千面，目前数字化平台和服务商更多是提供通用型解决方案的平台，无法满足企业个性化、一体化的需求，如何在重点产业体系中做到数字化转型“一业一策”特别是利用 ChatGPT 等新兴技术进行赋能是上海加快实现现代化产业体系的重要途径；数字经济如何助力上海创新策源功能的推进，对于率先步入服务经济时代的上海而言，如何利用数字化赋能解决鲍莫尔成本病，实现服务业高质量发展等均是上海产业率先转型升级的典型标志；产业数字化转型关键在于畅通产业链的传导效应，在数字产业与产业数字化以及不同产业形成数字化的协同中，数字化供应链的改造与升级是关键；数字经济时代需要与之相适应的规则与政策，上海如何在数据的跨境交易上对标高标准进行创新试验，以及如何优化数字经济的产业政策等是体现高质量数字治理的重要方面。

为了呼应上述重大问题，本书聚焦数字经济赋能上海产业高质量发展这一主题，紧扣上海“2+3+6+4+5”的现代化产业体系，对数字经济促进上海现代化产业体系建设、推动产业数字化转型及数字经济治理等内容进行了深入分析。主要涵盖以下三方面内容：第一部分以专题研究形式，对数字经济赋能上海现代化产业体系和助力上海打造创新策源高地进行研究。第二部分采用案例分析形式梳理数字经济赋能产业的典型案例，主要包括 ChatGPT 与上海产业发展、上海服务业的数字化转型以及供应链数字化的实践。第三部分立足于数字经济治理，从上海加快建设数字贸易国际枢纽港和数字时代的上海产业政策优化等方面进行了深入分析。

本书的主要观点如下：第一，数字经济在引领上海现代化产业体系建设，推动智能制造、提升消费体验和拓展应用场景等方面有较大潜力，但仍然面临底层技术卡脖子、应用场景碎片化和孤岛化问题，未来应加快技术突破和推动应用场景创新。第二，数字经济对于实现创新要素的高效配置、促进创新网络能级提升和产学研协同创新等方面有积极作用，上海可利用科创板强化创新策源高地的建设成果，加强基础研究投入和成果的转化扩散。第三，上海市在服务业和供应链等领域的数字化转型上具有较为雄厚的产业和技术基础，转型进程在全国位居前列，发挥了较好的示范引领作用，未来应当加强个性化的数字化服务商培育、建立产业链供应链数字化的协作机制。第四，上海应继续完善数据跨境流动制度创新、参与甚至引导国际数字贸易规则制定，通过打造数字贸易生态圈提升国际影响力。第五，数字时代上海市数字经济治理面临产业立法薄弱、知识产权执法难度不断增强、产业政策普惠性不足的问题，因此需要充分发挥产业政策和竞争政策的协同作用、创新并加强数字经济知识产权保护，重视产业立法对数字经济的支撑作用。

本书的创新之处在于：首先，在视角上，紧扣上海“2+3+6+4+5”的现代化产业体系，全面深入分析了数字经济对于上海重点产业高质量发展的影响并给出了相应对策建议。与以往笼统关注数字经济对上海产业发展的影响不同，充分体现了上海数字产业化、产业数字化、数据价值化、数字化治理“数字四化”的核心框架，对丁落实上海经济高质量发展战略、加快建设具有世界影响力的国际数字之都具有很强的对表性。其次，以理论分析和案例分析结合的方式，引入 ChatGPT、服务业数字化和供应链数字化典型案例，深入浅出地阐释了当前上海数字经济发展的重大现实问题，具有很强的咨政启民价值。最后，特别关注了对标国际高标准与发展趋势，上海在数据跨境流动与数字产业政策上的高质量发展之道，研究的对标与落地价值突出。

# 第一章
# 数字经济赋能上海现代化产业体系

作为经济高质量发展的重要引擎，数字经济受到了全球各国的广泛重视。在此背景之下，上海应把握数字化变革新机遇，为构建数字中国发挥示范效应。本章首先介绍了上海数字经济发展的现状，重点分析了上海现代化产业体系的数字化转型情况，最后结合上海数字化转型面临的问题给出了相应对策建议。

## 第一节　上海数字经济发展现状

了解数字经济发展的背景和现状有助于加快上海数字经济的全面布局，赋能现代化产业体系。因此，本节主要分析了数字经济发展的国际和国内环境，以及上海数字化转型的各方面进展。

# 一、上海数字经济发展的国际国内环境

数字经济是继农业经济、工业经济之后的主要经济形态，是以数据资源为关键要素，以现代信息网络为主要载体，以信息通信技术融合应用、全要素数字化转型为重要推动力的新经济形态。近年来，信息和通信技术快速发展，并逐渐与现行经济运行方式深度融合，数字经济也因此成为经济增长的“新引擎”，在世界上多数国家占据战略发展地位[1]。

在中国，数字经济呈蓬勃发展之势，不断深化着与其他各领域之间的融合与协同，发挥着消费激励、投资带动、就业创造等重要作用[2]。为打造具有世界影响力的国际数字之都，上海市也充分把握了当前国际国内数字经济的发展形势，加快推进城市数字化转型的战略部署，在我国数字经济发展中发挥了开拓和引领作用。

## （一）各国加快抢占数字经济新赛道

总体而言，发达国家的数字经济发展规模和比重与发展中国家相比具有较大领先优势。数字经济已经成为全球经济发展的大趋势，全球范围内主要国家均将数字化作为优先发展的方向，抢占未来产业发展的高地。如美国实施“先进制造业”战略以及“信息高速公路”战略，德国实施“数字战略（2025）”，日本先后实施

[1] 许宪春、张美慧：《中国数字经济规模测算研究——基于国际比较的视角》，《中国工业经济》2020 年第 5 期。

[2] 赵涛、张智、梁上坤：《数字经济、创业活跃度与高质量发展——来自中国城市的经验证据》，《管理世界》2020 年第 10 期。

“e-Japan”“u-Japan”“i-Japan”等国家战略，以抢占新一轮世界经济锦标赛的主导权。从发达国家与发展中国家的数字经济规模和GDP占比情况来看，在《全球数字经济白皮书（2022年）》测算的47个国家中[1]，2021年发达国家数字经济规模27.6万亿美元，占GDP比重为55.7%，发展中国家数字经济规模10.5万亿美元，占GDP比重为29.8%，远远低于发达国家。

在数字经济的产业渗透方面，中国与其他数字经济发展领先的国家同样存在差异。发达国家产业数字化转型起步早，技术应用成熟，发展成效明显。如英国的第一产业数字经济渗透率已超过30%，德国和韩国的第二产业渗透率超过40%，在相应领域充分发挥了数字经济的赋能效应，促进实体经济高质量发展[2]。然而在中国，数字经济虽已渗透到消费、流通等服务行业当中，但农业和制造业的数字化赋能尚有不足。农业领域在数字技术应用后市场化拓展较窄，而传统制造业则因数字技术的投入强度大、转换成本高、资产专用性强导致应用动力不足。因此，对于我国而言，未来数字经济发展需特别注重数字经济与实体经济的融合。

从核心技术角度看，中国虽然在数字经济的应用领域实现了大规模覆盖，但在数字技术上还没有获得相应的优势。中国数字经济的发展更多地源自“人口红利”和“网民红利”带来的“应用端”繁荣，但涵盖基础研究和原始创新的“创新端”与发达国家相比仍较为薄

[1] 数据来源于《全球数字经济白皮书（2022年）》，测算国家中有20个发达国家，27个发展中国家。

[2]《全球数字经济白皮书（2022年）》，http://www.caict.ac.cn/kxyj/qwfb/bps/202212/t20221207_412453.htm，2022年12月。

弱。发达国家在集成电路、人工智能等数字产业链核心技术上的封锁使我国面临严重的“卡脖子问题”。而从投入方面来看，较之数字经济研发投入在本国 GDP 中占比超 1.2% 的韩国、以色列、芬兰等国家，中国仅有 0.5%[1]，大型数字基础设施存在空白。因此，我们应加快建设数字创新体系，集中力量在先行地区、重点产业中实现数字关键技术的突破，提升我国数字经济的国际竞争力。

## （二）中国稳步实现数字经济高质量发展

国家高度重视数字经济的发展，产业数字化仍是数字经济发展的主要推动力。图 1-1 所示为 2017—2022 年我国数字经济的发展情况。

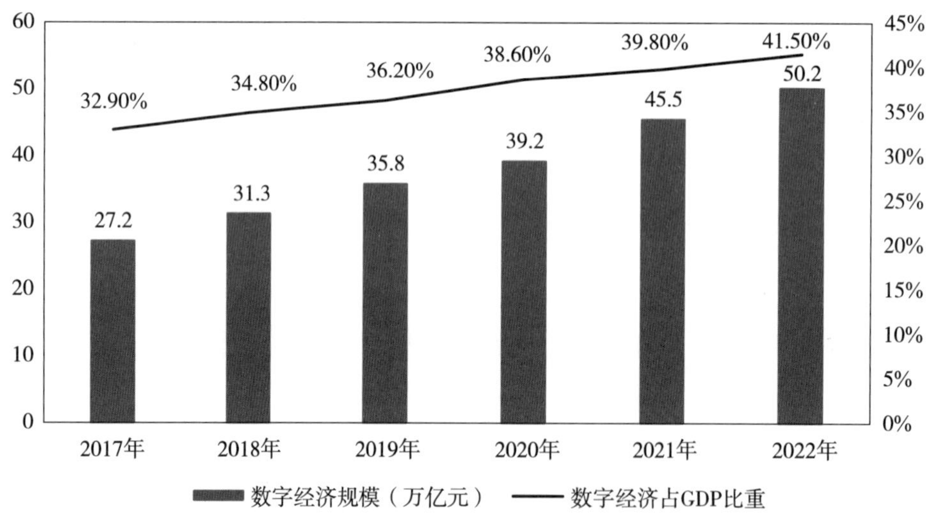


**图 1-1　2017—2022 年我国数字经济发展情况**

资料来源：中国信息通信研究院《中国数字经济发展研究报告》。

[1] 刘淑春：《中国数字经济高质量发展的靶向路径与政策供给》，《经济学家》2019 年第 6 期。

可以看出，数字经济总规模处于上升态势，占 GDP 的比重也逐年提高。2022 年，我国数字经济规模高达 50.2 万亿元，同比增长 10.3%，其占 GDP 的比重已达 41.5%，成为中国经济重要的发展引擎。而从图 1-2 列示的我国数字产业化和产业数字化的规模及占比中可以看出，核心数字产业规模 9.2 万亿元，占 GDP 比重达到 7.6%。数字产业化发展稳步加快，但总体水平仍然较低，在数字经济中占比仅为 18.3%。相较而言，得益于传统产业的庞大基础，产业数字化水平更

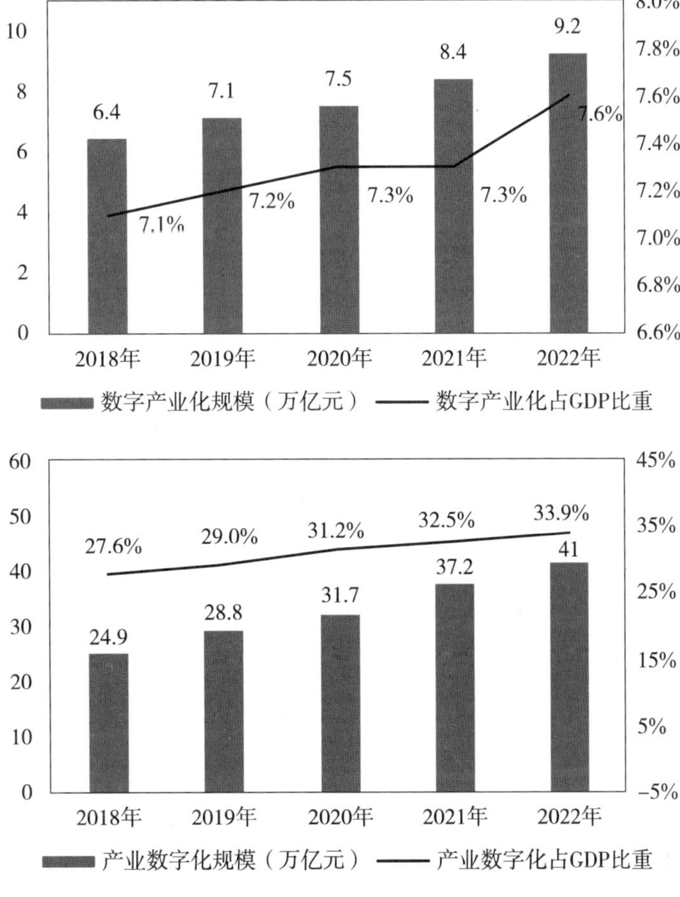


图 1-2　数字产业化及产业数字化的规模与 GDP 占比

资料来源：中国信息通信研究院。

高。2022 年产业数字化规模高达 41 万亿元，占 GDP 比重为 33.9%，而在数字经济发展中占比 81.7%。未来我国应在平稳推进产业数字化的同时，实现核心数字产业的快速高质量发展。

在数字经济发展规模扩大的同时，数字经济结构的优化和调整同样应予以关注。我国的数字经济渗透仍以第三产业为主，但第一产业和第二产业的渗透率也存在增长趋势。2018 年，三产渗透率已经达到 28.9%，而第一产业和第二产业仅为 7.3% 和 18.3%。至 2022 年，三次产业中数字经济的渗透率分别为 10.5%，24.0% 和 44.7%。三产的数字经济渗透率仍处于最高水平，而二产也实现了一定的追赶，但相比之下，一产的数字化渗透率仍然偏低。在未来，应进一步加强一产和二产领域的数字化渗透，充分实现农业和工业的数字化赋能。

我国数字经济发展整体水平向好，但仍存在严重的地区间基础设

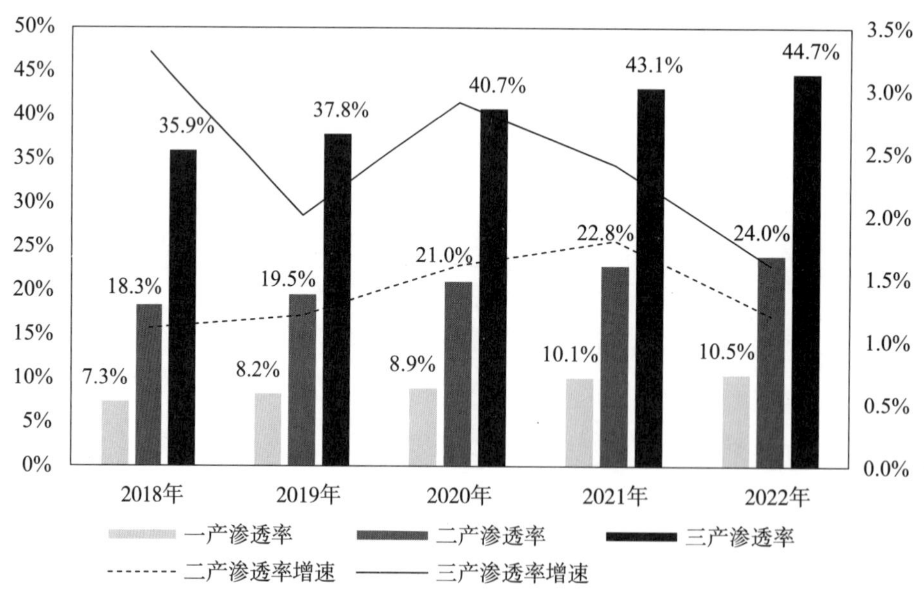


图 1-3　三次产业渗透率及增速

资料来源：中国信息通信研究院。

施建设不平衡问题，数字经济发展存在较大区域差异。据中国信息通信研究院统计，2021 年数字经济规模全国均值为 1577 亿元，而上海的规模高达 20590 亿元，在所评估的 242 个城市中排名第一。排名前十的城市主要包括上海、北京、深圳、广州、苏州等，青海、甘肃、四川、宁夏等中西部地区的城市数字经济规模相对落后。在以数据作为核心生产要素的数字经济时代，构建全国协同发展的数字技术网络是提升中国数字经济发展水平的关键。因此，未来应注重数据的流通和算力优化配置，引入相对完善的全国性协调机制，促进数字经济在区域层面的均衡、有序发展。进一步挖掘诸如“东数西算”的工程，通过全国的布局和协调，实现数字基础设施、算力资源的优化配置，数据要素的跨区域流通与共享。同时，充分发挥领先地区如上海的引领作用，促进其对中西部地区数字化的溢出效应。

**表 1-1　2021 年我国各城市数字经济规模**

| 排名 | 省份 | 城市 | 规模（亿元） |
|---|---|---|---|
| 1 | 上海 | 上海 | 20590 |
| 2 | 北京 | 北京 | 19468 |
| 3 | 广东 | 深圳 | 14658 |
| 4 | 广东 | 广州 | 13084 |
| 5 | 江苏 | 苏州 | 9827 |
| 6 | 重庆 | 重庆 | 9811 |
| 7 | 四川 | 成都 | 8801 |
| 8 | 浙江 | 杭州 | 8429 |
| 9 | 江苏 | 南京 | 7337 |
| 10 | 湖北 | 武汉 | 7109 |

资料来源：中国信息通信研究院《中国城市数字经济指数蓝皮书》。

# 二、上海在数字化转型中发挥了排头兵作用

上海的城市数字化转型在正加速推进，在数字产业化、产业数字化、数据价值化和数字化治理这“四化”方面均取得了显著成效。

## （一）数字产业化基础不断夯实

在数字产业的发展上，上海市致力于实现关键数字技术的突破，并力求完成国家重大科创需求任务。上海投入大量科研力量，着力研发光刻机、刻蚀机等“卡脖子”战略产品，并发布了特定领域性能处在世界领先水平的 AI 云端训练芯片。同时，针对电子信息行业，300 毫米大硅片、千米级高温超导电缆等核心技术成果也填补了国内相关领域的空白。至 2021 年年末，上海已累计牵头负责国家重大专项项目 929 项，所获资助资金额度居全国前列。

在核心技术的支持下，上海的数字基础设施建设位居全国前列，为数字经济发展提供了基础保障。图 1-4 为 2020 年上海市新基建各

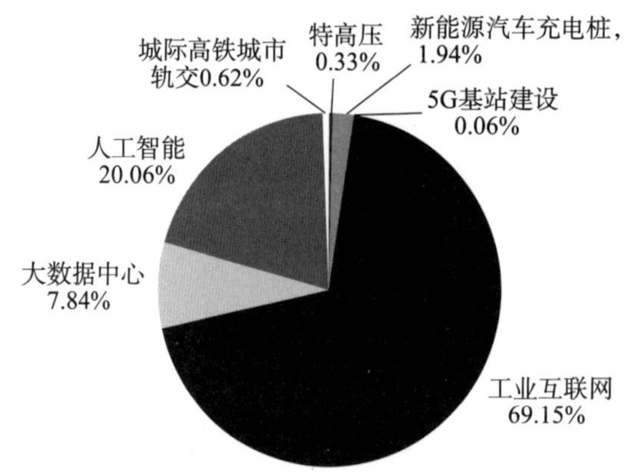


图 1-4 上海市新基建各领域相关企业数量占比

资料来源：天眼查。

领域的相关企业分布情况，其中工业物联网企业占比高达69.15%，高于全国平均水平55.34%，为“工赋上海”三年计划提供了有力保障。人工智能相关新基建占比20.06%，有效助力了上海乃至长三角地区人工智能的发展。如图1-5所示，从近十年来相关企业的注册数量看，上海市的增速已超越全国水平，相关企业增长明显。上海新基建对数字经济发展起到了重要基石作用，营造了良好的数字经济发展环境。

在下一代信息通信基础建设关键的千兆宽带和5G技术发展上，上海同样具有突出的表现。上海市政府先后颁布《上海5G产业发展和应用创新三年行动计划（2019—2021年）》《上海市5G移动通信基站布局规划导则》等多项政策，明确对5G基站建设的支持。如图1-6的数据表明，上海的固定宽带可用下载速率于2019年已达44.5 Mbps，千兆网络建设长期领先于全国其他地区。便捷的网络使

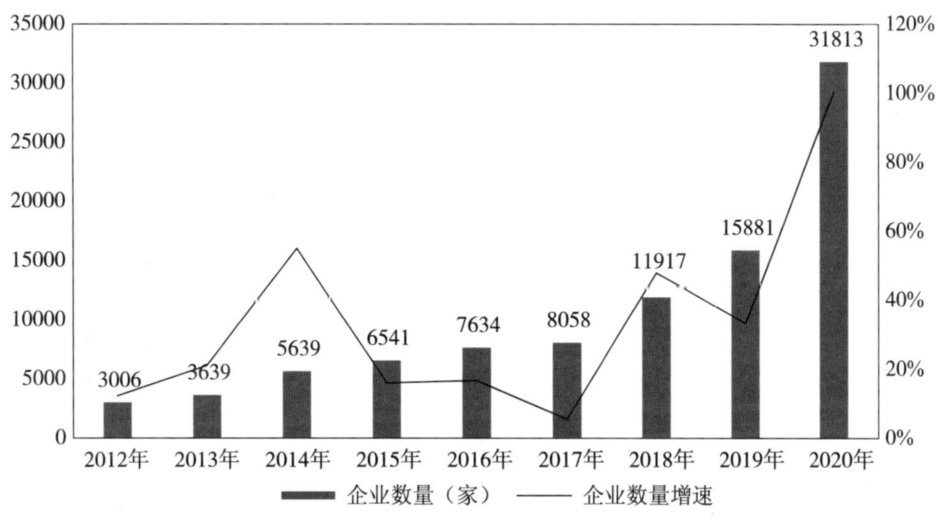


图1-5　历年上海市新基建相关企业数量及增速

资料来源：天眼查。

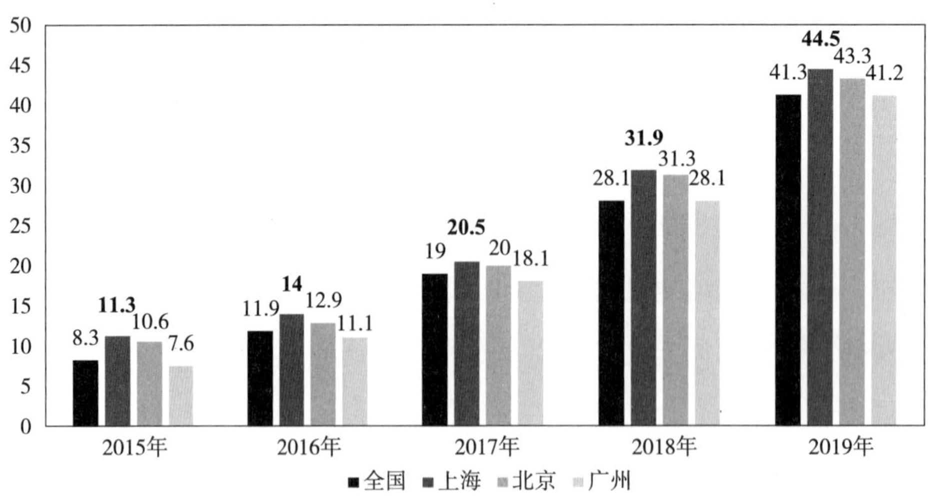


图 1-6　全国及北上广固定宽带可用下载速率（单位：Mbps）

资料来源：亿欧智库。

用降低了企业数字化转型的门槛，为产业数字化提供了更大的发展空间。

### （二）产业数字化快速扩展

得益于良好的数字基础设施，上海的产业数字化水平大幅领先全国其他地区。在工业互联网的支持下，制造业数字化转型快速推进。工业互联网作为信息技术与工业经济深度融合的产物，是第二产业数字化的典型代表。2020 年，上海工业互联网相关企业数量超过 500 家，位列全国第三。同时，工业互联网存在显著的产业集群效应，上海市已有集成电路、生物医药等重点领域的 300 余家企业参与到工业互联网的应用当中，并引领长三角打造工业互联网的产业高地，对全国工业互联网发展起到了示范作用，助力传统制造业的转型升级。

上海的服务业数字化聚焦于电子商务、共享经济等行业，平台经济也逐渐成为发展的新热点。上海市对电商行业的创新发展给予了多项政策支持，致力于打造具有全国影响力的电商平台，发展在

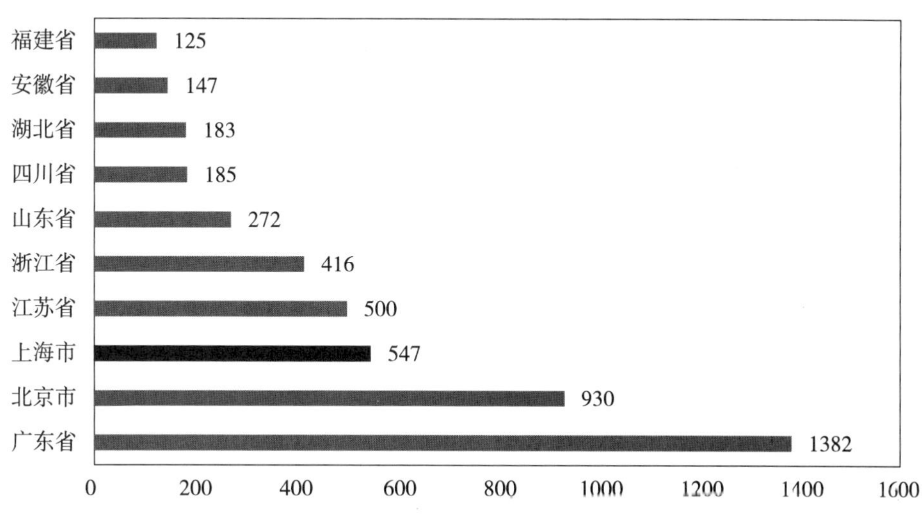


图 1-7　2020 年全国各省市工业互联网企业数量前十名（单位：家）

资料来源：天眼查。

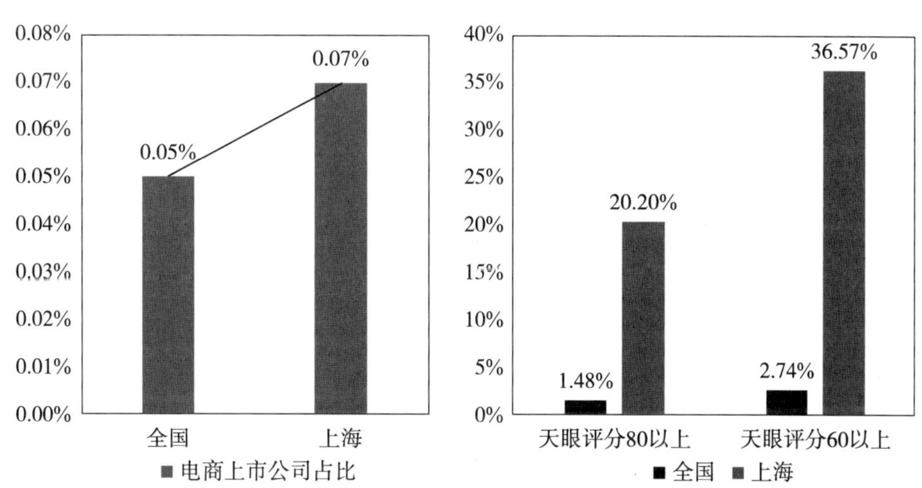


图 1-8　全国与上海电商上市公司占比与天眼评分比较

资料来源：天眼查。

线新经济。据统计，上海电商相关上市公司占比高于全国水平。同时，电商企业也具有较高的发展质量，天眼查评分 60 分以上的企业占 36.57%，80 分以上企业占 20.20%，高于全国整体水平。优质的电商企业带动了上海市平台经济的发展，扩大了资源的共享范围，极大地推动了服务业业态的创新，引领了我国第三产业的数字化转型。

### （三）数据价值化在守正创新中不断提升

随着数据要素在生产生活中地位的不断提升，明确数据价值是国家和地区义不容辞的责任。上海在数据价值化的过程中起到了表率作用，实施了首个数据领域的省级人大综合性地方立法。《上海市数据条例》（简称《条例》）于 2022 年正式发布实施，在国家的《数据安全法》与《个人信息保护法》施行后起到了地方立法的引领作用。《条例》聚焦数据权益保障、数据流通利用、数据安全管理三大环节，明确了政府和相关部门在数据发展和管理方面的责任，试图培育公平、开放、有序、诚信的数据要素市场。《条例》的发布为破除数据流通和开发利用的制度障碍，保障规范安全发展提供制度保障。

为推动数据要素流通、促进城市的数字经济发展，上海市于 2021 年成立上海数据交易所，实现对数据的定价和交易。上海市高度重视交易所的建设，数据交易所揭牌成立当日，即受理约 100 个数据产品，涉及通信、金融、交通等八个方面。其中，多项交易跨行业进行，如上海电力和工商银行就“企业电智绘”数据产品达成交易。该交易借助上海电力大数据实时性强、覆盖面广的优点，实现商业银行金融产品与服务的创新。交易所成立以来，参与成交和签约的对象涵盖各类高影响力的市场主体以及从事数据评估和技术支持的服务机构。综合来看，上海数据交易所有助于破解数据交易的确权难、定价难、监管难等关键共性难题。在未来，交易所有望充分发挥应有的效果，全方面推动数据资源的优化配置，助力数据的价值化。

## （四）数字化治理极大提升了城市品质

“一网通办”优化城市政务服务能力。上海以随申办为首的电子政务平台快速发展，涉及公安、医保、交通等多个民生重点领域。该平台针对不同特征、不同层次人士的使用需求提供精准化服务，包括长者专版、无障碍专版和国际版操作界面，极大程度上保障了服务的普惠化和便捷化。截至 2021 年底，“一网通办”总门户已接入 3000 余项服务事项，个人实名用户和法人用户分别达到 6195 万和 249 万，实现了网上办理政务服务的高效性和全面性。在此基础上，上海市还致力于实现“一网通办”平台的技术优化。平台服务引入“AI+”服务模式，依靠智能客服的语音识别提升智能化服务水平。在城市的高度重视和全力推进下，“一网通办”平台建设推动了城市数字治理模式的变革，在便利民众业务办理的同时重构了城市的治理体系。

“一网统管”完善城市数据治理体系。上海城市运行数字体征作为国内首个“实时、动态、鲜活”的超大城市运行数字体征系统，将各项城市体征细分为 1000 多个指标，实现了全域覆盖。在微观层面，上海数字体征囊括 1100 多万物联终端和 1.79 亿数据感知端，采集包括水质、住宅安全以及养老服务等 3400 万条实时数据。在算法模型的助力下，上海数字体征得以实现对各类风险的预防和应对。宏观层面，数字体征连接着各区和部门汇集了 TB 级的数据资源，实时监测区域内信息动态，保障各级城运平台的信息汇总和共享。凭借上海数字体征的建设，上海城市内的安全大事和民生要事均得以实现一体化治理，进一步完善了城市的全生命周期体系建设。

## 第二节　上海现代化产业体系中的数字化建设

制造业是实体经济的主体，也是提升城市核心竞争力的关键领域。为实现制造业的高水平发展、发挥上海产业基础和资源禀赋优势，《上海市先进制造业发展“十四五”规划》中明确提出，未来将以集成电路、生物医药、人工智能三大先导产业为引领，大力发展电子信息、生命健康、汽车、高端装备、先进材料、时尚消费品六大重点产业，构建“3+6”新型产业体系，打造具有国际竞争力的高端产业集群。同时，上海市也将加强数字经济、绿色低碳、元宇宙和智能终端四大新赛道，以及未来健康、未来智能、未来能源、未来空间和未来材料五大未来产业前沿的布局，形成“4+5”未来产业格局。

在重点产业的发展中，上海市明确强调了数字技术的全方位、全角度、全链条赋能。通过企业智能化生产、网络化协同、服务化延伸以及数字化管理，数字技术有望增强“上海制造”的数字化竞争力。在基础设施建设上，上海致力于推动制造业企业部署应用5G、千兆光纤宽带、物联网等新型信息基础设施，深化5G+工业互联网协同应用，为企业数字化转型提供支撑。对于企业的生产经营，也强调通过数字化增效，打造数字孪生企业并建造智能工厂。进一步地，上海积极促进产业链和供应链数字化增智，建设数字化的平台生态。在高效的政策引导下，“2+3+6+4+5”产业体系数字化转型加快推进，强化了对上海产业的整体带动作用。本部分将从人工智能与未来智能、智能网联汽车、高端装备与未来空间、生物医药与未来健康、集成电路与电子信息、时尚消费品、绿色低碳与未来能源，以及元宇宙八个领域展开，具体分析上海产业数字化转型水平与优势，为未来继续推进产业数字化转型提供进一步完善的依据。

## 一、人工智能与未来智能

人工智能是新一轮科技革命和产业变革的重要驱动力量，对全球各行各业的发展有着广泛影响。人工智能重构了企业的生产方式与生产技术，在本质上改变了产品的创新模式，给企业的生产经营带来了革命性的巨变，极大地提高了企业的生产和管理效率。目前，中国拥有众多人工智能企业，已经成为世界第二大人工智能企业集聚区[1]。

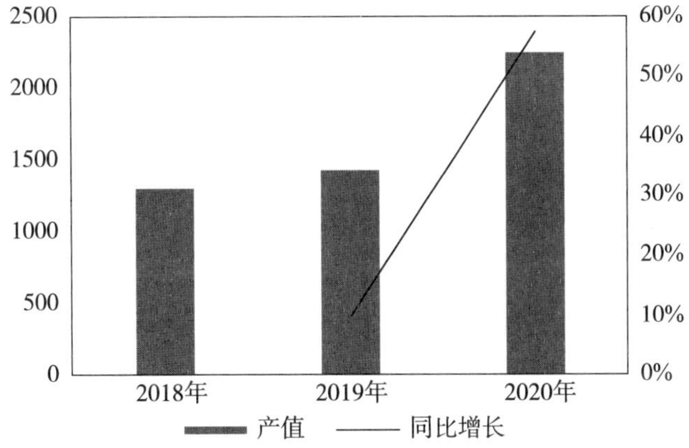


图 1-9　2018—2020 年上海市人工智能重点企业产值规模（单位：亿元）

资料来源：上海市经济和信息化委员会、前瞻产业研究院。

[1] 中国信息通信研究院：《2020 年全球人工智能产业地图》。

其中，上海人工智能的发展表现亮眼。上海市人工智能重点企业产值规模从 2018 年至 2020 年持续上升，至 2020 年实现产值规模 2246 亿元，较 2019 年同比增长超过 50%。根据《上海市人工智能产业发展“十四五”规划》，预计到 2025 年，上海人工智能规上产业规模达到 4000 亿元，技术水平和发展规模不断提升。

### （一）上海人工智能的引领作用不断提升

上海人工智能的发展在逐步引领全球。上海作为国际化大都市，聚集了全球的先进人才与资源，在人工智能领域也处于领先位置。世界人工智能大会连续五年在上海举办，邀请在人工智能领域久负盛名的专家学者、明星企业家、活跃投资人，吸引众多人工智能领域的明星企业落户上海，众多高校也纷纷设置人工智能专业助力人工智能底层技术的研发。世界人工智能大会逐渐成为上海的一张人工智能名片。展会品牌效应凸显，提升城市知名度，向全国乃至世界展示城市形象，吸引先进人才与明星企业落户，进一步形成良性循环，助力上海人工智能的发展。

人工智能实验室建立助力研发设计与底层技术的突破。人工智能技术之所以能够蓬勃发展，离不开底层技术的研发创新。底层技术的突破具有创新难度大、技术要求高、资金需求量大的特点。因此，需要高校、企业与政府形成三位一体的发展体系，从人才、资金与政策三方面集聚资源，推动人工智能底层技术的突破。上海人工智能实验室的建立与发展结合了高校企业与政府资源，构建起上海人工智能技术的发展高地。上海人工智能实验室与各大高校签订战略合作协议，形成人才合作机制；与明星企业构建“研究＋生产”一体化的产业体系，畅通研究向应用扩展的链条；在政策支持下，实验室攻克人工智能领域的重要基础理论和关键核心技术，打造国际一流的人工智能实验室，使上海逐步发展成为享誉全球的人工智能基础理论与技术的策源地。

人工智能产业集群发展壮大，产业格局逐步形成。随着近年来人工智能产业的发展，上海已经逐步形成了以浦东张江、徐汇滨江为引领，闵行、嘉定、杨浦等各区联动发展的人工智能产业发展基地。上海以产业集群为发展原点，以点带面，通过地理上的集聚降低企业间沟通成本，加强集群内企业的合作与竞争，在核心技术、场景运用、生态建设、人力资源等方面全方位提升，打造世界级产业集群。同时，政府激发产业集群内企业创新活力，打造应用示范的标杆地，以建设具有国际影响力的人工智能“上海高地”。

### （二）上海人工智能具备完整的产业链条

上海具有完整的人工智能产业链条，形成了上游基础设施支撑、中游数字技术助力、下游消费场景应用的人工智能产业链。产业链的分工协作加强了上下游之间的资源共享与优势互补，形成了人工智能产业增长极。上海的人工智能产业链逐步趋于成熟，上游基础层主要包括网络设施和硬件设施，用于提供数据通信能力、计算能力和数据处理能力。其中，在芯片行业，上海天数智芯半导体有限公司与上海复旦微电子集团股份有限公司位于国内领先地位。技术层包括深度学习、自然语言处理、图像识别、语音识别等，用于提供技术支持。商汤集团有限公司的计算机视觉与上海依图网络科技有限公司的人脸识别均位居国际前列，引领全球人工智能的发展。应用层包括智能交通、工业机器人、自动驾驶、智能家居等，是人工智能在消费场景的体现。上海达闼科技有限公司作为智能机器人领域的独角兽企业，是全球领先的云端机器人创造者、制造商和运营商，在云端机器人领域位于全球第一[1]。上海人工智能的部分细分领域已经达到全球领先水平，逐步形成了龙头牵引、平台赋能、场景驱动、活动加持的产业链，总体水平向世界先进行列迈进。上海完整的人工智能产业链奠定了人工智能产业发展的基础，为数字化的发展提供了保障。

丰富的应用场景为上海人工智能的发展提供了独特的优势。资金促进企业落户上海，商业化驱使企业扎根上海。徒有技术而缺乏商业化的应用场景，将使得企业无法在激烈的市场竞争中立足。近年来，上海已发布三批共计 42 个人工智能重大应用场景，涵盖制造、生活、

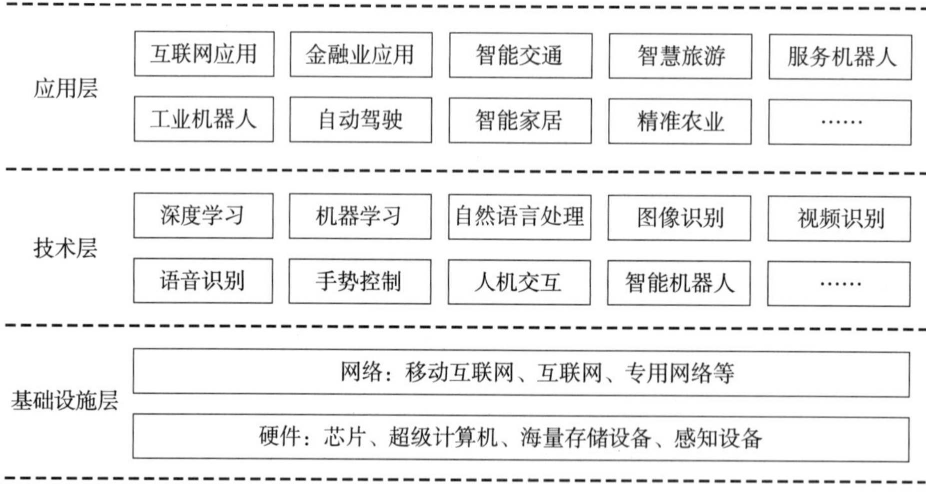


图 1-10 人工智能行业产业链细分图

资料来源：邓子云、何庭钦：《区域人工智能产业发展战略研究》，《科技管理研究》2019 年第 7 期。

[1] 达闼科技有限公司官网：https://www.dataarobotics.com/zh/about/index/id/34。

交通、医疗、教育、文旅、金融等多个领域。同时，作为上海首创的政务服务品牌和城市运行管理体系，“一网通办”和“一网统管”致力于运用数字化手段优化政务服务与城市治理体系，推动数字化城市建设。上海全方位的经济数字化、生活数字化和治理数字化为人工智能的推广提供了丰富的应用场景，推动企业进行创新升级，进一步引领消费需求升级。

### （三）人工智能发展空间广阔

放眼未来，人工智能将朝着自主学习、人机交互以及规模化应用的方向发展，上海需要在这些领域蓄力，谋求在人工智能领域新的突破，实现未来智能的远景规划。一是自主学习的提升。随着基础理论和底层技术的突破，人工智能算法的学习准确率得到提升，学习内容进一步深化，学习效率实现质的飞跃，逐步向自主学习过渡。二是人机交流与互动的深化。随着人工智能算法的升级优化以及底层技术的更新迭代，人工智能将逐步实现与人类有效沟通，达到人机协同的水平。三是人工智能的规模化产出与应用。人工智能技术的普及与发展使得人工智能的应用场景增多。依托于上海资源丰富、人才丰富、场景丰富的综合优势，人工智能将孕育出新一代技术和产品，助推其实现更大规模的应用。同时，未来智能是人类解放双手、探索释放劳动力的新途径，将助力人工智能在智能计算、通用 AI、扩展现实、量子科技以及 6G 技术等方面实现较大突破。社会对于人工智能应用的需求将倒逼数字化底层技术的发展，“AI+ 制造业”将成为未来智能发展的主方向。人工智能将逐步形成数字化生产网络，实现人机协同，进而提升数字化生产协作效率，打造新的上海制造业新增长点。

## 二、智能网联汽车

### （一）雄厚的产业发展基础

作为全国汽车产业发展的重点区域，上海的传统汽车产业规模处于全国领先地位。据统计，2021 年上海汽车产量 283.3 万辆，产值共 7586 亿元[1]。在产业布局上，汽车产业的供应链产业链完整，主机厂包括特斯拉、上汽集团、华域汽车等；零部件厂商包括宁德时代、采埃孚、李斯特、均胜、地平线、图森未来、斑马智行、上研智联等，涉及整车、发动机、变速箱、动力电池、车身内外饰、车规级芯片、自动驾驶等领域。其中，上汽集团连续 16 年国内销量第一，保持国内汽车产业龙头地位。与此同时，国际汽车巨头也在上海有所布局，丰田、宝马、福特、沃尔沃等跨国车企均在沪设立亚太总部或研发中心，汽车产业发展迅猛。

良好的产业基础给产业融合和未来产业发展奠定了良好基础。2021 年，新能源汽车产量 63.2 万辆，同比增长 160%，产值突破千亿[2]。国内外的头部造车企业纷纷在上海开展新能源汽车的研发和生产工作。特斯拉是国内第一家外商独资新能源整车企业，在中国创下“上海速度”，并将第一个海外研发中心设立在上海。国内造车新势力中，蔚来、威马、爱驰、摩登、天际等在上海诞生并布局功能型总部，理想、合众、小鹏、零跑、恒大等在沪布局研发中心等功能型机构。

[1][2] 上海市交通委员会:《上海市智能网联汽车发展报告（2021 年度）》。

在新能源汽车中，智能网联汽车作为汽车与数字技术融合的重要产物，有着极大的发展潜力。智能网联汽车是通过搭载先进传感器、控制器等装置，运用5G、人工智能等新技术，实现车与人、路、云等信息共享互换，并逐步成为智能移动空间和应用终端的新一代汽车。在硬件系统的基础上，智能网联汽车更加重视软件系统，是汽车与信息、通信等数字学科与技术深度融合的产物，有望成为一种跨技术、跨产业领域的新兴汽车体系。作为全国汽车发展的领军者，上海非常关注核心数字化系统和终端产品的研发和升级。上汽集团不仅与Momenta、京东等开展战略合作，而且协同华为、国际汽车城等打造全国首个5G智慧交通示范区。其打造的智能新能源汽车自主品牌智己L7车型已能够快速实现迭代升级，缩短了推出到交付测试的时间。蔚来、小鹏等国内品牌也紧跟步伐，推出高效率、高智能的新产品，在新能源汽车市场中占据一席之地。

### （二）制度立法的先行者

技术的发展保障了生产的平稳进行，但作为一个新兴领域，智能网联汽车也同样面临着现有法律制度不适用的问题。原因在于，我国现行汽车、交通管理法规以人为主体，但智能网联汽车正逐步将驾驶主体向自动驾驶系统转变。智能网联汽车作为数字经济和人工智能的新兴应用形式，无论是对参与主体如车、人、企业等责任的划分，还是人工智能领域的伦理道德问题，都很难在现有条例中找到法律依据。另外，智能网联汽车的发展有赖于多种行业的交互，各行业的标准设立存在差异，产业融合所产生的新型零部件相关技术标准也有着诸多空白。

在政策和立法方面，上海同样作为先行者发挥了引领作用。2022年11月，上海出台《上海市浦东新区促进无驾驶人智能网联汽车创新应用规定》。该规定进一步将浦东作为上海的试点地区，从适用范围和管理体制、创新应用流程、道路交通安全管理和风险防控等多个角度对智能网联汽车创新应用提出具体要求。这也是首部聚焦在L4级及以上自动驾驶系统的地方专项立法，为上海乃至全国智能网联汽车的发展积累了立法经验。在此基础上，上海市交通委员会、上海市经济和信息化委员会、上海市公安局联合制定《上海市智能网联汽车示范运营实施细则》，为加快上海智能交通发展作出了进一步的规定。该细则明确要求智能网联汽车在运营前具有充分的测试和示范应用基础，并鼓励新型业态的发展。

不仅如此，为推动智能网联汽车产业的快速发展和技术的进一步升级，上海市先后推出了《智能网联汽车自动驾驶功能场地测试方法及要求》《智能网联汽车无驾驶（安全）员测试技术规范》等一系列标准规范。这些规范使得上海逐步完善了由仿真测试、封闭场地测试评估到开放道路测试评估的多个环节。这不仅有助于上海智能网联汽车的健康可持续发展，同样为全国其他地区提供重要参考。

### （三）配套设施完善与商业生态形成

对于智能网联汽车而言，在真正实现商业应用前，测试与示范应用是必不可少的环节。测试环境的战略布局同样也是上海智能网联汽车得以快速发展的基础。截至2022年12月底，上海累计开放926条、1800公里道路，基本实现嘉定464平方公里和临港386平方公里区块全域开放，里程位居全国首位。2022年，首次开放高速公路2条、共

41 公里，实现了国内首个“大流量、高动态、高复杂”高速公路场景的重大突破，打造较为完备的智能网联汽车测试应用环境。累计 28 家企业的 602 辆汽车在测试道路中开展测试，里程累计 1225 公里[1]。

逐渐完善的立法和配套设施的支持使智能网联汽车的商业生态建设成为可能。智能物流、智能接驳、智能作业等依附于智能网联汽车的商业模式逐步落实，拓宽了上海市的产业发展道路。《上海市车路协同创新应用工作实施方案（2023—2025 年）》以实现车路协同技术商业化应用为目标，促进了现行数字技术与智能交通体系的整合。与此同时，上海致力打造以智能软件园定义的未来汽车城。上海智能汽车软件园、上海汽车芯谷等创新创业园区相继开园，力争形成有领先优势的汽车软件产业集群，打造全球智能汽车软件创新中心。

## 三、高端装备、未来材料与未来空间

高端装备制造是装备制造业的高端领域，涵盖了传统制造业和新兴产业的高端部分。高端装备的特点一是属于技术密集型行业，集聚高精尖知识与技术；二是处于价值链高端位置，具有高的附加值；三是属于战略性新兴产业，占据产业链的关键核心位置，体现整体产业链的竞争力。2021 年 12 月 20 日，上海市经信委发布了《上海市高端装备产业发展“十四五”规划》。《规划》明确了“高端引领、数字驱动”的产业发展思路，围绕推动高端装备产业高质量发展的总目

[1] 上海市智能网联汽车测试与示范推进工作小组：《上海市智能网联汽车发展报告（2022 年度）》。

标，以“高端化、数字化”为核心，提出七大工程任务。根据上海市经信委数据，2022 年上海高端装备制造业产值达 6127 亿元，占工业总产值 15%，其中工业机器人和智能制造装备产品的产业规模突破 1000 亿元，同比增长超过 10%，上海的高端装备制造业呈现迅速发展的趋势。

## （一）高端装备制造业的产业集聚效应凸显

上海逐步打造高端装备制造业“1+2+N”的产业布局，形成重点发展示范区域辐射带动周边地区的结构形态，将中国（上海）自由贸易试验区临港新片区作为高端装备创新和制造核心区重点发展，带动沿江发展带、环湾发展带协同发展，促进多个特色产业群共同进步。第一，临港新片区作为上海高端装备制造业的核心基地，已初步构建高端装备制造业的产业链条和产业体系，达成一定的产业规模。临港新片区探索制度开放创新，建设具有国际竞争力的产业体系和现代化新城。未来，高端装备制造业的发展将以临港新片区为核心，聚焦航空、航天、汽车、海洋、能源五大动力产业体系，打造世界级产业集群。上海将通过在产业集群区形成创新生态，培育高水平实验室，营造自由便利的制度体系，培育数字发展新业态。第二，上海逐步形成沿江和沿湾两大高端装备集聚发展带。在集聚发展带内具备良好的数据平台与网络基础设施、开放包容的产业政策以及合作共创的营商环境。因此，集聚发展带内的企业通过创新型协同合作，共享发展成果，以实现产业链的整体布局，为高端装备产业链的数字化转型发展打下坚实基础。第三，高端装备制造行业已逐步形成了特色产业集群协同发展的形态。目前上海已经形成智能制造装备产业集群、航空装备产业集群、轨道交通装备产业基地等，通过在产业集群内推进劳动、资本、技术、数据等要素市场制度建设、完善政策支持、培育产业配套能力，着力建设产业链上下游生态集聚高地，打造高端装备制造品牌。上海逐步发挥产业集群区的示范引领作用，推动实现产业链合作共创，引领制造业的发展。

### （二）全流程数字化应用提升生产管理效率

上海的高端装备制造业与数字技术紧密结合，帮助传统企业实现产业数字化发展。在一些重要领域，数字化已经基本覆盖从设计研发、批量采购到生产制造、实验交付等各个环节，全方位提升企业的生产效率。客户对于产品的需求逐渐趋于柔性化与定制化，对生产设备、生产技术与生产管理体系提出了更高的要求。因此，基于数字化技术对生产的全流程调配与管理是发展的必然趋势。国之重器 C919 的生产商中国商用飞机有限责任公司从构建电子采购平台、实现供应链采购数字化，到实现数字化系统建模与仿真、促进柔性化与定制化生产，再到数智赋能高效试飞、完善飞机试飞交付环节，商飞在各个研发、生产与销售环节实现了与数字化的紧密结合。这不仅帮助企业实现一体化与扁平化管理，提高研发、生产与管理效率，而且能够打破信息获取壁垒，促进在行业与市场内形成数字化生态，推动资本、人才、技术的跨行业、跨地区、跨链条的流动，加强合作共创与协同创新，带动高端装备制造业数字化水平的提升。

### （三）数字化深度赋能高端装备制造业发展

高端装备制造业作为我国重要的战略性新兴行业，在上海的制造业体系中有着举足轻重的地位。上海逐步形成了智能制造产业集群、航空装备产业集群、轨道交通装备产业集群等，在集群内营造良好的数字化生态，实现产业链上下游的协同合作。对于企业而言，为了谋求自身发展与社会福祉最大化，需要将自身的发展与数字化发展紧密结合，实现数字化赋能实体经济的发展。数字化技术为企业提供了底层算力和算法的支撑，通过构建数据共享平台，降低信息获取成本与沟通成本，提高研发合作效率，助力先进技术的突破。进一步地，数字化通过降低企业生产成本、提高企业生产经营效率等途径，从本质上改变企业研发设计、生产、管理、流通和销售的方式，为企业高质量发展带来了新的增长点。同时，上海布局未来材料与未来空间的发展，推动先进材料的研发与优化升级，促进其产业化应用的发展，为智能终端、高端装备提供先进材料基础。在空天利用以及深海探采等领域实现高端装备制造的突破，逐步解决“卡脖子”问题，构建具有自主知识产权的高端装备，助力未来空间的发展。因此，数字化与高端装备制造业的深度融合将成为高端装备制造新的增长源泉。

## 四、生物医药与未来健康

上海是参与国际生物医药产业竞争和创新合作的重要城市，产业的创新能力逐步增强，产业生态逐渐形成。“十三五”期间，全市规模以上化学药品制剂制造业、生物制品制造业和医疗器械制造业产值年均增速分别为 12.6%、10.3% 和 17.3%。“十四五”以来，上海生物医药产业稳步增长。2021 年，上海市生物医药产业规模超过 7000 亿元，继 2020 年首次达到 6000 亿元后，实现了连续提升。截至 2021

年年底，上海市共有 8126 家生物医药相关企业，相关企业参保人员 11 万人。而在大规模企业和龙头企业的发展上，上海市同样处于领先地位。2021 年，生物医药上市公司达 36 家，市值 6005.4 亿元，占整体生物医药上市公司总市值的 7.35%。

### （一）数字技术创新开辟制药新赛道

上海市充分借助数字技术的发展优势实现多领域创新药的研发，开拓医药新赛道。生物医药行业的核心发展优势在于创新药的研制与推广，然而国内常年以仿制药为主。为打破国内创新药困境，上海在生物医药各个细分领域实现了针对性突破，展现了大量生物医药新业态。例如，上海联影医疗在医学影像设备、放射治疗产品、生命科学仪器等方面研发智能设备实现精准、智能治疗，实现世界首例基于 uCT-ART 技术的在线自适应肺癌放射治疗。该企业同时提供医疗数字化服务，融合大数据分析、云计算以及人工智能等数字技术，实现云端医疗资源共享和诊疗级大数据的深度开发应用。

此外，上海积极推动生物医药技术成果转化和应用，加快布局精准医疗领域。在化学药创新上，上海鼓励采用 3D 打印、智能数据采集等数字技术，大力发展连续化生产和智能化生产；针对中药的现代化传承，也鼓励通过建立完善信息化追溯和监控系统等数字化追踪能力来提升中药材的产品质量。虽然在不同的制药领域中，数字技术所起的作用不尽相同，但均为创新药的研发作出了突出贡献。

### （二）园区数字化分工合作推进产业协同

生物医药产业存在多种细分市场，包括药物研发、医疗器械制造和医疗服务等多个领域。因此，其全面发展有赖于上海“1+5+X”特色化园区布局中的分工合作，而各园区都将数字技术视为赋能园区内重点领域发展的重要手段。“1+5+X”布局中的六大产业园区分别被赋予不同的产业定位。如张江创新药产业基地坚持创新研发和高端制造并重，重点发展创新药物、高端医疗器械和生物技术服务等研发转化制造产业链，从药物生产到器械制造都依托于数字技术赋能发展。而五大特色园区中，也有临港新片区重点发展生物制药和高端数字化医疗器械，南虹桥智慧医疗创新试验区重点发展智慧医疗高端产品和国际医疗高端服务，致力打造生物医药产业与健康医疗、人工智能与医疗器械融合发展的示范基地，为长三角地区建设生物医药产业的发展样板。

张江创新药产业基地将 AI 技术与新药研发密切结合，发布了 AI 智药生态计划并揭牌 AI 新药研发联盟。张江得天独厚的生物医药沃土，为生物医药和人工智能的深度融合带来了契机。以联盟为载体，近 20 家企业机构联合组建，这些企业机构以关键项目为依托，共同开展协同攻关。在基地的依托之上，张江药谷、张江在线一同发力，为打造 AI 智药“1+3”产业版图而努力。由此，张江产业基地成功起到数字赋能制药的表率作用，给其他园区带来了示范效应和更大的拓展空间。南虹桥智慧医疗创新试验区致力于医疗领域的数字化转型，重点关注智能医疗机器人产业研究院等研发机构的建设。试验区试图加快手术机器人、护理机器人以及康复机器人等在各个医疗环节应用场景的延伸。为加快发展进程，试验区对标国际一流企业和机构，引进培育高水平医技中心、专科医院和综合医院，创新诊断治疗方法，打造智慧医疗服务新模式。该创新试验区的建设促进了生物医药细分领域加快“专精特新”发展，以数字化方式为生物医药带来新的发展机遇。

## 五、集成电路与电子信息

集成电路和电子信息行业都依赖于高端技术的创新突破，两个领域的产业发展和数字化转型模式也存在诸多相似之处。上海市集成电路产量呈现逐渐上升的态势。2014 年，上海市集成电路产量便突破 200 亿块。至 2021 年，虽然受到新冠疫情、地缘政治等冲击的影响，但上海集成电路及时抓住机遇，取得了设计、制造、设备、材料等领域的突破。上海 2021 年全年产量超 300 亿块，同比增长 19.8%，占全国集成电路产量的 10.2%。

上海集成电路产业在发展中逐渐形成了“一核多极，一体两翼”的空间布局。“一核多极”是以张江高科技园区为核心，以嘉定区、临港地区、杨浦区、漕河泾开发区、松江经开区、青浦区和金山区为主要发展极的空间布局；“一体两翼”指以张江为主体，以临港和嘉定为两翼，提升张江产业基地能级，增强临港高端装备制造能力，培育嘉定新兴产业带的发展规划。明确的战略设计吸引了大批的优质集成电路企业落户上海，极大地促进了上海市集成电路产业的快速发展。

电子信息制造业也是上海重点发展的领域。2020 年，电子信息制造业在上海高技术产业总产值中占比高达 50.8%，高居首位，较位列第二的电子计算机及办公设备制造业大幅领先。而在电子信息制造业各细分领域中，电子元器件制造相关企业的分布更加广泛。

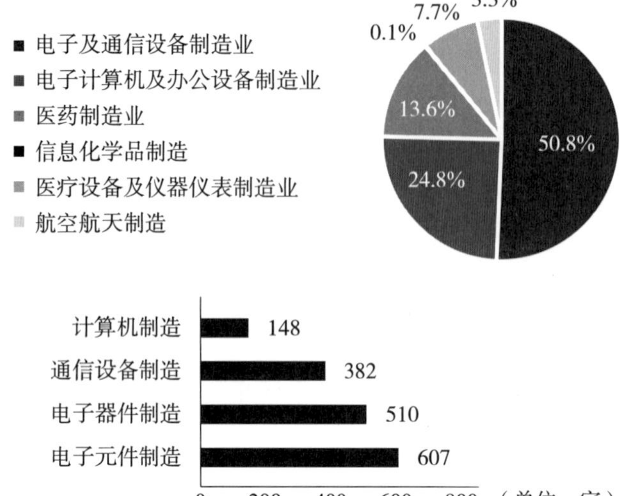


图 1-11　上海市高技术产业总产值占比与电子信息制造业企业数量分布

资料来源：上海市经济和信息化委员会，天眼查。

## （一）加速产业集聚实现弯道超车

经过多年的发展，集成电路产业已形成以产业园区为重要形式的产业集群效应。到 2021 年，上海集聚了超过一千余家重点企业，吸引了全国约 40% 的产业人才和超半数的行业创新资源。上海集成电路设计产业园位于张江科学城的核心区域，园区汇聚了包括紫光展锐、上海微电子装备、英伟达、高通、寒武纪等在内的近 200 家国内外知名集成电路企业，全国已上市的 30 家集成电路企业有 17 家位于张江[1]。其中，如紫光展锐作为集成电路设计龙头企业全面掌握着 5G 移动通信以及物联网技术，并以此提高了芯片研发的实力。目前全球能够提供 5G 基带芯片的企业仅有五家，中国大陆只有华为海思

[1] 澎湃新闻与上海发展战略研究所联合课题组：《张江集设园构筑技术高地的高难度打法》，2020 年 12 月 17 日。

与紫光展锐有此能力。园区中的龙头企业共同致力于突破卡脖子问题又各有分工，紫光展锐将侧重 5G 和 AI，从个人与社会的智慧化服务方面开拓。

在技术“补短板，追先进”的同时，上海的产业集群还向长三角等地产生溢出效应，成为“中国芯”高速发展的生态引擎。江苏启东为承接上海产业溢出，成立了上海交大电子信息与电气工程启东产研院，并在启东经济技术开发区投资 10 亿基金，规划建设半导体装备和材料产业园。目前启东已聚集捷捷微电、启微半导体、乾朔电子等一批业内领先的企业。长三角地区也已聚集了国内 55% 的集成电路制造企业，80% 的封装测试企业，初步形成了包括研发、设计、芯片制造在内的集成电路产业链。

### （二）核心企业带动卡脖子问题突破

上海注重数字技术对集成电路和电子信息卡脖子问题的解决，但创新龙头企业仍然缺乏。集成电路是高度专业化的产业，芯片设计是产业发展的关键环节。上海市长期将发展焦点聚焦于集成电路设计部分，强调数字技术的作用。《上海市战略性新兴产业和先导产业发展“十四五”规划》中指出，要提升集成电路设计工具供给能力，优化国产 EDA 产业发展生态环境。在此过程中，上海聚集了大量企业，但本土创新龙头企业仍然缺乏。集成电路产业高度依赖企业的创新动力，需要借助产业链顶端的龙头企业带动实现高质量发展[1]。

---

［1］ 杨秋怡:《引领全国！上海谋求集成电路产业突破》，https://fddi.fudan.edu.cn/_t2515/fa/0f/c18965a457231/page.htm，2022 年 8 月 30 日。

因缺乏龙头企业带领，集成电路和电子信息产业生态尚未形成，基础科学与应用技术间仍未良好连接。完善的产业生态需要以企业为主体，科技创新和市场应用相互促进，由此形成支持企业运转和技术研发的充裕资本的基础环境。但上海的核心技术优势聚焦于应用技术，基础理论研究较为薄弱。美国、日本、韩国等国基本垄断着电子信息产品的价值链高端，如谷歌、英特尔、微软、三星等企业掌握了操作系统、集成电路、5G 通信、新型显示等核心技术，并以此牢牢占据产业链高端环节。这些企业建立了高度完善的技术生态系统、知识产权壁垒和技术转移障碍，限制了相关技术的传播和扩散。作为后发国家，短时间内难以实现超越，仍将处于追赶阶段，需要长期攻关和技术积累。

为突破现有局面，上海可充分借鉴先发国家和地区发展经验，在政府引导下培育核心龙头企业专注基础技术创新，并带动产业生态的形成。在吸取他国电子信息技术优势实现模仿再创新的同时，充分利用中国在制造业和信息产业的市场潜在优势，支持龙头企业将信息技术渗透到其他产业中，不断培育新兴产业，从而实现关键技术的突破性发展。

## 六、时尚消费品

上海“十四五”规划首次将时尚消费品列为六大重点产业之一，聚焦服饰尚品、化妆美品、精致食品、运动优品、智能用品、生活佳品、工艺精品和数字潮品八个重点领域发展。作为六大重点产业之一，时尚消费品是帮助上海打响“四大品牌”、打造“国际时尚之都”的重要支撑。上海市经济和信息化委员会数据显示，2021年上海时尚消费品产业规模超过4335亿元，同比增长9.9%[1]。2021年“上海全球新品首发季”“上海时装周”“上海国际美妆节”“上海潮生活节”等消费活动接踵而至，化妆品和时尚品的国际大牌纷纷落户上海。2022年1月—11月，上海引进各类首店982家，其中全球或亚洲首店10家，全国首店130家，国际品牌新增首店124家[2]。上海正努力布局时尚消费品领域，助力打造“国际时尚之都”。

### （一）数字技术升级消费体验

运用数字技术打造数字化服务平台，升级用户消费体验。随着数字经济的发展，社会对于电商购物的需求井喷式增长，消费者对于产品试用与消费的要求逐渐提升，以往简单的文字介绍以及图片展示已经不能满足用户逐渐升级的消费需求。因此，需要通过数字化技术构建数字化服务平台，提升用户的服务体验，助力时尚消费品升级。比如得物运用数字化技术发展出了AR试穿、AR试戴、AR试挂等AR虚拟体验项目，通过AR技术解决了线上无法进行试穿试戴的问题。同时，得物构建了全天候的数字化查验系统，从消费终端为用户筛选产品真伪，提升用户的消费体验。因此，数字技术的发展能够在消费终端为用户提供更优质的服务，提升用户的消费体验，促进时尚消费品的数字化转型，打造上海时尚消费品的名片。

[1]《上海发布产业发展行动计划2025年时尚消费品产业规模超5200亿元》，https://www.shanghai.gov.cn/nw4411/20221216/978113ed548945e2b527dc857b250542.html，2022年12月16日。

[2]《上海：到2025年实现时尚消费品产业规模超5200亿元》，http://www.gov.cn/xinwen/2022-12/16/content_5732348.htm，2022年12月16日。

### （二）时尚消费品数字化、定制化发展

当今社会，基础性消费已得到较好满足，高端时尚消费品的需求逐渐增多，数字化为时尚消费品带来转型升级的契机。一是数字化消费方式增多。目前网络购物已经占据市场绝大部分份额，面临新的购物方式变革，企业需要转换自身推广与销售方式，适应网络购物的新特点。企业运用数字化技术使消费者在线上也可以享受到如同线下购物一般的体验，满足消费者网络购物真听、真看、真感受的需求，拓展基于应用场景的数字化服务。二是消费者柔性化、定制化需求增多。随着基础性消费得到满足，消费者对于产品与服务的需求趋于多元化、复杂化，这就要求企业能够根据消费者的不同需求为其量身打造定制化产品。逐步增多的生产和服务多元化需求使得时尚消费品的数字化成为必然趋势。数字化提供技术支持，帮助企业构建生产与管理共享平台，为复杂、多元的生产提供精细化的管理流程，降低因多元化生产所带来的边际成本递增。因此，政府需要引导时尚消费品与数字化结合，推动数字孪生技术在生产各环节中的应用，促进柔性化、定制化的生产模式的构建，以落实时尚消费品的“增品种、提品质、创品牌”的战略布局，加快上海国际消费中心建设。

## 七、绿色低碳与未来能源

基于产业基础和发展战略，上海在绿色经济的发展中始终处于引领地位。针对国家面临的能源消耗和碳排放问题，上海也在积极寻求应对之策。2022 年 6 月，上海市发布了《上海市氢能产业发展中长

期规划（2022—2035 年）》，着眼氢能全产业链创新发展，全面推进新能源的发展。同时，上海也在推进氢能港的建设，力求打造新能源的先发优势。为更加高效地实现绿色经济和未来能源的发展，上海同样也依托于数字平台、数字金融和数字技术，并在国内发挥了示范作用。

### （一）数字化平台优化碳交易体系建设

碳交易数字化平台以公开透明、稳定有效的平台建设吸引多行业企业加入，推动碳资源配置效率的提升。2012 年，上海作为全国第一批城市，被纳入了碳排放交易试点。十年以来，借助数字平台日益完善交易体系的上海碳市场逐渐形成。除了电力行业之外，上海碳市场还陆续引入航空、化工等碳排放较为严重的行业，共涵盖 300 多家企业和 860 多家机构投资者。至 2022 年年底，上海碳市场累计成交金额超 32 亿元，成交量近 2.2 亿吨，总体交易规模在国内长期位列第一，足见上海在碳减排中发挥的引领带动作用。

在已有建设经验的基础上，上海承担了全国碳交易市场中交易中心的角色，切实为全国碳减排作出贡献。全国碳排放交易市场于 2021 年 7 月正式启动，成为全球最大的碳市场。在全国碳市场的建立过程中，上海负责了交易系统和交易机构的建设，也承担了交易中心的角色。与此同时，上海环交所正对标欧盟能源交易所的碳价格指数，快速进行碳价格指数的研发，进一步完善国内的碳交易体系。在未来，上海还要进一步成为国际级的碳定价中心和碳交易创新中心，占据碳交易的领先优势。

## （二）绿色金融产品支持绿色经济发展

作为世界级金融中心，上海运用多样化的数字金融手段，助推经济低碳转型。上海拥有完备的金融基础设施，金融机构众多，金融资源丰富。同时，大量节能减排技术在上海落地，为发展绿色金融提供了充足的保障。近年来，上海积极推进绿色金融产品开发和绿色金融业务创新。借助数字技术和大数据带来的需求信息，上海成功地实现了多项绿色金融创新，如应对气候变化专题、碳中和专题的“债券通”绿色金融债券等。据统计，2021 年，上海证券业绿色债券发行规模超 606 亿元，交易规模共 700 亿元。同时，上海金融界还通过提供股权融资、收益凭证、ABS 融资等金融服务，将资金引入新能源、环保、碳中和等业务领域，支持绿色经济发展。

## （三）能源与环保装备的数字化

为确保绿色低碳的经济发展顺利实现，需尽快实现未来能源的承接，注重新能源装备向高端化、数字化、自主化方向发展。在实现低碳生产方面，着力研制具有自主知识产权的重型燃气轮机装备，开发应用微型燃机与轻型燃机产品系列。而在新能源的开发上，加快发展风力发电，支持企业的风电制造和风场运营。同时，积极推动核电研发设计、设备制造、工程承包、建造安装、运行维护全产业链均衡发展。对于新能源使用后的接入工作，可依托数字技术完善智能电网建设，大力推进超导电缆系统工程应用。突破大规模储能电池等储能装置在电网侧及用户侧的应用。

在进一步确保节能环保的目标之下，上海可充分发挥数字技术在环境质量监测中的作用。关注大气污染治理、水污染治理、土壤治理、资源综合利用、绿色再制造等重点领域，着重发展高效节能产业和先进环保产业，掌握电子、医药等工业行业废水处理核心技术，研发土壤修复、污水处理、土壤污染监测和应急处理装备。在未来的发展中，充分利用大数据、云计算和遥感等数字技术的实时追踪能力，完善资源循环利用产业，并推广基于物联网的再生资源收运系统，开发垃圾综合利用的分选技术和设备等配套装备。依赖于污染在线监测、环境问题的修复处理，进一步提升绿色生产的优化能力，为中国的绿色发展贡献上海方案。

## 八、元宇宙

元宇宙代表着时空互联网，是信息时代数字化产业的全面升级。元宇宙产业依托互联网技术、信息技术、虚拟仿真技术等构成一种沉浸式体验的互联网要素融合形态，加速促进新技术的扩散和新应用场景的出现，为打造数字经济新业态和壮大经济发展新引擎提供成长空间和重要支撑。上海率先布局元宇宙赛道，发布《上海市培育“元宇宙”新赛道行动方案（2022—2025 年）》，支持和引导元宇宙产业的发展。预计 2025 年上海元宇宙相关产业规模达到 3500 亿元，将带动软件和信息服务业规模超过 15000 亿元。目前，全国涉及元宇宙赛道的企业已经超万家，其中，与元宇宙联系最紧密的 VR/AR 相关行业全国已有 1086 家，上海占据 10.77%，位居前三。从产业结构看，上海元宇宙行业发展均衡，在平台层、网络层、应用层分别占比 15.56%、20.00%、17.39%，均位于全国前三的位置，在感知显示层的发展较弱，占比为 6.25%。

表 1-2 全国 VR/AR、元宇宙相关硬件设备与软件服务企业数量占比

| | 城市 | 企业数量占比 |
| --- | --- | --- |
| 1 | 深圳 | 16.39% |
| 2 | 北京 | 15.47% |
| 3 | 上海 | 10.77% |
| 4 | 广州 | 6.08% |
| 5 | 重庆 | 5.80% |
| 6 | 成都 | 4.60% |

资料来源：上海发展战略所。

表 1-3 全国元宇宙产业结构分布

| | 感知显示层 | | 平台层 | | 网络层 | | 应用层 | | | |
| --- | --- | --- | --- | --- | --- | --- | --- | --- | --- | --- |
| 城市 | 企业数量 | 占比 | 企业数量 | 占比 | 企业数量 | 占比 | 企业数量 | 占比 | 企业数量 | 占比 |
| 北京市 | 4 | 12.50% | 15 | 33.33% | 9 | 45.00% | 18 | 39.13% | 46 | 32.17% |
| 上海市 | 2 | 6.25% | 7 | 15.56% | 4 | 20.00% | 8 | 17.39% | 21 | 14.69% |
| 深圳市 | 8 | 25.00% | 6 | 13.33% | 1 | 5.00% | 2 | 4.35% | 17 | 11.89% |
| 杭州市 | 2 | 6.25% | 5 | 11.11% | 1 | 5.00% | 2 | 4.35% | 10 | 6.99% |
| 广州市 | 2 | 6.25% | 2 | 4.44% | 1 | 5.00% | 2 | 4.35% | 7 | 4.90% |
| 苏州市 | 3 | 9.38% | 1 | 2.22% | 1 | 5.00% | 0 | 0.00% | 5 | 3.50% |

资料来源：上海发展战略所。

## （一）上海率先布局元宇宙赛道

上海率先布局元宇宙赛道，将元宇宙作为四大新赛道之一进行发展。元宇宙作为数字经济发展的高阶版本，正在由理念走向实践，成为经济发展的潜在动力。根据零壹智库统计的数据显示，截至 2023 年 3 月底，全国已有 18 个省级单位以及 24 个市级单位发布了 114

项产业政策支持元宇宙产业的发展。其中，2022 年 7 月，上海发布《上海市培育“元宇宙”新赛道行动方案（2022—2025 年）》，这是全国第一次从省级层面印发的元宇宙专项行动计划。上海最先出台元宇宙产业扶持政策，激发了相关企业的创新活力，为元宇宙行业的发展提供了良好的政策支持。上海通过加速布局元宇宙赛道，支持数字技术的颠覆性创新，叠加消费级应用场景，为上海产业系统更新升级打造新引擎，争当元宇宙发展的领跑者。

布局两大元宇宙特色产业园区，形成元宇宙产业生态。上海布局漕河泾元创未来和张江数链两个元宇宙特色产业园区，以园区内数字基础设施为根基，以数字化技术为支撑平台，通过元宇宙的应用场景来强链补链，围绕龙头企业如高通、赛灵思、米哈游等进行重点突破，打造元宇宙产业发展高地。元宇宙特色园区的发展集聚、孵化、培育带动形成重点元宇宙产业集群，开创元宇宙新的发展生态。

### （二）拓展元宇宙消费应用场景

把握元宇宙底层技术发展，拓展消费应用场景。布局元宇宙赛道需要着眼于元宇宙底层技术的发展与突破，只有掌握底层技术才能掌握元宇宙发展的话语权。虽然目前上海已加快布局元宇宙赛道，但是距离成熟产业所需的政策支持与营商环境还有很大差距，需要重点突破高端芯片、脑机科学、卫星互联网、智能感知、3D 引擎等前沿核心技术，保证元宇宙发展的先进性。同时，政府也应当更加积极主动地关注、支持元宇宙的发展，坚持总体筹划、系统布局，扶持元宇宙相关产业发展，加快探索元宇宙在产品设计、智能制造、环境保护、医学分析、航空航天、无人驾驶等领域的融合应用，实现从技术到应用的全方位创新，构建元宇宙消费生态全景。

在蓄力发展元宇宙产业的同时，兼顾防范元宇宙产业发展风险，营造制度健全、环境良好的元宇宙生态。市场繁荣的背后可能存在着巨大的经济泡沫。因此，政府应加强法制化建设，推进元宇宙产业的健康、良性发展，警惕元宇宙泡沫的出现。对元宇宙产业的发展进行合理的管控与监管，建立预警机制，为投资者建立合理、规范、有效的元宇宙市场，营造制度健全、环境良好的元宇宙生态。

## 第三节　上海数字化转型面临的问题及对策

上海数字经济迅速发展，在数字产业化、产业数字化、数据价值化、数字化治理方面均取得了显著成效。然而，数字经济与实体经济的进一步融合发展仍面临诸多困难。本节详细分析了上海数字化转型在技术、数据、人才、应用场景等方面存在的问题与挑战，并从加快技术突破、完善数据治理体系、优化人才引进政策、推动应用场景创新等方面提出针对性建议。

### 一、上海数字化转型中面临的挑战

上海在数字化转型中发挥了排头兵作用，以数字化赋能现代产业体系建设，始终坚持把发展经济的着力点放在实体经济上。但上海的数字化转型仍然面临底层技术支撑不足、数据要素使用不充分、人才引进机制不完善、数字应用场景“碎片化”“孤岛化”等问题，本部分详细分析了上海数字化转型面临的问题与挑战。

### （一）底层技术卡脖子制约上海数字经济发展

上海在一些关键核心技术领域存在“卡脖子”的问题，阻碍了数字化的进一步发展。虽然上海数字化发展取得了巨大进步，在部分细分领域如计算机视觉、人脸识别等方面已经领跑全球，但是整体发展与国际一流水平相比仍存在较大差距，一些高精尖技术的突破以及关键零部件的研发尚存在不足，使得核心领域的发展往往受制于人。此外，生产制造存在精度不够高、稳定性不够强的问题，导致相应的产品缺乏核心竞争力。造成这种局面的原因是企业的研发创新能力不足，关键核心技术有待进一步突破。尤其是在数字化底层算法与技术等方面，呈现出后劲不足、研发成果没有跟上应用的脚步等问题，不利于上海数字经济产业的健康发展。因此，企业的研发创新能力需要进一步提升，尤其是关键核心技术的攻克，以实现数字经济赋能实体经济的高质量融合发展。

### （二）数据要素的使用与数据价值的挖掘不足

企业对于数据的利用存在极大的进步和发展空间。作为除土地、劳动力、资本、技术四种传统生产要素之外的第五种生产要素，数据在生产中起着至关重要的作用。然而目前企业对于数据的挖掘尚存在不足，没有充分利用数据带来的信息与价值。一方面，企业对于数据价值的重视程度不够，对于数据的收集整理工作不够细致，缺乏对于数据的敏感度，导致大量数据的遗漏与缺失；另一方面，企业对于数据的分析和处理工作不到位，没有能够充分利用数据中获得的信息，存在数据质量低、标准不一致、碎片化、分散化等问题。因此，在大数据时代，企业需要重视数据的价值，意识到数据对于企业生产经营的重要性，运用数据挖掘技术，对于数据中所蕴含的信息进行充分提取，帮助企业进行生产经营决策。

### （三）人才的引进与支持机制不够完善

人才的引进与支持机制有待进一步完善与加强。数字化人才是上海进行数字化转型的重要资源与优势，其为上海带来更先进的技术储备、更有活力的年轻力量以及更高素质的人才集聚。目前上海数字化转型快速发展，随之而来的是对于数字化人才需求的急剧增长，导致逐步出现了数字化人才的供给缺口，数字化人才明显稀缺。此外，对于数字化人才的培养与支持不足，没有形成完善成套的培训体系，缺乏对于人才的支持政策，导致数字化人才的供需失衡。虽然部分高等院校建立了数字经济相关专业或研究院，但是学生考核体系偏向于理论知识，更多局限于在实验室进行操作，而对于产业化的实践知之甚少，导致理论与实践的链条中断，阻碍了上海数字化发展的脚步。因此，需要进一步完善数字化人才引进与支持政策，打造数字化人才发展梯队。

### （四）数字应用场景存在“碎片化”“孤岛化”问题

上海数字化转型实现了初步的覆盖，然而在更深层次、更广阔的应用场景方面仍需要进一步的整合与发展。目前上海的数字化转型仍停留在应用的初步阶段，比如在网络通信等方面已经得到了很好的应用，但是数字化还没有进入企业深层次的生产和管理体系中，大多数企业尚未形成一套完整的数字化生产和服务管理体系。此外，虽然上海具有丰富的数字化应用场景，但是存在应用场景“碎片化”“孤岛化”的问题。这是由于数字化应用的产学研链条不够完善，尚未完成从理论研究向应用场景的顺利过渡，缺乏顶层系统设计，难以综合利用场景设计业务、技术与流程。企业没有充分了解消费终端市场中消费者的真实需求，导致供给与需求脱节。因此，为了促进数字经济切实赋能实体经济的发展，加速企业构建数字化生产和管理体系，连通应用场景，解决应用场景“碎片化”“孤岛化”的问题，需要提高数字化技术在企业中应用的深度和广度。

## 二、对策建议

打通数字化转型过程中的堵点，是上海实现产业高质量发展的重中之重。本小节针对上海数字化转型在技术、数据、人才和应用场景方面存在的问题，从加快技术突破、完善数据治理体系、优化人才引进政策、推动应用场景创新等方面提出对策建议，推动上海数字化赋能产业发展。

### （一）加快技术突破、促进国际国内合作

加快核心数字技术发展，突破技术封锁。上海应着力发展智能制造基础技术、先进工艺技术、共性关键技术等关键核心技术，加大对于高端芯片、操作系统、人工智能等共性关键技术的研发投入，打通数字技术发展的大动脉。政府应强化数字技术基础设施建设，坚持总体筹划、系统布局，构建以数字经济为引领的现代化产业体系。此

外，政府在对行业内龙头企业进行补贴与支持、提升龙头企业的核心技术研发能力和产业竞争力的同时，也需要加大对专精特新企业的扶持力度，形成梯度培育体系，以核心技术的突破促进数字化应用创新体系的建立与完善，培育数字经济新业态。

畅通全产业链布局，构建跨链条技术创新体系。上海应加大对于重点行业专项资金扶持力度，聚焦集成电路、基础软件、装备制造等重点领域，补齐产业链短板，引导数字化核心技术的突破。进一步打通产业链上下游的研发设计、生产制造、经营管理、运维服务等各个创新环节，鼓励产业链上下游企业实现协同合作。龙头企业应发挥示范性作用，通过以点带线、以线带面，加快产业链上下游研发设计、智能化生产以及终端销售等合作与交流，整合产业链上下游的政策资源，鼓励跨行业、跨链条的协同发展。同时，中小企业也应学习借鉴现有龙头企业的经验方案，如采取旧设备升级改造、以租代买、第三方提供软件服务集成等方式降低企业转型成本，探索出一条适合中小企业数字化转型的发展路径，以实现全产业链条的创新突破。

拓展数字化发展的全球视野，深化国际合作。虽然上海在数字化的一些细分领域已经做到了全球领先，但是应用场景大多局限于国内。借鉴国际先进经验，为了促进上海在数字经济领域的更快更好发展，企业需要扩展全球视野，充分利用全球资源构建自主创新体系，在世界范围内推广数字技术与数字应用，在“走出去”上抢占先机。同时，企业需要深化国际合作，引进国外先进的技术，促进技术向国际先进水平看齐，加强数字技术的邻国“朋友圈”合作，以促进上海数字化产品的全球布局。

### （二）搭建数据共享平台、完善数据治理体系

搭建数据共享平台，充分利用数据生产要素。数据作为企业生产经营的第五种生产要素，是企业在数字经济时代发展的制胜关键。企业应对数据的收集、传输、存储与清洗的各个环节作出系统性的布局，深度挖掘和释放数据的价值，探索在传统经济运行时代无法发现的生产运行规律。同时，攻坚克难超大型数据库的存储、压缩、索引、查询、缓存和处理的关键技术，构建数据共享平台，以支撑数字化应用的研发共享，为更好服务企业数字化系统及业务提供保障。

完善数据治理体系，保障数据隐私安全。数字化时代产生的海量数据为企业提供了大量的信息，随之不可避免地产生数据隐私泄露与网络安全的问题。因此，政府应处理好数据共享与数据安全之间的关系，在数据开放共享与数据隐私安全中找到好的平衡点，在进行数据开放共享的同时，也要最大程度保证数据安全。同时，数据监管也要留有余地，采用“包容审慎”的监管政策，重视对于数据共享事中与事后的监管，为未来的发展留出空间，鼓励各产业发挥网络效应，促进创新成果的安全共享，维护市场良性健康发展。

### （三）构建人才培养体系、优化人才引进政策

构建完善的人才培养体系，发展复合型、创新性数字化人才。数字化的发展特性决定了它对于技术人才的依赖，特别是对于基础理论扎实、实践经验丰富、应用视野广阔的高层次人才的依赖。作为引领中国数字经济发展的领先城市，上海需要有成套完善的人才培养机制和配套政策支持。高校是数字化人才的重要培养基地，其应当着眼于企业发展急需的数字化高层次人才，发展跨学科人才培养模式，为数

字化行业输送更多具有扎实理论基础与丰富实践经验、拥有跨学科知识体系、紧跟技术发展前沿的复合型、创新性人才。

优化人才引进政策，吸引数字化人才集聚。政府应当完善数字经济领域的高层次人才引进政策，尤其是海内外具有国际视野的学科带头人、技术领军人才和高级管理人才。同时，完善人才发展的配套机制，对人才所需的住房、教育、医疗等问题予以重点保障，加快改革人才发展体制，建立健全人才选拔、引进、培养、评价和流动机制，改善人才发展环境。此外，建立完善的研发成果、知识产权归属和利益分配机制，制定人才入股、技术入股等方面的支持政策，营造开放包容的人才发展环境，构建数字经济人才聚集高地。

### （四）推动应用场景创新、加强产学研合作

推动应用场景创新，赋能实体经济发展。数字化应用的推广需要以应用场景为基础，缺乏应用场景的数字化技术难以在市场中谋得长期发展。因此，应加快生产制造企业在产品设计、智能制造、环境保护、航空航天等领域的综合应用，促进数字孪生技术在生产制造中的推广。企业应关注数字化产业应用场景创新，聚焦人工智能、大数据、互联网、5G、区块链等领域的消费场景，探索商业模式创新，构建数字化生态应用全景。

提升产学研合作效率，加强数字化合作。产学研合作有利于消除基础研究与应用实践之间的障碍，帮助企业实现从设计研发到生产制造的数字化转型。依托于上海市高校丰富的科研资源，加强数字化技术的协同创新，推动高校与研究所围绕广泛的应用场景展开基础前沿研究，推动数字技术的全产业链应用。同时，瞄准量子信息、集成电

路、大数据、人工智能、区块链等战略性前瞻领域，推动数字产业化的发展，充分释放数字经济发展活力。政府应发挥超大规模市场优势，以数字技术与各领域融合应用为导向，整合各方资源，推动传统企业与数字技术服务企业实现跨界合作与创新，加快实现创新成果的产业化推广。

# 第二章
# 数字经济助力上海打造创新策源高地

“十四五”时期是上海科创中心从形成基本框架体系向实现功能全面升级的关键阶段。上海市发布的《上海市建设具有全球影响力的科技创新中心“十四五”规划》以“强化科技创新策源功能，提升城市核心竞争力”为主线，以提升基础研究能力和突破关键核心技术为主攻方向，以一连串实实在在的“硬数字”、高投入、新产业，吹响了上海科创中心建设的新号角，进一步激发了上海科技人才的创新活力。本章首先介绍了数字化背景下创新策源能力的内涵，并分析了上海创新策源能力的现状。在此基础上，本章探究了数字经济如何助力上海策源高地的建设，并提供了相应的对策建议。

## 第一节　创新策源能力的内涵

传统的创新策源能力可以从“创新之源”和“创新之策”两个视角进行拆分。前者主要包括全球顶尖的科研人才以及具备世界影响力研发机构的企业等；后者涉及先进的科研基础设施、充满活力的创新网络和创业生态环境等。在数字经济蓬勃发展的背景下，数字化丰富了创新策源能力的传统内容，为上海打造创新策源高地注入了可持续的发展动力。因此，本节将从核心支撑要素、数字化背景下的新内容来阐述创新策源能力的内涵。

## 一、创新策源能力的核心支撑要素

党的二十大报告指出，到 2035 年，我国要实现高水平科技自立自强，进入创新型国家前列，需要统筹推进国际科技创新中心建设，加强科技基础能力建设。科技创新是牵动中国发展全局的“牛鼻子”，关乎国家命运与人民福祉。加快推进具有全球影响力的创新策源高地不仅是当前经济高质量发展的要求，也是我国应对新一轮国际竞争的需要。新常态下，我国面临外部创新遏制不断加码，内部创新自立自强能力不足的双重挑战，尤其需要我们加速提升创新策源能力，从根本上突破科技创新瓶颈，实现创新驱动发展。习近平总书记 2019 年在上海考察时，就对上海提出了强化创新策源功能的要求，赋予上海科创中心建设的新时代内涵。

埃里克·冯·希普尔（Eric Von Hippel，1988）在《创新的源泉》（The Sources of Innovation）这本著作中刻画了“创新策源者”的主要特征，并阐释了创新策源能力形成的关键因素及其重要作用。创新策源能力作为一种原创能力、一种核心竞争力和一种新的创新范式，是指通过提升“创新之源”能力建设，和“创新之策”条件建设，进而协同“创新之源”与“创新之策”，融合能力建设与条件建设，形成创新能力与创新条件辩证统一、互为依托、彼此促进、交错推升的创新路径，实现创新机制的不断完善和创新优势的不断积累，催生学术新思想、科学新发现、技术新发明、产业新方向不断涌现的综合能力。因此具有复杂性、阶段性、引领性和辐射性的重要特征。

基于此，本部分首先从“创新之源”和“创新之策”两个视角剖析创新策源能力的核心支撑要素，进而讨论数字经济背景下“创新之源”和“创新之策”发生了哪些新变化，厘清数字经济助力上海创新策源高地建设重点。

### （一）创新之源

#### 1. 全球顶尖的科研人才

国际顶尖人才科技创新策源地的集聚，既可以提高地区创新浓度，也可以提升产业能级，形成“国际顶尖人才促进突破性创新、突破性创新服务前沿产业、前沿产业集聚顶尖人才”的良性循环。国际顶尖人才的“创新之源”功能体现在以下几个方面：第一，国际顶尖人才具有特异化思维，能够自主提问、颠覆性思考、集聚解决问题。顶尖人才对于各自领域的重大科学技术问题高度敏锐，这种能力是创新成果诞生的前提。第二，国际顶尖人才具有很强的科创引领作用。国际顶尖人才自我实现、自我超越的科学顶峰攀登精神，为民族、国家和科学奉献自身才智的高级理想，可以在科研人员和机构群体中起到很好的辐射带动作用，促进优质科创氛围的营造。第三，科技成果落地过程复杂，需要完整的人才链确保创新成果从理论向实践顺利转化，这也是创新策源的最终目的。完整的人才链能推动原始创新、应用创新和商业模式创新等各环节创新链的突破。创新链的全链条贯通和突破，有助于加速推动价值链、供需链、前沿产业链的升级。

### 2. 具备世界影响力的研发机构和企业

高质量大学和科研机构在基础研究领域具备独特的优势，与高科技龙头企业、拥有细分领域领先技术中小企业的合作，形成的产学研生态、科研平台、孵化基地等，是极佳的底层、源头式科技创新知识和思想的催生平台。科研院所和企业也是顶尖科研人才发挥才智的核心、关键载体。当前美国等对中资企业的海外研发投资限制不断加码，尤其是人工智能、半导体、机器人、先进材料等“重大工业技术”领域的投资活动。受限制的投资活动范围包括对小额持股、对初创企业早期投资、对与美国公司成立合资企业等非控制性的投资行为进行更严格的审查等。同时，通过限制采购我国高科技产品、补贴制造业回流美国、阻碍我国高科技企业在美正常经营等方式，联合盟友遏制中资高科技企业在美国、日本、英国、澳大利亚和新西兰等市场的扩张，不断扩大产业链和创新链的封锁范围。美国引导的封锁，将会导致中国科研机构、科技企业与国际创新链、产业链的部分脱钩，难以实现科研资源的全球配置、高效配置，从而制约上海科研机构、科技企业的成长和发展。从国际经验看，在全球范围内持续布局研发机构和构建研发网络是科技创新策源的重要途径。

## （二）创新之策

### 1. 先进的科研基础设施

策动前沿基础研究需要先进的科研基础设施，包括大科学装置、重要科学研究设备、高端科学试剂、数据中心等硬件设施，也包括大数据、云计算、基础算法、科研和工业软件等软件设施。当前美国对高技术出口管制日益增强，科研基础条件保障、升级的不确定性加大美国不断以国家安全为由对我国高科技企业、机构等发起制裁，持续通过立法加大对中国出口管制的力度，把人工智能、量子计算等 14 个领域的产品及技术纳入出口管制目录，实施严格监管和审查。近两年来，美国商务部工业安全局已将超过 100 家的中国企业和机构加入出口管制的“实体清单”，其中既包括华为、中芯国际等高科技企业，也包括大批科研院校和超算领域的知名机构等。美国全面限制重要原材料、设备、开发工具与软件的出口，并不断扩大制裁范围和限制出口产品、技术范围，实施前所未有的技术封锁，切断科研的供应链。对于我国基础领域研究来说，不仅科学装置、仪器设备的引进和后续使用维护等可能陆续受到影响，大量的实验室耗材和试剂、科研和工业软件等面临的不确定性也越来越大。上海增强科技创新策源功能的基础设施条件面临较大威胁，必须提升自主创新的保障能力。

**2. 充满活力的创新网络和创业生态环境**

充满活力的创新生态，需要以下要素的支撑：国内良好的人才教育和培养体系；能激发和促进科技创新活动的公共服务和扶持政策体系，激励创新的收入分配机制，以及宽松良好的创新文化氛围；完善的创新要素市场，保障人、技术、专利等创新资源自由流动、高效配置、集成增值，国际科技交流与合作顺畅；协调与规范的国内外创新活动组织、完善的创新成果交易转化等法律制度，这些都是激发源头创新的重要保证。在逆全球化背景下，国际科研合作交流日益阻断，融入国际科技创新网络和生态的难度增大。美国日益限制中美学术交流，加大科研项目审查力度，加快清理现有科研合作项目资金来源。美国国立卫生研究院、美国国家自然基金会等美国政府机构开始陆续对美国境内得到其资助的机构和科学家们开展一系列调查行动，并导致数名华裔美籍学者突然被免职。同时，美国司法部门以及科研管理机构不断向美国科研机构施加压力，美国的学者、科研人员也逐渐倾向于减少同来自中国的科研人员合作。在这种紧张的局势下，创新过程中遭受阻碍的风险不断增加，一些合作研究项目被迫中断，国际开放性和创新领域合作的难度逐渐加大。上海在科技创新前沿领域的国际合作还缺乏广度和深度，要紧跟科技创新的新动态，在主动融入国际创新网络方面加快发力。

## 二、数字化背景下创新策源能力的新内容

数字经济的蓬勃兴起为城市打造创新策源高地带来新的机遇。数字技术具有的“自生长性”和“同质性”特征，不仅能够赋能传统的创新策源能力，还正在成为创新策源能力新的发力点。数字技术的应用能够使产品持续迭代并打破产业边界实现融合创新，并极大地降低了交易费用、提高了生产要素的配置效率。因此，抓住数字革命带来的机会，通过数字经济驱动创新策源能力具有重要意义。

### （一）数字化赋能传统创新策源能力

#### 1. 数字化的知识获取和共享

数字化技术为传统的“创新之源”提供了更广泛和便捷的知识获取和共享渠道。首先，数字化技术为研究者和企业家提供了更便捷的知识获取途径。传统的知识库和图书馆通常有一定的地域和时间限制，而数字化技术消除了这些限制。潜在的创新人员可以通过互联网

访问全球范围内的知识资源，不受地理位置和时间限制的束缚，并且更广泛地获取各个领域的知识，拓宽思路，寻找跨界创新的机会。其次，数字化技术促进了知识的共享和合作。通过在线平台，创新者可以与其他领域的专家进行实时的交流和合作。无论是通过电子邮件、在线论坛、社交媒体还是专业网络，创新者可以与其他有类似兴趣和专业背景的人分享想法、讨论问题，并从中获得反馈和启发。这种开放式的知识共享和合作，极大地促进了创新者之间的交流和合作，加速了创新的发展进程。更重要的是，数字化技术使得大数据的获取和存储更加容易和便捷。随着互联网的普及和技术的进步，大量的数据被生成和存储起来，包括用户行为数据、市场趋势数据、科学研究数据等。创新者可以利用数字化技术从这些海量数据中进行分析和挖掘，发现潜在的创新机会和趋势。数据驱动的创新成为一种重要的手段，帮助创新者作出更明智的决策，优化产品和服务，提高创新的成功率。

**2. 虚拟协作和远程合作**

数字化技术改变了传统的工作方式，为各类创新人群提供了虚拟协作和远程合作的便利。首先，数字化技术提供了强大的沟通和协作工具，使得团队可以不受地域限制地实现虚拟协作。传统的工作方式通常需要人在同一个地点集中办公，这限制了人们的选择和灵活性。然而，随着互联网和数字工具的普及，人与人之间可以通过电子邮件、即时消息、在线会议等方式进行实时沟通和协作。无论团队成员身在何处，都可以随时交流和分享想法，使得创新不再受限于地理位置。这种虚拟协作的方式极大地拓宽了人的合作范围，促进了跨地域和跨文化的合作，为创新提供了更多可能性。其次，数字化技术使得远程工作成为现实，进一步促进了创新的发展。在数字经济环境下，借助远程工作的模式，提高了工作的灵活性和自由度。这对于创新来说尤为重要，因为创新通常需要更多的自主时间和创造性的环境来培养新的想法和概念。

### 3. 数字化的人才培养和创新教育

数字化技术为人才培养和创新教育提供了新的机遇和方式，使得创新者可以随时随地获取学习和培训机会，提升了创新能力和技能。数字化赋能使得人才培养更加灵活、个性化，并且与产业需求更加贴合。首先，数字化技术提供了广泛而便捷的在线学习平台，使创新者可以在自己的节奏和时间安排下进行学习。无论是专业的在线课程、开放式课程还是自学资源，这些平台都为创新者提供了丰富的学习内容和知识。创新者可以灵活地选择感兴趣的领域进行学习，并根据自己的需求进行深入研究和实践。这种个性化学习的方式使得创新者可以根据自身兴趣和需求进行学习，提高学习效果和创新能力。其次，远程培训成为数字化时代的一大趋势，为创新者提供了跨越地域和时间限制的培训机会。通过网络和远程协作工具，创新者可以参与全球范围内的培训课程和项目，与来自不同背景和专业的人们进行合作和交流。这种跨文化和跨领域的合作有助于拓宽创新者的视野，促进不同领域之间的融合创新。远程培训还可以提供由业界专家领导的实践项目和案例研究，帮助创新者将所学知识应用到实际问题解决中，培养解决复杂问题的能力。此外，数字化技术还提供了虚拟实验室等创新教育资源，为创新者提供实践和探索的机会。通过虚拟实验室，创新者可以进行模拟实验和实践操作，掌握实际技能和应用知识。这种虚拟实验室的方式不仅降低了实验成本和安全风险，还提供了更多的实践机会，加强了创新者的动手能力和实际操作经验。

## （二）数字化成为创新策源新的发力点

### 1. 数字技术的应用创新

数字技术如人工智能、物联网、区块链等的发展和应用，为创新者提供了新的创新机会和解决方案，为创新主体策源能力的提升注入强大动能。数字技术作为创新的底层支撑型技术，技术本身水平的提升也是创新策源的重要内容。基于大数据和人工智能的智能城市解决方案、物联网技术的智能交通系统等都是数字化技术直接推动创新策源能力的典型案例。数字技术也可以为传统产业注入新的活力，通过数字技术的应用，传统产业的创新策源能力同样得到有效提升。

### 2. 数字化的用户体验创新

数字化技术为创新者提供了改善用户体验的新机遇。通过数字技术，创新者可以设计和提供更个性化、便捷、智能化的产品和服务，满足用户不断变化的需求。例如，通过移动应用程序、虚拟现实、增强现实等技术，创新者可以为用户创造沉浸式的体验，提升产品的竞争力，推动创新策源高地的发展。

### 3. 数字化平台助力创新生态完善

数字技术、数字经济的高速发展，助力传统的创新交流、交易、产业化等平台升级。平台的数字化升级，使得更多主体得以便捷地接入整体创新生态，不同创新主体之间技术和信息的共享程度提升。数字化平台的构建，各创新主体接入平台后，数字化技术能够推动不同主体之间更高效、精准的匹配、沟通和协作。

综上所述，数字化既赋能传统的“创新之源”和“创新之策”，又成为新兴“创新之源”和“创新之策”的重要内容之一，为上海打造创新策源高地注入可持续的发展动力。

## 第二节　上海创新策源能力的现状分析

当前，上海创新策源高地的基本框架已基本形成。形成“一批基础研究和应用基础研究的原创性成果，突破一批卡脖子的关键核心技术”是中央对上海全球科创中心建设的新要求，也是“十四五”期间上海创新策源高地建设的指导方针与奋斗目标。2020 年 1 月，上海市十五届人大三次会议表决通过的《上海市推进科技创新中心建设条例》，作为上海科创中心建设的“基本法”，体现注重创新策源能力的提升。2021 年 1 月，《上海市“十四五”规划和 2035 年远景目标纲要》对强化上海科技创新策源功能作出重要部署，涵盖注重提升基础研究水平、攻坚关键核心技术、促进多元创新主体蓬勃发展、加快构建顺畅高效的转移转化体系等六大方向。随后，2021 年 9 月，《上海市建设具有全球影响力的科技创新中心“十四五”规划》发布，成为“十四五”期间科技创新中心功能提升的指导性文件。2021 年 10 月，在基础研究领域发布第一个文件《关于加快推动基础研究高质量发展的若干意见》。因此，上海从战略规划、基础研究、行业应用、生态建设等方面构建起科技创新策源能力提升的政策支撑体系。进一步提高创新策源能力是把科技综合优势变为现实经济发展优势的重要抓手，是“十四五”时期全球创新策源高地建设的主要内容。

## 一、上海在全球创新策源高地中的位置

### （一）指标构建与测算结果

在各国建设创新策源高地的过程中，尤为突出的特点在于这些城市的“大格局、高要求、高起点、新模式和全链条”。首先是大格局，根据国家区域发展战略的整体规划，结合各地的创新要素禀赋，努力打造具有独特特色的科技创新中心，以促进区域经济的高质量发展。其次是高要求，创新策源高地一般以国家层面的支撑为主，设计高标准的实施方案，组织高效率的实施办法，同时配置高规格的新资源要素，以实现建设世界科技强国和全球科学中心的战略目标。此外，高起点的表现在于倚靠世界一流的重大科技基础设施，聚集顶尖的国际人才，创造国际一流的创新生态环境，从而构建原始创新的策源地。另外，创新策源高地往往为了应对重大科技攻关任务，秉持科技发展和市场经济规律，推动科技创新资源的优化配置，从而形成一种快速响应的科技创新组织动员的全新模式。最后，全链条体现在创新策源高地面向国家重大战略需求的基础研究，致力于建立协同共生的完整链条，包括创新链、产业链、人才链、政策链和转化链。

创新策源能力不断催发学术新思想、科学新发现、技术新发明和产业新方向，敦帅等按照学术新思想、科学新发现、技术新发明和产业新方向四个类别设置评价指标，选取创新能力较强的全球典型创新中心城市——北京、上海、纽约、伦敦、东京以及首尔进行比较分析，考察不同城市在创新策源能力方面存在的差异。同时，为了更好衡量各城市创新策源能力建设发展情况，上述四个一级指标下设创新投入与创新产出这两个二级指标，二级指标下设置若干三级指标。具

体的创新策源能力评价指标体系如表 2-1 所示。

**表 2-1　创新策源能力评价指标体系**

<table>
<tr><th>一级指标</th><th>二级指标</th><th>三级指标</th></tr>
<tr><td rowspan="5">学术新思想</td><td rowspan="3">学术资源水平</td><td>高学历（大学专科及以上）人口比例</td></tr>
<tr><td>The Top 200 与 QS Top 200 高校数</td></tr>
<tr><td>关于科学、工程、制造和建筑领域的高等教育毕业生比例</td></tr>
<tr><td rowspan="2">学术思想产出</td><td>Nature Index 中文献计量 AC 值</td></tr>
<tr><td>Nature Index 中作者计量 FC 值</td></tr>
<tr><td rowspan="5">科学新发现</td><td rowspan="3">科学资源投入</td><td>R&D 经费支出占 GDP 比重</td></tr>
<tr><td>FC 分值总计百分以上的机构数（2017 年统计数据）</td></tr>
<tr><td>从业人口中科学技术人员比</td></tr>
<tr><td rowspan="2">科学发现产出</td><td>Nature 年度十大科学突破与人物</td></tr>
<tr><td>国际顶级学术奖项个数</td></tr>
<tr><td rowspan="4">技术新发明</td><td rowspan="2">发明技术披露</td><td>PCT 专利申请量（万件）</td></tr>
<tr><td>发明专利申请数量（万件）</td></tr>
<tr><td rowspan="2">发明技术价值</td><td>技术合同成交额（亿元）</td></tr>
<tr><td>风险投资资本量（十亿美元）</td></tr>
<tr><td rowspan="4">产业新方向</td><td>产业研发投入</td><td>企业 R&D 经费投入占 GDP</td></tr>
<tr><td rowspan="3">创新产业比例</td><td>独角兽企业数量</td></tr>
<tr><td>高新技术产业占工业总产值比例</td></tr>
<tr><td>高技术产品出口比重</td></tr>
</table>

资料来源：敦帅等：《创新策源能力评价研究：指标构建、区域比较与提升举措》，《科学管理研究》2021 年第 1 期。

基于德尔菲专家法以及熵值法确定的各个指标的权重，得到了北京、上海、纽约、伦敦、东京以及首尔六个样本城市创新策源能力二级指标的得分以及总排名（见表 2-2）。通过对样本城市创新策源能

表 2-2 样本城市创新策源能力二级指标得分及总排名

| | 纽约 | 东京 | 北京 | 伦敦 | 上海 | 首尔 |
|---|---|---|---|---|---|---|
| 学术资源水平 | 0.55 | 0.48 | 0.19 | 1.00 | 0.04 | 0.71 |
| 学术思想产出 | 0.95 | 0.37 | 1.00 | 0.08 | 0.25 | 0.02 |
| 学术资源投入 | 1.00 | 0.80 | 0.76 | 0.63 | 0.46 | 0.74 |
| 科学发现产出 | 1.00 | 0.26 | 0.24 | 0.32 | 0.08 | — |
| 发明技术披露 | 0.12 | 1.00 | 0.33 | — | 1.00 | 0.43 |
| 发明技术价值 | 0.72 | 0.32 | 1.00 | 0.65 | 0.42 | 0.11 |
| 产业研发投入 | — | 1.00 | 1.00 | 0.95 | 0.35 | 0.69 |
| 创新产业比例 | 0.75 | 1.00 | 0.57 | 0.74 | 0.32 | 0.65 |
| 总排名 | 1 | 2 | 3 | 4 | 5 | 6 |

资料来源：作者根据相关数据测算得到。

力的测算可以看出，各城市创新策源能力水平存在巨大差异，且各个城市在学术新思想、科学新发现、技术新发明和产业新方向方面表现出明显的不均衡。

## （二）对比分析

纽约创新策源能力水平在样本城市中排名第一，并且在科学资源投入、科学发展产出和学术思想产出方面位于前列。一方面，纽约在科学新发现中的得分最高得益于其国际一流科研机构较多，从业人员中的科研人员占比高；另一方面，纽约社会 R&D 投入占比在六个城市中最低，原因在于纽约的 GDP 体量巨大，且创新产业占比不大，纽约在产业新方向的得分偏低可以得到印证。同时，纽约大量的科研机构预示着其国际性科技奖项与 Nature 年度科技人物数量多，不仅让纽约的科学新发现投入与产出分别占据第一的位置，其转化率（产出／投入）也位居 6 个城市的前列。

东京创新策源能力在样本城市中排名第二，但东京与纽约的发展轨迹恰好相反，东京创新策源能力建设的亮点在于技术新发现与产业新方向方面。东京 2012—2016 年的 PCT 专利统计量超过 10 万，是第二名首尔（3.9 万）的 2.5 倍，国内发明专利申请量也接近 8 万，是第二名首尔（4.7 万）的近 2 倍，可见东京在技术发明领域具有明显优势。尽管其独角兽企业数量较少，但超过总量四成的高新技术产业产值与出口量使东京的创新成果商业化建设水平遥遥领先，侧面反映出东京的中小微企业创新能力较为突出。

北京创新策源能力在样本城市中排名第三，且在学术思想产出方面拥有最高得分，主要得益于其在 Nature 指数中最高的文献与作者计量值。而在得分较低的学术资源领域，主要因为北京的受教育人口与国际高等院校数量较少，同时国际性重大科学突破与奖项获得人数较少。但北京拥有数量排名第一的独角兽企业数，和排名第二的国内发明专利申请量，为未来新兴企业扩张和产业结构改善从而推动北京创新策源能力提升奠定了良好基础。

伦敦创新策源能力在样本城市中排名第四，且伦敦学术资源丰富，位居排行榜第一。一方面，伦敦一半城市人口拥有本科及以上学位，THE 前 500 名的高校拥有 15 所，遥遥领先第二名首尔（7 所）；另一方面，伦敦学科占比较重的 STEM 类学科设置数量众多，超过四成应届毕业生主修科学、工程、制造和建筑等领域学科。然而，伦敦在技术发明领域排名最低，同时在收集数据中发现，伦敦的高技术产品集中在专业服务、软件开发等领域，其实体制造相比其他城市并未占太大优势，产业结构导致技术发明的申请量较低。

上海创新策源能力位于样本城市第五位，主要因为上海学术资源水平、创新产业比例位于最低水平。上海在上榜城市中的高等教育水平、STEM 毕业生比例与科研从业人口比例最低，以及倒数第二的高新技术产值比与出口份额。但是，上海的学术产出得分位于中游水平，可见上海市的学术产出率较高，同时上海的企业研发投入占比与独角兽企业数量较高，这为上海未来创新策源能力的提升提供了条件和支撑。

首尔创新策源能力在六个城市中排名最后，且没有排名第一的领域。同时首尔经济体量、地区面积较排名靠前的城市较小，在一些用绝对值衡量的指标面前并不占优。但首尔在相对值的指标中（受教育比例、科学从业者比例）排名均靠前，并且首尔拥有样本城市中最高的高技术产品出口份额和最高的 STEM 毕业生比例。这也表明首尔创新策源能力的发展和提升具有较大的潜力。

## 二、上海创新策源能力综合评估

前面分析了上海在全球创新策源高地中的地位。谢婼青则进一步从基础研究投入强度、重点实验室数量、高技术企业、研发经费投入、科技活动人员投入等核心要素和重要突破口出发，对上海的创新策源能力展开综合评估[1]。运用线性合成法，借鉴谢婼青的做法，我

［1］ 谢婼青:《科技创新策源能力：影响因素与提升路径》,《上海经济研究》2023 年第 2 期。

们得到了上海 2016—2020 年的创新策源能力综合分指数及综合总指数（见表 2-3）。

**表 2-3　上海创新策源能力发展综合指数**

| | 创新活力 | 创新成果 | 创新要素 | 成果转化 | 综合总指数 |
|---|---|---|---|---|---|
| 2016 年 | 98.84 | 96.42 | 96.89 | 98.05 | 90.37 |
| 2017 年 | 99.28 | 98.08 | 98.08 | 97.78 | 93.10 |
| 2018 年 | 99.84 | 99.84 | 99.48 | 100.28 | 99.37 |
| 2019 年 | 100.30 | 101.56 | 101.12 | 101.59 | 104.37 |
| 2020 年 | 101.54 | 104.18 | 104.51 | 102.48 | 112.32 |

资料来源：作者根据相关数据测算得到。

从上表中可以看到，上海科技创新策源能力发展综合总指数在近五年期间呈现显著上升的态势，2016—2020 年平均增速达到 5.67%。其中，在“十三五”的后期上涨速度更快，表明上海建设具有全球影响力的科技创新中心的步伐加快。2020 年即使新冠疫情突如其来，但对上海科技创新策源能力负面影响有限，其上升速度仍保持 7.69%，这为“十四五”的开局奠定良好的基础。2020 年全年，科技创新成果竞相涌现、产业创新能级持续提升、创新环境进一步优化。

在梳理上海科技创新策源能力发展综合总指数的基础上，报告进一步从创新活力、创新成果、创新要素、成果转化四个一级指标出发讨论科技创新策源能力的发展趋势。在创新活力方面，2016—2020 年期间，上海科技创新策源能力创新活力的整体趋势较为平缓，平均增长率达到 0.67%，并在 2020 年有显著提升，增长 1.25%。在 2016—2020 年前期，科技创新策源能力中新思想和新苗头发力较弱，而后期上海在应用基础研究方面投入较大的研发力量。2021 年 10

月，上海发布《关于加强推动基础研究高质量发展的若干意见》，将在“十四五”期间推动基础研究发挥作用，也反映出上海越来越重视基础研究对于科技创新策源能力的重要影响。

在创新成果方面，2016—2020年，上海科技创新策源能力的创新成果增长速度较快，平均增长率达到1.94%，2020年增长速度最快，达到2.53%。本文发现，“十三五”期间，科技创新策源能力的新成果和新产出表现较为亮眼。尤其是2020年年末，上海有效专利已高达54.25万件，比上年末增长22.3%；每万人口发明专利拥有量达到60.2件，同比增长12.5%；上海科学家在三大顶级期刊发表论文高达107篇，占全国总数的29.8%。创新成果竞相涌现为“十四五”期间提升创新策源能力打下良好的基础。

在创新要素方面，在“十三五”期间，上海科技创新策源能力的创新要素增速较高，平均增长率达到1.89%，2020年增速达到3.26%。至2020年末，上海已有国家重点实验室45家，上海市重点实验室160家，国家和上海市企业技术中心达到752家，上海已建成大型的国家重大科技基础设施和研发与转化功能型平台，2020年全年R&D经费支出达到1600亿元，相当于上海市生产总值的4.1%左右，科技活动R&D人员达到32.04万人。这五年间，上海的创新资源不断集聚和加强，这为“十四五”创新策源能力的提升和创新成果的产出奠定基础。

在成果转化方面，2016—2020年，上海科技创新策源能力的产业新方向增速比较缓慢，平均增长率为1.09%，增速最快的是2018年，高达2.55%。成果转化是创新链的后端，科技创新策源能力最终是将“发明”到“商品”再到“产品”进行产业化落地。2020年，上海高新技术产品产量快速增长，如新能源汽车、新材料分别增长1.7 倍和 10.8%，科技创新策源能力的产业落地表现较好。

从各指标综合来看，创新要素的发展最快，到“十三五”期末，创新要素的发展指数最高，其次是创新成果，然后是成果转化，最后是创新活力，这为我们思考“十四五”期间上海提升创新策源能力的路径与对策提供有力的支持。

## 三、上海建设创新策源高地的局限性

上海创新策源高地的基本框架已基本形成。但结合其在全球创新策源高地中的相对位置分析，上海在建设创新策源高地的过程中仍存在一些较为突出的局限性。这些局限性主要集中在基础研究投入不足、高质量创新产出较少、尚未形成充分开放协同的创新网络、创新成果产业化水平较低。

### （一）基础研究投入不足

一直以来上海科技创新投入较为侧重应用研究以及基础应用研究，在基础研究方面较为依赖外力。但当下由美国主导的对华封锁使基础研究很难再借助外力。因此，上海必须改变“两头在外”的创新模式，打造全球创新策源高地。具体而言，在围绕重点产业强化应用研究的同时，需要加快基础研究布局，加大前沿创新和底层技术、关键技术领域的基础研究投入，特别是要鼓励并支持有条件的企业强化基础领域研究。

### （二）高质量创新产出较少

上海当前的创新模式主要是集成创新，使用现有的科学原理和相关技术成果融合汇聚，形成新技术、新产品。但光有集成创新是不够的，未来的创新资源尤其是人才、设备等更多需要内部供给，必须立足原始创新，鼓励自由探索的科学家精神，培育青年科学家，更加关注交叉学科和新兴学科发展，对创新尤其是源头创新要避免仅对成果数量进行考核与激励，要更加注重创新预见性和产业预见力，打造新发现、新发明的发源地，实现从集成创新为主向集成创新与原始创新并重转变。

### （三）尚未形成充分开放协同的创新网络

当前虽然国际科技合作的途径日趋收窄，但更要坚持跟踪全球科技创新动态，以更主动积极的态度寻求合作，加快促进长三角区域创新元素加速融合，向中东欧等更多国家拓展创新资源，更大范围地谋求科技合作，打造国际国内创新资源和创新网络的枢纽地。

### （四）创新成果产业化水平较低

上海的科技创新主要集中在研发领域，而新形势下需要更多发挥创新策源的作用，要立足服务全国，着力注重成果的转化和产业化，加强制造业反哺研发，积极打造创新技术集聚、交易、扩散、推广、转化的重要平台，通过创新成果的辐射、扩散，带动其他地区形成面向全球的集研发、制造、服务于一体的价值链体系，打造新技术、新成果、新产业的集散地，实现从研发中心向研发、转化和扩散中心转变。

# 第三节　数字经济助力上海创新策源能力的主要途径

作为新时代推动经济增长的主要引擎之一，数字经济备受关注。上海高度重视数字经济发展，借助扎实的产业基础、丰富的科创资源、强大的研发能力和体制机制优势，数字产业发展迅速，产业数字化转型稳步深入，公共服务数字化水平和数字治理能力显著提升，数字基础设施逐步完善，数字经济国际合作不断推进，在长三角形成了一定的比较优势。在建设创新策源高地的过程中，上海要充分利用数字经济的发展优势，为可持续的创新策源能力注入源源不断的发展动力。

## 一、数字经济提升人力资本积累

20 世纪 80 年代，新经济增长理论出现，学者们将人力资本纳入经济增长模型，人力资本理论进入完善和深化拓展阶段。罗默创建的“知识溢出模型”将生产要素划分为资本、劳动、新思想、人力资本四个维度，发现受过专业教育的人力资本能够发挥知识的“外溢效应”，使物质资本产生递增效益。之后，罗默把技术进步作为生产函数的重要因素，构建了“研发投入——中间产品——最终产品”三部门模型，认为加大人力资本投资是推动经济向高水平发展的主要手段，对人力资本的投资力度越大，地方经济越能够高质量高速度增长。卢卡斯深入分析了罗默研究中的“知识外溢”现象，将人力资本具体区分为内部、外部效应，主张人力资本的外部效应是拉动经济增长的主要原因，其增长的根本动力来自成熟化、专业化的人力资本。对内生理论的研究表明，投资人力资本是拉动经济增长的重要方式。实证结果同样表明，增加人力资本存量对拉动区域经济有着不可替代的作用。从影响机制来看，人力资本对创新策源水平的影响通过直接效应和间接效应两条路径发挥出来。直接效应是指接受教育时间较长、学历层次较高的个体，拥有更强的知识储备和创新创造能力。城市中人力资本存量越多，人力资本自身具有的自主创新能力、在技术创新过程中的传导能力以及对知识的吸收加工能力越强，对城市创新策源水平的促进程度相应越高。间接效应来自人力资本的外部性，人力资本对周围外部环境施加正面影响，进而促进整体创新水平的提高，具体通过溢出效应和激励效应发挥作用。前者意味着人力资本数量和质量越高，越有利于促进个体间的相互学习，推动知识传播扩散，进而促进科技创新。后者是指高学历人力资本所对应的高工资，能够激励劳动者接受更高教育，并且激励企业加大研发支出，双重激励下促进创新发展。而上海数字经济的发展有利于增加当地的人力资本，为基础研究的新突破提供最重要的要素。

首先，上海相对完善的数字基础设施有利于发展数字教育，从而为创新策源能力的提升提供充足的后备人才。数字教育是通过数字基础设施进行教育任务的过程和成果，包括网络教育和利用数字技术优化教育方法以提高效果。教育是国家振兴和社会进步的基石。我国深知未来数字经济发展的关键在于人才，而教育是培养人才的基础。当前教育发展既要传承人类知识和技能，也要满足经济社会的现实需求，并关注人类社会未来的发展趋势。近年来，数字教育的受众和环境发生了巨大变化，随着互联网和智能终端的普及，未来的受教育者将在全新的社会环境中成长，学习方式正逐渐转向网络化、数字化和个性化，智能化学习环境和自主学习活动将成为未来学习的新形态。加强数字教育是上海作为创新策源高地的现实需求。

其次，相对完善的数字基础设施和数字经济的开放性优势将不断推动上海高端人才的集聚。一方面，作为各项领域的先行者，高端人才的工作内容往往是高度信息化和智能化的。这一特殊的工作性质就要求他们所处的工作环境是高度数字化的，否则他们将难以开展基础研究、追踪产业发展最新动态。因此，上海从全国乃至全世界范围内来看所具备的数字经济发展优势，可以转换成吸引高端人才集聚的区位优势，从而助力当地的创新策源能力。另一方面，数字经济对高端人才的吸引力不仅仅局限于数字化的工作环境，还体现在数字化的生活环境。高端人才的集聚不仅仅是高端人才本身，还包括他们的研究团队成员、家庭成员等等。若能在家庭教育、医疗、娱乐、出行等方面提供数字化甚至智能化的基础设施，那么集聚地对高端人才的吸引力将大大提升。这也是上海通过发展数字经济来吸引高端人才从而提升其创新策源能力的一个重要渠道。

## 二、数字经济赋能创新要素高效配置

创新要素是指参与创新过程、影响创新绩效、体现创新成果的生产要素。在要素配置过程中，市场通过价格机制进行信息传递、有效选择和定向激励，以实现创新要素的优化配置。然而，在现实情况下，受到高交易成本、信息不完全以及市场割裂的影响，要素市场通常处于非瓦尔拉斯均衡状态，难以实现创新要素的帕累托最优配置。随着云计算、人工智能、物联网等数字技术的广泛应用，极大地推动了创新要素配置效率和配置方式的改进。上海作为应用这些数字技术的排头兵和示范地，具备强大的动力实现创新要素的高效配置。

第一，数字技术提升了创新要素供求匹配度。创新要素的供求平衡通常受到需求偏好、供给规模和要素稀缺性的限制，通过价格信号进行调节。然而，供给者通常拥有更多的要素信息，导致供需错位和信息不对称。数字技术利用海量数据建立和挖掘事件之间的关联性，提高信息透明度，打破了时空限制，促使供需双方实时反馈和交互，降低要素搜索成本和交易摩擦成本，实现了创新资源的精准匹配。

第二，数据网络可以优化创新要素配置方式。传统的资源配置方式主要依赖于市场机制，但由于市场机制的自发性、盲目性和滞后性，可能导致创新要素市场失灵。数字技术可以通过优化网络架构来改善这种机制。具体而言，创新要素的需求可以以数据形式进行大规模采集，创新要素供应主体可以通过收集、清理和分析需求信息数据来提前了解需求的方向、对象、内容和数量。在需求分析的基础上，他们可以提前做出供应决策，从而解决市场机制引发的不经济配置问题，并通过数据赋能来促进创新要素的高效配置。

第三，数据要素延展了创新要素使用边界。由于产业分布的物理空间和区域市场分割的限制，创新要素通常仅在产业链的上下游或产业集群内部流动，这可能导致最优配置的偏离。然而，通过将数据要素融入创新要素，我们可以实现创新资源的跨领域流动和价值分配的可能性。同时，数据要素的流通还可以有效缓解由于需求不确定性而导致的生产要素滞留问题。通过依托数据要素的共享特性，产业内的存量创新要素可以延伸其使用边界，增加创新要素的供给，从而在最大化存量要素效用的同时实现创新资源的帕累托改进。

第四，数字平台有利于加快创新要素配置进程。对于制造业企业来说，工业互联网平台所集聚的数据信息有助于企业准确了解市场信息，重新整合和优化技术设备、原材料、半成品等资源，从而减少资源的不匹配，激发技术创新的活力，提升企业的创新能力和专业水平。对于服务业企业来说，数字平台能够实现供需双方的及时高效匹配，提升企业开展个性化、精准化服务的能力。此外，数字平台还为创新主体之间的交流、沟通和协作提供了空间，推动协同研发、众包设计、增值开发等新模式的发展，从而缩短企业的新技术研发周期和决策过程，加快创新要素的配置进程。

## 三、数字经济促进创新网络持续发展

创新网络是指企业在创新活动中，与内外部各利益相关方之间建立起的正式或非正式合作关系的网络化组织。嵌入创新网络是企业实现开放式创新、突破自身组织边界获取创新资源的重要方式，也是后发国家获取先进技术和实现产业升级的关键手段。创新网络的连接通常使用专利联合申请和互引、论文合著等进行表征。网络节点可以根据研究需要进行选择，国家（地区）、产业、企业甚至个体都可以作为创新网络的节点。

20 世纪 70 年代，世界经济的衰退使得企业面临更激烈和不确定性更高的环境。在这种背景下，企业间“抱团取暖”的集群式发展形态迅速兴起。在生产和经营上存在相互依赖或互补关系的企业，汇聚于相近的地理空间形成集群，通过集群内的合作与协调等共同应对外部挑战。典型的企业集群有意大利第三区、美国硅谷和中国浙江嵊州领带企业集群等。早期的集群式演化本质上产生的是规模经济和成本降低优势，属于静态竞争优势，很容易被模仿和超越。在全球经济加剧的环境中，获取持续的动态竞争优势才能使企业持续繁荣。因此，学者们指出了集群演化的新方向——创新网络。知识与创新是企业获取持续竞争优势的核心，促进集群内企业间的知识流动与共享，搭建集群内创新网络，才能保障企业集群的持续向好发展。创新网络带来的动态竞争优势来源于集群内企业的学习和创新等能力，相关能力难以被模仿和复制，也是持久竞争优势的核心来源。美国硅谷就是通过集群内企业间的创新协作和知识共享等形成创新网络，保证了集群的持续繁荣。创新网络可以看作集群式演化的新方向，集群式的演化实质上也促进了创新网络的形成。

第一，数字技术发展助推节点网络地位提升。从国家（地区）层级的全球创新网络观测，核心节点的数字技术发展水平，普遍领先于一般和边缘网络节点。笔者根据美国专利商标局中的专利文本信息，利用专利的跨国（地区）联合申请信息搭建全球创新合作网络（图2-1）。图谱中节点圆圈大小反映度数中心性，连接线粗细反映合作关系密切程度。在2001—2010年的网络中，中国的节点地位并不高，度数中心性较低，建立的合作关系边数也较少。2011—2020年，中国的网络节点地位有了显著的提升，与美国地位相当。这一时间段也是中国数字技术的快速发展期。由此可以发现，网络地位的提升和数

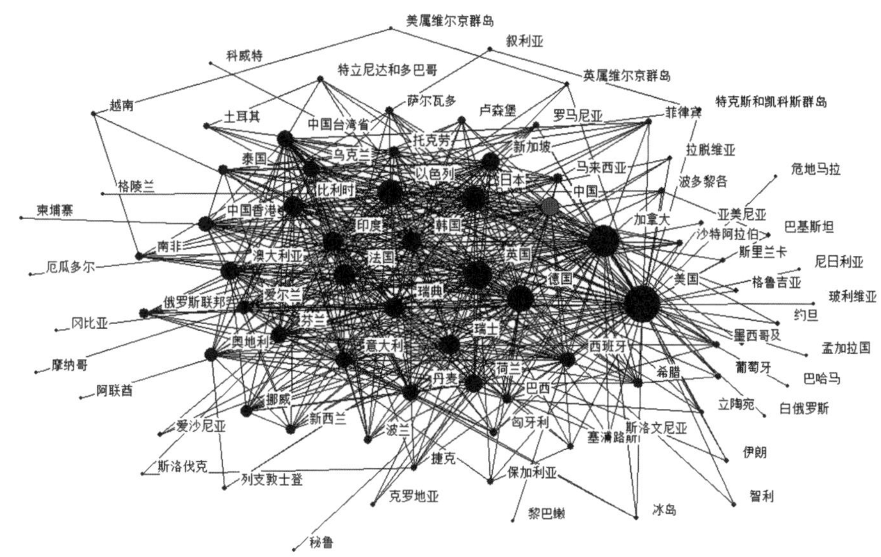


图 2-1a　2001—2010 年全球创新合作网络

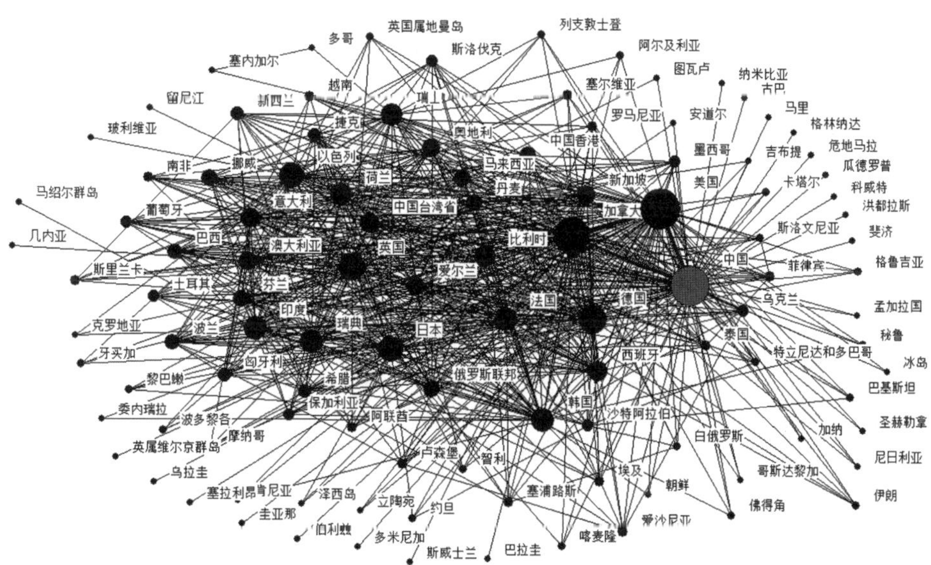


图 2-1b　2011—2020 年全球创新合作网络

资料来源：王佳希、杨翘楚:《中国在全球创新网络中的地位测度——来自美国专利数据库的证据》,《中国科技论坛》2022 年第 7 期。

字技术发展水平的提升是正向关联的，数字技术的发展可以有效提升节点在整体网络中的地位。除了国家（地区）层级的创新网络外，从全球城市层级网络进行观测，也可以发现网络地位和数字技术发展水平高度相关的规律。世界知识产权组织2020年发布的全球十大创新集群城市中，东京、深圳、圣何塞等的数字技术发展也处在全球领先水平。

第二，数字技术使创新网络主体不断丰富。数字化情景下企业创新网络主体不断丰富，传统企业创新网络边界被破坏，呈现不断扩张的趋势。数字化情境和开放式创新研究的发展使传统企业创新网络的核心主体和运行机制发生了显著变化，企业在数字环境中打破了组织边界，与其他主体可以进行开放式互动。其中，企业创新网络最明显的变化之一是将“顾客”或“消费者”纳入创新网络的主体之中。大量的消费者共同形成一个集群，超越了企业、高校和科研院所的界限，为创新元素的贡献提供了更为广泛的可能性。数字技术的发展和应用，“万物互联、互通”等概念的提出，也使得更加丰富的创新主体间能够搭建更加广泛而深刻的创新关联。数字技术中大数据、云计算等的发展，使得海量的信息可以进行数字化存储，可以有效降低不同创新主体间沟通壁垒，提升信息传递效率。

## 四、数字经济提升产学研协同创新

随着数字经济与实体经济二者横向交叠与纵向进化程度的加深，不同主体创新活动的时间和空间边界开始日趋模糊，创新扩散也表现出鲜明的网格叠加与全网共振特点。数字经济所表现出的数字化、平台化、共享化特点是推动当前上海产学研协同创新的新动能。

第一，在数字经济时代，数字化资产已经成为推动数字经济发展的关键要素，为不同主体产学研协同创新提供了条件。在工业经济时代，由于“信息孤岛”“数字鸿沟”的影响，创新要素之间的协同作用往往容易受地理阻隔的影响而致使创新产出失灵。但是，在数字经济时代，数字技术的进步从根本上改变了经济社会的生产模式，数字化的知识、信息和数据已成为当前经济发展的关键要素，同时也推动了创新范式变革与演化，促进企业开放式创新、不同主体之间协同创新、全网新型业态的不断涌现。事实上，在数字化技术推动下，技术开源化成为必然趋势，知识传播的地理壁垒、区位壁垒、媒介壁垒逐渐消解，创新研发成本明显降低，群体性、链条化、跨领域的创新成果不断涌现。

第二，平台化已经成为数字经济的重要产业组织形态，有效提高了企业、高校及科研院所之间产学研协同创新的意愿和效率。随着数字化技术与经济系统深度耦合，创新主体、机制、流程和模式不再受到既定组织边界的束缚，跨地域、多元化、高效率的众筹、众包、众创、众智平台成为可能，资源运作方式和成果转化方式可以借助互联网平台而完成。一方面，数字化平台的构建有利于经济系统实现从生产到服务的全产业链条的融合与协同，降低传统科技体制下各主体之间的资产专用性水平，降低创新主体之间的交易成本、信息成本和时间成本，提升了产学研协同创新的意愿；另一方面，数字化全产业链平台的构建有利于生产者瞬时捕捉消费者异质性需求，实现供需主体在更广泛的空间内交易，从而促进新产品、新服务以及新技术的溢出。

第三，共享化成为数字经济发展的新趋势，共享经济模式也成为驱动产学研协同创新的新动能。从动力机制看，共享经济具有“使用而不占有”的特征，不仅弱化生产生活资料的“所有权”，同时也强化了其“使用权”，催生全新的生产模式、消费模式和企业运营模式，激活大量未能得到有效配置的创新资源，进而为企业、高校及科研院协同创新带来新动能。从创新形态来看，共享经济突破了时空限制，促进各创新主体之间的技术扩散和转移，有利于构筑线上线下相结合、产学研相协同、大中小企业相互融合的创新发展格局。

从实现机制看，数字经济对产学研协同创新的影响可通过微观市场一体化、中观产业一体化、宏观区域一体化三种机制来实现，其影响机理如图 2-2 所示。

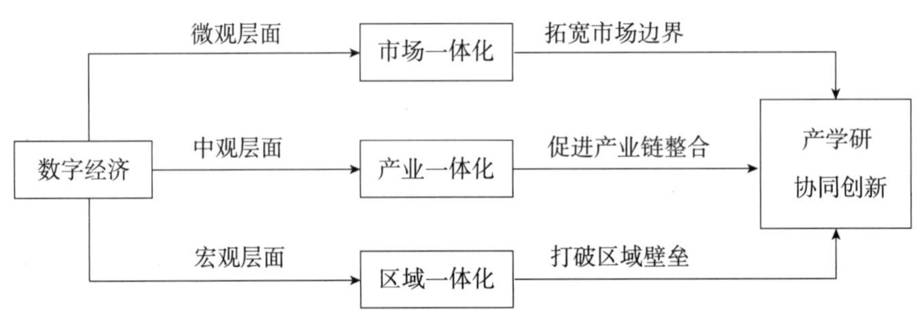


图 2-2　数字经济促进产学研协同创新的影响机理

第一，数字经济有利于重构一体化的微观市场，在范围经济、网络效应、匹配机制作用下，打破了知识生成主体和技术创新主体之间的物理阻隔，从而促进产学研合作创新成果涌现。作为技术创新主体的企业，往往具备资金雄厚、技术转化率高、市场把握能力强等优势，但是，其技术研发能力却相对较弱，而作为知识创新主体的高校，往往具有较强的科学研究能力，但是资金和市场感知却比较薄弱。产学研协同创新从本质上就是构建一个创新系统使得企业、高校和科研院所形成合作网络，以畅通知识的生产、转移和利用。但当前我国产学研协同创新还受到很多因素的束缚，特别是受到各地区条块市场、分割市场、地方保护的负面影响。数字经济的快速发展使得整个市场呈现“横向到边、纵向到底”的新特点，地方保护、资源错配问题被进一步消解，使得一个超地理空间限制的一体化市场得以重构。随着市场一体化进程加快，企业、高校和科研院所将有更加强烈的愿望通过收益分配、成本分摊等市场化运作方式来激发各创新主体的合作行为，推动多主体合作创新联盟的形成，促进高校科研成果转化，提升企业技术研发水平。

第二，数字经济作为当前经济发展新生态，促进各产业之间协同与融合，在产业关联效应、产业融合效应、产业结构变迁机制作用下，倒逼企业、高校、科研院所之间产生合作和协同创新。随着数字技术由电商领域向工业互联网领域延伸，数字产业化和产业数字化也由消费领域向生产领域扩展，跨界融合、产销融合与协同创新成为当前产业融合发展的新特点。因此，以往基于产业链的中心化、层级式、规模化的专业分工与集聚模式向基于互联网的分布式、协同化、定制化的资源共享与服务协同模式转变，从而促进产业跨界融合一体化的形成。一方面，产业一体化和产业融合进程的加快能够通过要素共享、技术渗透、产业关联等效应扩展产业边界，加速产业间与产业内技术转移，从而提高产业协同创新绩效。另一方面，由数字经济所引发的产业一体化能够大幅度降低产业间与产业内交易成本，使得多重产业链、创新链、价值链相互交织，并促使技术应用、技术研发、技术扩散等环节相互合作以应对多主体、异质性的市场需求。此外，产业一体化的形成激发产业竞争范式由企业间竞争、供应链竞争转向产业生态系统间竞争。为提高产业整体竞争力，政府部门往往会主动搭建平台以促进技术研发与市场需求融合，知识创造与知识利用相互融合，最终催生或溢出科研机构与产业主体之间的合作创新成果。

第三，数字经济有利于打破区域间藩篱，促进区域内融合、区域间协同，并在涓滴效应、辐射效应、分工效应的作用下，促使不同区域、不同领域企业、高等院校和科研院所协同合作。随着数字化、共享化、平台化向社会经济生活的全面渗透，数字技术革命加速人类经济活动向多元化、交互式经济空间拓展，城市、区域格局向系统性、协同性、整体性、网络化演变。数字技术破除了空间的有界性与不可叠加性，弱化了城乡区域的行政壁垒、社会关系及政治制度引起的区域分割，同时，也强化了中心区涓滴效应与辐射效应，促使人流、物流、资金流、信息流和技术流在更广阔的空间内交汇。一方面，数字经济背景下区域一体化水平的提升有利于突破贸易壁垒，扩展本地市场和降低成本，在比较优势和分工效应驱使下形成经济集聚效应，增强企业间和产业间不同创新主体的知识溢出；另一方面，在数字技术的作用下，区域间的模块互动在虚拟网络上从弱联系向强联系转变，催生出跨产业、跨模块、跨部门、跨区域特征的虚拟集群，从而有利于不同空间内的创新要素、创新资源、创新主体的汇集、连接和重组，最终促使产学研合作创新绩效和水平得以提升。

# 第四节　对策建议

利用数字经济提升创新策源能力，打造学术新思想、科学新发现、技术新发明、产业新方向的重要策源地，是全球各大都市未来发展的重要目标。通过相关数据的分析，本章已对上海创新策源能力进行了综合评估，从而明确了上海当前在全球创新策源高地中的地位以及不足之处。基于此，本节将从四个方面提供相应的对策建议，为数字经济助力上海策源高地的建设谋篇布局。

## 一、加强数字技术供给，提升底层技术策源能力

缺乏高质量创新产出，是上海打造创新策源高地的“堵点”之一。数字经济发展中的数字技术是未来经济发展、产业发展底层的关键驱动技术。提升底层技术策源能力，需要上海在数字技术领域强化供给，主动承担科创攻坚重任，加大重点领域技术突破。一是打造数字孪生城市新底座，实现城市资源的人工智能物联网化，进一步推广数字城市共性技术服务，集聚城市数据要素资源。二是构建数据要素流动新机制，建立行业数据综合运营中心，完善数据资源开发利用机制，保障数据安全且流通合法化。三是形成数字技术应用新生态，将城市作为数字技术应用的实践场，城区即展区，发挥数字技术研发创新对于城市的反哺作用，形成数字技术应用良好的生态体系。四是培育行业数字化转型场景，以“揭榜挂帅”等形式打造一批“跨、融、推”数字化转型标杆场景，以场景作为资源链接，导入各方资源，建立市场化参与机制。

同时要建设好四类设施。一是建设网络通信设施，统筹部署 5G 网络、光纤宽带网络、物联感知网络、通信基础网络等网络设施，保障城市高性能、高负载的网络连接通信支撑。二是建设物联感知设施，围绕市政设施、综合管廊、城市道路、物流设施、能耗设施等，充分融入物联技术，综合获取城市生命体征，打造透明城市。三是建设算力基础设施，配建存算一体的新型数据中心，部署边缘计算节点，形成城市算力网络，全面支撑数字城市数据存储、运算需求。四是建设城市安全设施，组建城市安全防范、应急管理、信息安全等全方位安全监测和预警网络，做好安全韧性的智能管控。

## 二、利用科创板强化上海创新策源高地的建设成果

2019 年上海证券交易所设立科创板并试点注册制，不断完善资本市场基础制度，支持上海国际金融中心和科技创新中心建设。科创板的设立为上海通过数字化建设创新策源高地提供了一条快车道，因为数字企业向科创板集中的趋势十分明显。而科创板服务科技创新功能的充分发挥，有赖于这些数字企业策源效应的有效释放。

首先，要鼓励科创板数字企业加大研发投入。一是鼓励跨国并购。支持本土跨国企业在海外设立研发机构或收购具有核心技术优势的国内外隐形冠军企业。将企业研发投入或收购上游研发企业的成本，纳入企业所得税减免或抵扣范畴。二是提升国有资本运营效率。大力推动国有资本向战略性新兴产业、基础设施和民生保障等关键领域及优势产业聚集，有序退出不具备竞争优势无法有效发挥国有资本作用的行业和领域，支持国有企业参与全球中高端竞争，培育和发展

具有国际竞争力的优势产业。三是探索国有企业研发投入容错机制。研究制定国有资本创新投入失败免责规定，鼓励企业设立研发准备金制度，完善财政资金支持科技创新项目绩效评价制度。

其次，要形成跨部门研发支持合力。一是发挥政府资金对早期高风险企业的扶持作用，加大政府引导基金对初创期科创企业的天使投资，并对民营的天使投资机构给予一定的税收优惠、资金返还等激励。二是建立以国资为主导的技术策源重大专项基金，聚焦若干个重点产业核心技术攻关、产业链集成创新的关键赛道，不撒“胡椒面”。三是统筹安排各项财政资金，打破部门壁垒，形成对核心优势项目的政策支持合力。四是建立市场化的最后贷款人制度，帮扶具备一定成长潜力的企业渡过经营难关。

## 三、加强基础研究投入与布局

一方面，基础研究的重大突破不仅仅根植于政府与高校，还要鼓励社会资本进入基础科研领域。借鉴美国纽约、硅谷的做法，通过信息披露、分散风险等手段为科技创新提供更加匹配的资金保障和支持。通过政府引导、政府跟投、财税政策等方式，引导带动社会资本投入科技创新，鼓励企业、社会组织等以共建新型研发机构、联合资助、公益捐赠等途径开展基础领域科研攻关。鼓励国有创投公司进入源头科创领域，探索更加市场化的国有创投机构激励机制，对于一定金额以下的国有创投企业参股创业企业和创投企业的投资事项放权至国资监管机构直接监管企业及其所属企业，让企业自主决策，并进一步简化国有创投企业股权投资退出程序。

另一方面，要全面加强高校基础学科建设支持上海高校调整招生人数分布，适当向数学、物理、化学、生物等基础学科倾斜。支持综合性大学发展理工科专业，推动调整高校学科布局，强化基础研究，增加符合上海未来发展方向的学科，如脑智科学、智能制造、仿生合成等。对高校人才引进实施学科大类人数上限，引导向基础研究倾斜。为高校提供人才引进指导性意见，以人数上限的宽松式限制引导高校人才引进，避免高校对热门领域人才过度引进或研究领域过于分散。

## 四、加强创新成果的转化和扩散

首先，要完善创新成果加速转移转化体系。开展赋予科研人员职务科技成果所有权或长期使用权的改革试点，支持科技成果通过协议定价、在技术交易市场挂牌交易、拍卖等市场化方式确定价格。试点取消职务科技成果资产评估、备案管理程序，建立符合科技成果转化规律的国有技术类无形资产投资监管机制。对于具有运用前景，但市场尚未形成的科技成果，加快破除技术标准、市场准入等方面的障碍。加强高校、科研院所技术转移专业服务机构建设，落实专门机构、专业队伍、工作经费，鼓励提取科技成果转化净收入不低于 10% 的比例，用于机构能力建设和人员奖励。大力发展技术市场，提升国家技术转移中心的服务能级，整合集聚技术资源，完善技术交易制度，建成国内外科技成果转移推广的关键平台。设立上海科研成果路演平台，通过定期举办科研成果路演、竞赛、科研成果推介会等形式，每年挖掘和筛选一批颠覆性的优质创新项目，予以奖励和优先推介，推动科技成果在第一时间转化落地。

其次，建设一批产业化承接基地围绕“3+6”新重点产业，规划建设一批定位清晰、配套完备的高端制造园区，承接本土创新成果。建立市场化的项目承接机制，推动显示度高、带动性强、经济效益优的重大创新项目实现产业化。统筹优化上海生物医药产业空间布局和公共配套，实施分类指导，提高产出和效益，同步推动 26 个特色园区立足提升集聚度和吸引力，更好地承接创新成果和产业项目。优化上海创新链和创新载体布局，中心城区强化研发与孵化，郊区着重推动科技成果产业化。支持宝山等区大力发展大学科技园区，承接高校创新项目产业化。依托环上大科技圈优势，重点发展邮轮经济、人工智能及新一代技术、机器人及智能制造、新材料等产业，打造创新成果产业化的科创中心主阵地。提升重点产业承载区能级，如推动“张江药谷”就地拓展、提质扩容，加快建设高水平、专业化、适度规模、以生物制品为主的生产基地。通过提高土地使用效率、既有建筑合理化利用等举措，推动创新药物和医疗器械重大创新成果在张江产业化。

# 第三章
# ChatGPT 与上海产业发展新机遇

上海市作为国家的经济、金融、贸易、航运以及未来的科创中心，其产业的发展与国家经济平稳运行息息相关，在保持产业稳中求进的基础上寻求新的机遇迫在眉睫。ChatGPT 的横空出世不仅是人工智能技术的颠覆，也为上海市产业经济的数智化转型带来理念和应用上的突破。本章首先介绍了 ChatGPT 的定义及相关内容，随后描绘了 ChatGPT 赋能上海产业的宏观蓝图，最后为加快产业发展转型和城市治理建设提出具体的政策建议。

## 第一节 ChatGPT 简介

ChatGPT 虽然是一种自然语言处理工具，但确实是目前人工智能领域的里程碑式技术。ChatGPT 借助强大的数据、算力和算法，为机器赋予人的智慧，让实现真正的人机交互成为可能。ChatGPT 作为一种新兴事物，大众对其认知不够全面，本节对 ChatGPT 的定义、发展历程、应用场景、局限性及未来发展方向五个方面进行完整的梳理，为 ChatGPT 赋能上海产业奠定理论基础。

## 一、ChatGPT 定义

ChatGPT，全称聊天生成预训练转换器（Chat Generative Pre-trained Transformer），是 OpenAI 开发的人工智能聊天机器人程序，于 2022 年 11 月推出。该程序使用基于 GPT-3.5、GPT-4 架构的大型语言模型并强化学习训练。ChatGPT 目前仍以文字方式交互，而除了可以用人类自然对话方式来交互，还可以用于甚为复杂的语言工作，包括自动生成文本、自动问答、自动摘要等多种任务。以上是来自维基百科的官方资料，根据 ChatGPT 的自我介绍，它是一种大型语言模型，可以接受用户的输入，并生成相应的自然语言响应。该模型是通过使用大量的文本语料库进行训练而生成的，并且可以用于各种自然语言处理任务，例如语言理解、文本生成、机器翻译等。ChatGPT 是开放的，可以被开发者和研究人员用于构建各种语言应用和工具。

ChatGPT 的训练过程主要分为三步，第一步是在 GPT3 的基础上使用监督学习的方式对模型微调。具体地，收集人们日常生活中感兴趣的相关话题，形成问题库，并随机从问题库中抽取问题让现实生活中的人作出回答，筛选出高质量回答后将问题和回答放入 GPT3.5 模型中进行监督学习，得到生成模型。在这一过程中，人类同时扮演测试用户和人工智能助手的角色，但很难找到足够多的人来回答不同领域的问题，很难评价回答的好坏。第二步是随机抽取一批问题及测试用户的回答，对不同的回答按照相关性、富含信息性、有害信息等诸多标准进行综合排序，使用这些排序来创建奖励模型，输出结果的质量得分，得分越高说明产生的回答质量越高。第三步是使用基于PPO算法的强化学习在多次迭代中对监督学习模型进一步微调，从数据库里取出一条问题，放入到强化学习模型里，得到了输出结果并对其进行打分，打分结果反馈到强化学习模型中。斯坦福大学的研究发现，GPT3已经可以解决70%的心智理论任务，相当于7岁儿童；至于GPT3.5（ChatGPT的同源模型），更是解决了93%的任务，心智相当于9岁儿童。

## 二、ChatGPT发展历程

ChatGPT的落地并不是一蹴而就的，便捷应用的背后隐藏着巨大的人力、物力、财力、算力以及时间成本，从最初简易的Transformer神经网络架构到复杂庞大的GPT3语言模型，一次又一次的技术迭代让ChatGPT成为目前人工智能最先进的技术，数据库也在技术迭代中不断地扩充，逐步形成现阶段具备强大数据、算力和算法的ChatGPT。本节按照时间顺序对ChatGPT的发展进行全面梳理，展现ChatGPT从出现到成熟完整的历程。

2015年12月，OpenAI公司在美国旧金山成立，是美国一个人工智能研究实验室，由非营利组织OpenAI Inc和其营利组织子公司OpenAI LP所组成，并由萨姆·阿尔特曼、里德·霍夫曼、伊隆·马斯克、伊尔亚·苏茨克维、沃伊切赫·扎伦巴、彼得·泰尔等人出资10亿美元成立，进行AI研究的目的是促进和发展友好的人工智能，使人类整体受益。

2017 年 6 月，谷歌推出了用于自然语言处理的 Transformer 模型，这是一种新的神经网络架构，也是目前谷歌云 TPU 推荐的参考模型，最初是被用来承担机器翻译任务，后来逐渐被应用于计算机视觉、文本总结、问题回答、语音识别以及推荐系统等其他领域，也成为 ChatGPT 的初始框架。

2018 年 6 月，OpenAI 公司发布生成式预训练语言模型 GPT-1，含有 12 个 Transformer 层，该模型主要分为两个阶段，第一阶段是对无标签的数据进行预训练，得到生成式的语言模型，这一阶段是无监督学习阶段，第二阶段通过 Fine-tuning 的模式对下游任务进行有监督的微调，下游任务包括分类任务、自然语言处理、语义相似度、问答常识推理。

2019 年 2 月，OpenAI 公司发布生成式预训练语言模型 GPT-2，是 GPT-1 的改进版本，旨在训练一个泛化能力更强的词向量模型，含有 48 个 Transformer 层，相比于 GPT-1，GPT-2 模型的结构变得更大更宽，且取消了 Fine-tuning 的模式，用一阶段训练代替原来的两阶段模型。

2020 年 5 月，OpenAI 公司发布新的语言模型 GPT-3，它和 GPT 的逻辑算法结构相似，含有 96 个 Transformer 层，但是学习参数是 GPT 2 的 100 多倍，达到 1750 亿，训练的数据集相比上一代的 40GB 增加到了 45TB，强大的学习参数和海量的数据集支持使 GPT-3 在很多非常困难的任务上也有惊艳的表现，例如撰写人类难以判别的文章，甚至编写 SQL 查询语句，React 或 JavaScript 代码等。

2022 年 11 月，集大成的 ChatGPT 横空出世，并迅速在社交媒体上走红。短短 5 天，注册用户数就超过 100 万，而仅仅在两个月后，这一数据已经突破1亿，成为史上增长最快的消费者应用。微软联合创始人比尔·盖茨甚至表示，这项技术诞生的意义不亚于互联网或个人电脑的诞生。马斯克在使用 ChatGPT 后的感受是“好到吓人”，甚至称“我们离强大到危险的 AI 不远了”。ChatGPT 的出现，注定会给日常生活和工作的方方面面带来颠覆性变革。

## 三、ChatGPT 的应用场景

ChatGPT 作为目前最先进的人工智能聊天机器人程序，运用语言和文字的方式实现敏捷高效智能的人机交互，改变了大众的日常学习和生活方式，带来挑战的同时又蕴藏着巨大的机遇。本节主要对目前 ChatGPT 的应用场景进行简要介绍，包括 ChatGPT 是可靠高效的文本翻译工具、优质有趣的智能聊天工具、智能化的写作工具三个方面，展现 ChatGPT 对日常学习生活带来的便利。

ChatGPT 是可靠高效的文本翻译工具。以谷歌、DeepL 为代表的普通翻译软件涵盖数十种语言，能为用户提供准确的文字翻译，但只是机械性地对输入的文字进行语言转化，无法联系具体的上下文结构和更深层次的情感，这类软件只是良好的文字翻译工具，并不是良好的语言翻译工具。ChatGPT 与这类工具最大的不同之处是具备交互性，除了输入最基本的翻译文本外，还可以根据自身需要自定义翻译问题，例如按照上下文语境进行翻译，翻译时声明文本类型，翻译风格符合受众或行业，翻译语句考虑地区差异等，极大提高了翻译文字的准确性和可读性。

ChatGPT 是优质有趣的智能聊天工具。目前，ChatGPT 的聊天功能使用最为广泛，也是短时间内在全球快速传播的重要因素，不同于低效率的纯人工回答的“百度知道”和刻板的纯机器设定的“自动回复”，ChatGPT 借助海量的数据库和强大的人工智能技术，可以为用户快速提供相匹配的、充满人性化的聊天服务。例如，ChatGPT 可以回答用户提出的一般化和专业化问题，为学生和老师提供智能化的教育服务，此外，ChatGPT 还可以通过闲聊、笑话、游戏等多种方式娱乐用户，随着 ChatGPT 的不断发展和优化，会为用户带来更为优质、便捷、高效的聊天服务。

ChatGPT 是高质量自动化的写作工具。ChatGPT 依托强大的自然语言处理技术已经成为程序员、学生、作家、编剧的得力写作助手。同时，写作功能也是目前最具争议的一部分。一方面，ChatGPT 拥有强大的代码功能，可以按照用户具体需求提供相应的代码解决方案，甚至可以搭建完整的代码框架，大大提高了程序员写代码的效率和质量，ChatGPT 还可以根据用户提供的写作背景和主题来自动生成相关的文章，有效辅助作者进行高效率创作；另一方面，ChatGPT 会带来道德方面的困扰，特别是在教育领域，许多学生不正当使用 ChatGPT 进行论文剽窃、考试作弊等学术不规范行为，导致许多高校禁止使用 ChatGPT。此外，由于 ChatGPT 尚处于初始发展阶段，还存在许多的不足，对于答案的准确性无法保证。

## 四、ChatGPT 的局限性和未来发展

ChatGPT 是当前最先进的语言模型之一，为彻底改变人机交互模式带来契机。由于技术还不太成熟，ChatGPT 仍存在许多缺陷等

待解决。首先，ChatGPT 存在数据滞后现象，其不具备实时搜索网页功能，也无法学习新知识和更新知识储备，ChatGPT 的“大脑”停留在 2021 年，无法回答 2021 年之后的事情；其次，ChatGPT 可靠性不足，仍会产生事实上不正确或有偏见的回答，虽然这是生成式人工智能模型的固有问题，但它在解决这一问题上表现一般，生成信息的真实性仍是这类生成式聊天机器人的主要基石；最后，ChatGPT 的逻辑推理能力不强，模型不够有智慧，经常会一本正经地胡说八道，对于复杂的逻辑问题无法给出准确的答案。

ChatGPT 作为大型语言模型的代表引领了现阶段人工智能的发展，未来会对各行各业产生巨大影响，包括教育、搜索引擎、内容制作、医药等等。随着技术的发展，ChatGPT 甚至会颠覆现有的生产方式，大量的中低端劳动力会被取代，技术含量较低的劳动岗位也会大幅减少，生产成本降低，生产效率大幅提高。

## 第二节　ChatGPT+ 上海产业

上海市目前将发展重点放在集成电路、生物医药、人工智能为代表的先导产业和新能源、新材料等战略新兴产业领域，持续发力打造“五个中心”，并逐步提升城市治理能力。ChatGPT 的出现为上海产业的发展转型带来新的机遇，通过将最先进的人工智能技术与国际贸易、金融等传统产业相结合，与医疗、交通等公共服务结合，可以真正让 ChatGPT 成为助推产业发展、社会进步的有力工具。

## 一、利用“ChatGPT+”打造“AI”+“Meta”的新产业

上海目前已初步构建起以“集成电路、生物医药、人工智能世界级产业集群”三大先导产业为引领、“新能源汽车、高端装备、航空航天、信息通信、新材料、新兴数字产业”六大重点产业集群为支撑、新赛道产业加速壮大、未来产业前瞻布局的新型产业体系。显然，“人工智能”和“新兴数字产业”都是上海未来发展的核心产业，紧紧抓住人工智能和新兴数字产业发展中的核心要点，结合《上海市人工智能产业发展“十四五”规划》和《上海市培育“元宇宙”新赛道行动方案（2022—2025年）》，尤其是将人工智能与元宇宙进行耦合，积极利用ChatGPT的应用落地，优先形成“AI”+“Meta”合力，助推上海“人工智能”和“新兴数字产业”的发展，引领新产业。因此，积极利用“ChatGPT+”的新技术力量，形成“AI”+“Meta”的新世界，未来将可以在医疗、教育、体育、游戏、娱乐、商业等产业中大展宏图。

形成“AI”+“Meta”新产业的第一步是要明确二者的关系，ChatGPT作为生成式AI的杰出成果一跃成为科技圈最热的话题之一。与之相反，已经火热两年之久的元宇宙概念开始遇冷，微软、谷歌等科技巨头也纷纷将重心转移到GPT的全新赛道中。此消彼长的变化让大家误以为人工智能和元宇宙是敌对关系。其实不然，从应用前景上界定，ChatGPT和元宇宙都是基于现代数字技术的不断积累与迭代更新，促进现实和虚拟世界的同步与交互，二者都致力于运用先进便利的数字服务为现实世界提供可靠高效的解决方案；从概念范围上界定，ChatGPT仅是文字内容的生产工具，依托强大的数据库

进行自然语言处理和文字交互，与用户实现语言交互，元宇宙则致力于打造一个持续化、去中心化的虚拟生态环境，现实生活的方方面面都可以在设定的虚拟世界中找到，人们在虚拟世界的行为和体验也会同步映射到现实世界中，实现现实世界和虚拟世界的全面交互；从可实现性上界定，显然，ChatGPT 凭借较为成熟的技术和易操作性已经培养了一大批忠实用户，而元宇宙是一个非常宏观的体系，目前还停留在概念大于应用的阶段，技术仍是阻碍元宇宙发展的最大瓶颈，受众层面也很窄，只有少数人知道和使用，距离覆盖到生活的方方面面还有很长的路要走。综上可知，ChatGPT 和元宇宙其实是优势互补、互利共生的关系，ChatGPT 是让元宇宙落地的重要工具，为元宇宙的快速发展提供了强大的人工智能技术支持，只有实现了语言交互才可以进一步推动行为交互，元宇宙也能将 ChatGPT 的应用触角延伸至更广阔的维度，为 ChatGPT 提供更为丰富的数字应用场景。

积极利用 ChatGPT 技术和元宇宙概念，搭建“AI”+“Meta”新产业，合力助推上海“人工智能”和“新兴数字产业”的发展。首先，打造 ChatGPT 嵌入式行业基础软件，积极推动产品研发设计、生产制造、运维服务等环节信息化、网络化、智能化转型。在研发设计环节，运用 ChatGPT 的人机交互功能将用户的要求和建议纳入软件设计体系，并随时进行动态调整，使研发设计更贴合市场和大众需求，用户也可以通过 ChatGPT 掌握软件的应用功能，减少学习成本。此外，运用元宇宙构建和现实世界同步的虚拟世界，在虚拟世界中进行软件的开发与测试，减少了研发过程中的能量消耗和试错成本，极大提高了研发设计的效率。在生产制造环节，利用 ChatGPT 对生产人员进行线上专业培训和实时互动，提高人员专业性的同时降低培训成本，通过语言生成技术实现生产线自动化控制，从而减少人员操作，运用元宇宙技术构建虚拟智能生产制造线，实时反映现实产品生产情况，通过虚拟智能工厂中的设备、生产线进行实时交互，可以更加直观、便捷地优化生产流程、开展智能排产。在运维服务环节，ChatGPT 可以识别生产线上的自动化设备的运行状况，并在需要修理或调整设备时，向员工输出警告以便提高维修效率，元宇宙技术可以发挥远程控制的优势打破时间和空间的限制，只要设备出现故障，可以立即启动远程协助，避免消息的滞后和延迟。

其次，积极培育和发展“AI”+“Meta”数字内容产业体系。元宇宙为数字内容的创建提供极其丰富的想象力，ChatGPT 则负责运用底层技术让想法落地，通过搭建“AI”+“Meta”新文化、新娱乐、新教育、新医疗等全新数字内容，真正让新兴产业走进千家万户。在构建“AI”+“Meta”新文化产业方面，以 ChatGPT、元宇宙赋能传统文化、历史文化、红色文化内容创新，除了开展云游览、云讲座等线上活动，还要运用虚拟现实、增强现实、全息投影、数字孪生等新兴技术开发虚拟文化体验空间，让书中的知识具象化，打造沉浸式文化之旅，运用 ChatGPT 技术让文化活起来，实现跨越时空、跨越阶层的文化交流。在构建“AI”+“Meta”新娱乐方面，ChatGPT 和元宇宙的出现无疑会颠覆现有的游戏、社交、内容等娱乐方式，游戏者不再盯着小小的显示器，而是借助 VR/AR 等设备在特定的虚拟空间内进行真实的游戏体验，使用 ChatGPT 与游戏中的 NPC 实时互动，增强沉浸感和趣味性。日常社交不再依赖于微信、QQ 等传统的社交软件，带上设备即可打破空间的阻碍，实现与朋友面对面沟通。至于电影、电视等内容娱乐，每个人都可以成为视频里的主角，按照自己脑洞来打造专属于自己的影视作品。在“AI”+“Meta”新教育方面，疫情期间全国各地纷纷开展线上教学活动，这其实是元宇宙新技术最初级的应用，在真实课堂中不能实现或者实现成本较高的教学案例，可以在虚拟的课堂中得以展现。将 ChatGPT 当作教学工具，学生更容易进入到理想的自主学习状态，而教师有更多可能把握学生的学习效果，从而给予更有针对性的指导。

## 二、利用“ChatGPT+”推动“五个中心”转型升级

面对上海国际经济、金融、贸易、航运中心基本建成，国际科创中心形成基本框架，如何进一步提升城市能级和核心竞争力将成为上海未来发展的核心问题。以 ChatGPT 为代表的新型人工智能将会对其他相关产业带来强大的冲击、改变和提升。尤其是在上海“五个中心”的建设中，ChatGPT 将对国际贸易产业、金融产业、科技创新产业等产生巨大的影响。

对于国际贸易产业来说，ChatGPT 将对跨境物流建设、跨境服务贸易等细分行业带来极大的便利性。在跨境物流建设方面，构建全球性的物流数据库，包含各大港口基础设施及吞吐量数据、不同货物种类数量和运输信息、航班 / 船只数据、不同国家海关信息和关税情况、运输航线信息等数据，依托强大的物流数据库形成特定领域的 ChatGPT，可以充当智能化平台的角色，通过问答的形式为跨境供应链中相关供应商、生产商、运输商以及下游客户等快速提供相应的信息，缩短供应链长度，提高供应链敏捷性和韧性，减少因信息误差带

来的物流成本。除了提供客观的信息之外，ChatGPT 还拥有独特的信息加工优势，基于最新的数据库信息，运用强大的人工智能技术为企业提供高效准确的建议。比如：根据天气报道以及地缘政治进行智能化评估，为货运公司提供高安全高性价比的航线，规避物流运输风险。在跨境服务贸易方面，ChatGPT 可以代替服务人员承担客户咨询、客户需求分析、客户分类跟进、重点客户管理等日常任务，提高服务客户的效率，ChatGPT 具备的语言翻译优势也打破了跨国企业交流的界限，可以无障碍地解答来自不同国家企业使用不同语言提出的问题，提升服务质量，对于有形商品配套服务，可以用 ChatGPT 提供商品跟踪服务，客户可以通过 ChatGPT 实时掌握全球同类商品的分布情况，以便作出销售与购买决策。ChatGPT 对国际贸易产业的影响具有两面性，对于国际贸易从业人员来说，ChatGPT 具有自动向客户推荐产品、自动回答问题、开发客户等功能，并具有消除时差全天候工作的能力。然而，ChatGPT 也可能导致国际贸易从业人员大量失业，不同贸易企业可能因为使用“ChatGPT”技术开发的精度差异，导致行业的急剧分化。

对于金融产业来说，ChatGPT 作为自然语言生成模型，在智能投顾、智能交互和信息处理等领域拥有得天独厚的应用优势。在智能投顾方面，　个数据资源丰富的 ChatGPT 相当于将许多经验丰富的投资专家组成一个快速反应团队，结合人工智能分析技术，全天候高效率地为客户提供投资基金具体品种、数量和买卖时机选择，并代替客户进行基金产品申购、赎回、转换等交易申请，省心省力，根据客户的投资喜好，为客户匹配最优投资策略。在金融信息提供方面，ChatGPT 可以轻松打破金融信息孤岛效应和数据壁垒，共享企事业单位和金融机构的数据，为每个客户提供同等丰富的信息库，增强信息获取的公平性和全面性。同时，按照客户的个性化需求，针对性地提供快速、准确的回复，全程人机服务，提高用户问答的隐私性，也不会掺杂人类的主观思想，提高客户满意度，降低了人与人之间的沟通成本。在金融信息分析方面，ChatGPT 将是金融分析师的优质助手，帮助金融分析师从海量的数据库中快速锁定行业趋势、企业收益、资金流动性、运营稳定性、产品利率走势等有效金融信息，结合强大的算力，对当下的信息进行评估并对未来的经济走向作出预测，生成人类可理解的格式化分析报告，帮助金融机构或者客户作出投资决策。在金融风险分析方面，ChatGPT 可以根据历史交易数据及大量文本数据，快速生成风险评估报告，为金融机构及用户提供可靠的决策依据。

对于科技创新产业来说，以“大数据、大算力、大算法”为基础的 ChatGPT 的落地，加快了人工智能、量子计算等前沿颠覆技术的突破与应用，更是极大促进了人工智能与新能源、智能制造、航空航天、生物医药等科技创新产业的深度耦合。在新能源领域，ChatGPT 的智能化将拓宽新能源产业的发展方向与市场规模。以新能源汽车为例，目前新能源汽车的竞争核心是“电动化”，各大厂商纷纷在电池技术上下功夫，“硬实力”竞争日益焦灼，头部车企发展始终拉不开差距，ChatGPT 的出现可能会让企业另辟蹊径，推进软实力的弯道超车。ChatGPT 可以实现人车交互和车路协同，随时为用户满足旅途中的需求与遇到的问题，还能够凭借强大的道路交通数据库为用户规划最优行车路线。在智能制造领域，ChatGPT 多领域多任务的通用化能力将逐渐打破不同行业间的壁垒，将成千上万个零部件厂商的数据资源整合成一个庞大的数据库，产业网络中的任何一个厂商均可以获得自己需要的信息以及来自 ChatGPT 的建议，极大减少了信息不对称成本。此外，ChatGPT 对生产线的监测、产品质量的把控、工作人员的培训、生产计划编制等也会带来积极的影响。在航空航天领域，ChatGPT 可以通过智能化的方法，实现对于复杂数据的分析和处理，帮助航空航天企业提高生产效率、降低成本，提升产品质量和安全性等方面的表现。在生物医药领域，生成式 AI 非常适用于药物发现，尤其是蛋白质、抗体设计，以 ChatGPT 为代表的此类型模型可以生成全新的蛋白质和全新的分子，并帮助科学家们发现更好的药物。因此，积极利用“ChatGPT+”的新技术力量，推动“五个中心”的转型升级，在国际贸易、金融服务、科技创新等产业中大展宏图。

## 三、利用“ChatGPT+”提升“超大型城市”的治理能力

推进新型超大城市建设，要更加注重舒适便利、安全灵敏、创新活力、智慧高效、绿色低碳、人文魅力。超大型城市建设必须把让人民宜居安居放在首位，要完善公共服务体系，提高就业、教育、医疗、养老、托幼等服务能力，提升普惠、均衡、优质服务水平，推进基本公共服务常住人口全覆盖。因此，结合上海《关于进一步加快智慧城市建设的若干意见》，上海可以在超大型城市治理能力建设中推广应用 ChatGPT 互动式的知识输出功能。

在平台建设方面，积极建设基于 ChatGPT 人工智能服务平台，有效提升公共服务能力。与一般的人工智能服务平台相比，ChatGPT 人工智能服务平台更具备通用性、灵活性、交互性、智慧性。在通用

性方面，构建包含上海政务、金融、交通、教育、医疗、就业、文娱等领域的超大型数据库，搭建具备通用功能的 ChatGPT 服务平台 App，日常生活所需要的线上服务均可以通过一个 App 来满足，更加方便快捷；在灵活性方面，不同于一般 App 办理业务时烦冗复杂的点击程序，ChatGPT 依托强大的自然语言功能可为用户提供一键式服务，用户只需在对话框中写明或语音说明自己的实际需求，ChatGPT 将自动转换到特定服务页面，简化了操作程序，为特殊人群特别是老年人提供了极大便利。此外，ChatGPT 还具备语言方面的灵活性，上海是一座国际化大都市，来自全球各地的用户可以使用各类语言操作 App，而不再是简单刻板的中英文切换。在交互性方面，ChatGPT 的人机交互性可以全天候为用户回答特定的问题，大到股票交易，小到一日三餐，为用户提供科学的决策支持。此外，ChatGPT 还可以扮演线上业务员的角色，用户足不出户就可办理以前线下才可以办理的人工业务，特别是在政务方面，避免了排队和等待的时间，大大提高了办事效率。在智慧性方面，基于强大的数据库和算法模型支持，ChatGPT 不仅为用户提供你问我答的基础服务，更可以提供更高层级的优化决策，拥有人类客观思维方式的同时又避免了主观性。

在应用示范方面，可以积极拓展“ChatGPT+”的服务能力，比如：ChatGPT+ 医疗、ChatGPT+ 交通、ChatGPT+ 政务、ChatGPT+ 教育、ChatGPT+ 文旅等方面，持续推动应用场景落地。在 ChatGPT+ 医疗方面，ChatGPT 可以应对医疗行业的专业复杂性，通过建立大型医疗专业数据库及患者档案数据库，ChatGPT 可以成为医生的得力助手甚至变成一个虚拟医生。患者可以运用对话框描述症状，ChatGPT 提取并分析有用的医疗信息，选择对患者最有价值的证据、决策支持和治疗方案，通过比较和鉴别诊断，实现智能临床诊断。目前 ChatGPT 还未发展成熟，暂时只能为专业医生的诊断提供辅助建议。随着技术的逐渐成熟以及数据库的逐步完善，未来 ChatGPT 完全可以替代医生实现独立诊断，不仅缓解了医疗资源的紧张，避免了医疗挤兑和医患关系，二十四小时全天候的服务也增强了对患者的生命保障。在 ChatGPT+ 交通方面，ChatGPT 会加速智慧交通的发展，首先，ChatGPT 会提高智能驾驶和智能路网的决策水平，通过对道路红绿灯和拥挤程度的实时监测分析，结合车辆行驶情况，为车辆规划合理的行车路线，同时也智能调度了交通流量，防止车辆堵塞。其次，ChatGPT 能够推动交通领域智能问答求助，交通安全常识，智慧导航、智慧停车等场景化落地，及时处理出行途中的交通突发事件，也可以在交通及出入管制方面发挥作用，例如在高速路收费站或者停车场，完全可以使用 ChatGPT 与车辆进行互动，减少人力物力成本。在 ChatGPT+ 政务方面，ChatGPT 的应用会推动数字化政府的建设。首先，ChatGPT 可以深化政民互动，群众不会再担心遇到问题找不到负责部门，也不用担心政务热线难以接通，极大提高了政府办事的效率和政府机构亲和力，对政府树立执政为民形象带来积极影响。其次，ChatGPT 对精简政府机构有重要作用，可以代替工作人员完成重复性机械性和简单创新性的工作，有效防止一些人员在工作岗位尸位素餐。此外，ChatGPT 可以借助强大的数据库为政府部门提供科学决策，减少政策失误。在社会（社区）管理方面，积极开展社会（社区）管理实验，探索 ChatGPT 与城市建设、政务服务和公共服务深度融合，推进了“超大型城市”治理体系建设。因此，积极利用“ChatGPT+”的新技术力量，提升“超大型城市”治理能力，尤其是在“ChatGPT+”医疗、交通、政务、教育、文旅、社区管理等方面公共服务能力的建设上起到关键作用。

## 第三节　对策建议

ChatGPT作为目前最先进的智能化工具，无疑对上海产业发展和城市治理建设带来新的机遇，也为上海提高全球影响力，建设全球性特大型城市开拓了新的方向。ChatGPT属于新鲜事物，直接赋能产业发展和城市建设目前没有案例可以参考，试错成本较高。因此，赋能过程需要循序渐进、以下至上、由点到面。具体可以分三步来进行：第一步加大对ChatGPT的研发投入和人才投入，致力于打造国产化工具，完善底层框架结构和逻辑，为上层赋能打下坚实的基础；第二步推动ChatGPT落地，加强与相关产业和城市治理的链接，加速科技成果转化为经济社会价值；第三步是建设ChatGPT赋能先行试点，发挥排头兵作用，为全面推进ChatGPT赋能提供经验和积累成果，尽可能降低试错成本。

### 一、加大投入

ChatGPT大算力大模型的背后是高花费。ChatGPT未出现前，人类最大的AI语言模型参数量为170亿，而ChatGPT的参数量高达1750亿。这些不仅需要先进的技术支持，更需要雄厚的资金保底。

在全球各大科技龙头企业和政府纷纷重金进入 ChatGPT 赛道的情况下，上海市作为我国的经济中心也应加大投入，布局相关领域，打造国产化 ChatGPT 工具，提升科技竞争力。

加大技术研发投入。在 ChatGPT 问世之后，国内各大研发机构也很快推出了自己的相关产品，比如百度文心一言、360 智脑、阿里通义千问、华为盘古大模型等。虽然产品种类繁多，但功能大同小异，基本上是 ChatGPT 的简化产品，没有自己的创新点，甚至存在很多知识和逻辑方面的漏洞，目前还无法满足大规模需求，需要加大资金和技术的投入。从上海市政府角度来说，政府需要发挥引领作用，以高标准大格局的全球化视野制定与 ChatGPT 相关的政策，为企业放权松绑，设立相关政府补贴为企业研发分担部分压力，鼓励相关金融机构为企业提供研发贷款支持，减少企业研发资金短缺的后顾之忧。此外，政府可以牵头投资建设研发联盟，加强相关机构间合作，共享数据资源，不断拓宽应用场景和用户。从企业角度来说，企业要将大量资金投入到技术积累和创新方面，ChatGPT 至少比国内相关技术领先三年时间，国内企业要想实现弯道超车仅依靠复制模仿是不够的，需要在模型精度上下功夫，更需要开发出差异化的功能，建立自己的竞争优势。

加大人才培养投入。梳理 ChatGPT 的发展历程可以发现，从初始的 Transformer 模型到现阶段大算力大模型的 ChatGPT 五年多的时间里，技术迭代完善了多次，参数量甚至增长了上千倍，这是众多专家、科学家、工程师智慧的结晶。与资金短缺相比，人才短缺更为紧迫，政府需要加大人才培养投入，海外引进和本土培养并行。在海外引进人才方面，以开放包容聚天下英才的态度出台外国专家引进政策、留学回国人才政策，增加科研专项拨款，吸引高层次人工智能人才回流，积极深化科技体制改革，建立健全科学评价体系，完善各项保障措施，鼓励大胆创新，为归国高层次人才营造宽松开明公平的科研环境。在培养本土人才方面，为高校增加科研经费，全方位谋划基础学科人才培养，建设一批人工智能培养基地，并与海外高校联合培养优质人才，增加技术交流和知识共享，拓宽全球视野。此外，还要促进与企业联合培养优质人才，理论与应用齐头并进，加速科技成果转化落地。

加大日常运营投入。ChatGPT 非常依赖海量的数据库和成熟的算法，不仅前期研发成本巨大，投入市场使用的日常运营成本也是一笔很大的支出。有数据显示，ChatGPT 每回复一次的成本，是传统搜索引擎的 7 倍。在上海这座全球特大型城市，产业分布密集，城市治理烦冗，ChatGPT 赋能产业成本会更高，政府需要加大维持 ChatGPT 日常运营投入。首先，要加大数据收集和更新的投入，数据库的规模性和时效性决定了 ChatGPT 知识面的广度和精度。因此，政府可以设立专门的数据采集机构，日常搜集各大产业各类企业的相关数据以及城市各项公共服务的数据，训练相应的 ChatGPT 模型，并且定期对数据库进行更新，确保 ChatGPT 基于最新数据实现人机交互。其次，要加大故障排查投入，ChatGPT 虽然具备一定的创造性，但技术仍不成熟，复杂的工作难免会出现差错，甚至会造成难以挽回的损失，在一些重要的工作方面仍旧需要人工进行后台核验，并及时对 ChatGPT 相关程序进行矫正完善。

加大政府监管投入。ChatGPT 火爆的同时也带来了道德伦理的担忧，或者说人工智能的每一步发展都会引发道德伦理的困扰。今年 4 月份，网信办发布了《生成式人工智能服务管理办法（征求意见稿）》，其中“利用生成式人工智能生成的内容应当体现社会主义核心价值观”，以及必须向网信办申报安全评估并且须进行算法备案等内容。ChatGPT 在给生活创造便利的同时也引发虚假消息传播、知识产权侵犯、个人或商业数据泄露等风险，政府需要加大监管力度，引导人工智能良性发展。首先，要加大惩戒力度，制定相关法律法规，对于不正当使用 ChatGPT 侵害社会公共利益、扰乱经济和社会秩序、危害他人财产安全的违法行为进行严厉打击，违法组织坚决取缔。其次，政府需要加大引导力度，从数据的采集与分析、模型的建立与训练到将模型投放到市场直至退出市场，全生命周期的每一个环节都需要政府的正向引导，实现精细化动态化管理，促进人工智能的健康有序发展。

## 二、加强链接

加强链接的含义是推进 ChatGPT 与上海产业和城市治理建设的深度耦合，加速科技成果向社会经济价值的转换。目前上海市有 16 个市辖区，常住人口近 2500 万人，每个区的产业布局都各有侧重，以浦东新区为例，作为中国改革开放的先行示范区，浦东新区致力于发展集成电路、生物医药、金融服务、人工智能、高端装备等战略新兴产业，其他区也各有优势产业，不仅要加强人工智能与产业的耦合，还要凭借数字化优势打破各个市辖区的界限，促进各个区域之间产业融合，实现上海市整体产业的发展。

加强 ChatGPT 与不同种类产业链接。对于关系国家经济命脉的制造业和工业，推动 ChatGPT 赋能产业生产线，借助强大的人工智能技术提高产品生产效率。具体来说，按照产品实际的研发和制造需求构建垂直领域的数据库，训练特定的 ChatGPT，使用训练模型代替人工对生产线进行实时监控、故障排查，借助强大的计算分析能力进行需求预测，防止供需失衡；对于国民经济第一大产业的服务业，推动 ChatGPT 赋能产业链下游需求端，充分发挥人机交互能力，在线上提供更具人性化的智能服务，加速餐饮、零售、住宿等传统服务业的转型升级，在线下提供 ChatGPT 嵌入的智能机器人，扮演服务人员的角色，随时随地解决顾客问题；对于决定国家未来发展方向的战略性新兴产业，推动 ChatGPT 赋能技术研发，运用强大的算力，为生物医药、航空航天、量子计算等领域复杂运算分析环节提供计算辅助，甚至可以为解决卡脖子问题拓宽思路，提供一些新的方法和途径，在应用场景中对理论研究不断突破，推动技术不断更新迭代。

加强 ChatGPT 与不同区域产业链接。依托上海产业布局现状，运用人工智能技术，促进区域产业融合发展。首先，发挥 ChatGPT 信息整合优势，打破时间和空间限制，改变各自为营的现状，将不同区域相关产业数据资源整合成为一个大型数据库，将分散的研发力量也聚拢在一块，相关产业通过共享数据的方式借助 ChatGPT 大模型大算力优势提高自身的生产效率和技术水平，ChatGPT 的人机交互功能也使得相关产业实现共享人员的目标，且不夹杂主观偏向性，降低了企业间的竞争，除了相关产业的跨区域数据共享，不同产业之间也共建数据库，促进技术优势互补，培育良好的产业环境；其次，发挥 ChatGPT 智能优化优势，站在全局的角度为相关产业的整体规划提出建设性的意见，依托先进的人工智能技术为产业发展提供科学决策，促进各区域产业融合发展互利共生，推动产业向数字化智能化转型，实现全局最优解。

加强 ChatGPT 与城市治理建设链接。城市日常治理为 ChatGPT 提供大量应用场景，ChatGPT 又会反向推动城市的精细化灵活化管理，为构建智慧城市提供有力的工具。首先，以满足市民多样化的生活需求为目标，以快速响应市民反馈为核心，搭建以 ChatGPT 为核心的数字化生态体系，不断缩小线上线下的公共服务差距，基于市民的反馈来加快数据库分类扩充和模型迭代改进，在人机交互的精度和细度方面持续深耕，推进 ChatGPT 因地制宜和因人而异，避免“一刀切”的乱象，构建一座有温度、有效率的智慧城市；其次，面向下沉市场，不断增强 ChatGPT 的普及度，由于概念的先进性和技术的相对不成熟，ChatGPT 目前只在中高等学历人群中传播，且应用面较窄，普通人民群众对 ChatGPT 知之甚少。因此，要加大 ChatGPT 的宣传力度，在商场或者一些非盈利性的公共场所摆放 ChatGPT 的相关设备，让市民亲身体验并提出改进意见，还可以走进基层社区进行相关知识普及，特别是针对对于人工智能了解不多的中老年群体，真正让 ChatGPT 走进千家万户。

## 三、先行先试

作为具有世界影响力的社会主义国际化大都市，上海市要继续当好全国改革开放排头兵、创新发展先行者，对以 ChatGPT 为代表的通用人工智能率先研发和产业化应用。目前 ChatGPT 技术尚未成熟，应用场景也相对不明晰，距离真正落地仍有很长的一段路要走，一开始大规模的普及会增加决策失误的风险，造成无可挽回的损失。因此，需要建立“ChatGPT+ 上海产业”先行试点，向试点下放权力，给予政策支持和优厚待遇，形成试错容错机制，为政策的全面实施打下坚实基础。

建立“ChatGPT+ 上海产业”先行示范区。在区域选择方面，先行示范区需要有雄厚的经济基础、充足的科研人才、完善的产业结构和充满活力的社会环境，为 ChatGPT 赋能上海产业提供充足的资金、先进的技术、丰富的应用场景和良好的市场生态，而且要能为相关企业提供有利于自主创新的市场环境、政务环境和产学研环境，最好还具备成熟的对外开放生态，与海外科研创新中心携手合作共同推进技术研发和落地；在政府引导方面，基于先行示范区的特殊功能，上海市可以赋予示范区特殊的经济政策、灵活的经济措施和宽松的经济管理体制，充分下放权力，提高示范区自主创新能力，减轻企业税费负担，全面布局人工智能基础设施，集中精力构建高等教育学校和科研机构，并在先行示范区设立通用人工智能科学研究高端集聚区，吸引高素质人才来沪落户，将实验室中先进的技术快速在先行示范市场上推广，从生产实践中发现问题、提出问题、解决问题，及时总结先行示范区的经验与不足，为在全市推广积累经验。

建立 ChatGPT 先行示范产业集群。围绕产业链价值链构建特定地理位置的先行产业集群，产业集群中不仅包含上游原材料供应商、中游生产商以及下游零售商等产业链核心厂商，还包含与产业制造相关的服务供应商、金融机构、政府以及相关科研机构等主体。使用 ChatGPT 赋能产业运作的每一个环节，实现全产业链的智能化。首先，利用 ChatGPT 进行产业集群数据资源的整合，打破上下游间的信息壁垒，任何厂商都可以通过 ChatGPT 获取产业链任一环节的信息，进行知识共享和技术交流。其次，链主企业应发挥带头作用，积极承担重大科技项目，带领中小型企业进行技术的研发与落地，减少资源的分散。此外，在 ChatGPT 先行示范产业集群内部打造产学研用闭环，集群内的科研机构负责收集整理产业链及相关服务企业的数据，构建垂直领域的数据库并训练 ChatGPT 模型，并将模型应用到实际场景中，提高生产和制造效率，生产数据再次传输回科研机构，进行数据库的更新和算法迭代，如此循环往复，提高专业化分工协作，实现产业集群整体的智慧化转型。

# 第四章
# 上海服务业的数字化转型

随着全球经济的不断演变和数字技术的迅猛发展，服务业数字化转型已成为经济高质量发展的关键一环。对于第三产业高度发达的上海来说，服务业的数字化转型更具战略意义。本章首先介绍了服务业数字化转型的整体趋势，随后聚焦上海，关注上海服务业的数字化转型以及“鲍莫尔成本病问题”，最后分析了数字化转型赋能上海服务企业的典型案例并给出对策建议。

## 第一节　服务业数字化转型的总体趋势

作为国民经济的“压舱石”，服务业是提升中国经济韧性与活力的重要引擎。2022 年中国整体服务业增加值为 63.7 万亿元，占 GDP 比重达到 52.8% [1]。但是，中国服务业整体发展仍然较为滞后，存在

[1] 参见国家统计局:《中华人民共和国 2022 年国民经济和社会发展统计公报》。

生产率较低、创新能力不足以及结构不合理等问题。发达国家的经验表明，大力发展现代服务业以实现服务业结构持续升级，是解决服务业发展存在的问题和实现服务业高质量发展的必由之路。传统产业与数字技术的结合，即“数实融合”，已是大势所趋，加速服务业的数字化转型升级，对于当下提升市场主体经营效率和效益，从而稳定市场主体、稳定就业、稳定经济大局，意义重大。

2021 年，全球 47 个经济体第一产业、第二产业和第三产业的数字经济增加值占行业增加值比重分别为 8.6%、24.3% 和 45.3%，数字经济渗透率分别达到 6.6%、24.3% 和 45.3%，其中，美国、德国、英国等第三产业数字经济发展遥遥领先，第三产业数字经济渗透率均超过 60%。而我国的三产数字化渗透率为 43.1%，仍有一定的提升空间[1]。

截至 2022 年 12 月，我国网民人数达到 10.7 亿人，其中网络购物用户规模达到 8.5 亿人，网络支付用户规模达到 9.1 亿人[2]( 见图 4-1 )。超过 10 亿网民构成了全球最大的数字社会，为我国服务业向数字化转型，推动新服务发展提供了良好的基础。

我国服务业比重持续升高，服务业的生产效率相对较低，服务业份额升高，经济活动的效率会下降，进而拖累经济增长速度。而在数字经济时代，数字化技术的发展能够帮助我们缓解由于服务业比重上升所导致的增长速度变慢的问题：第一，数字技术显著提升服务业生产效率；第二，数字技术能较快创造新的产品、服务和商业模式；第

[1] 中国信息通信研究院：《全球数字经济白皮书（2022 年）》。
[2] CEIC 数据库：《互联网：网络使用目的》。

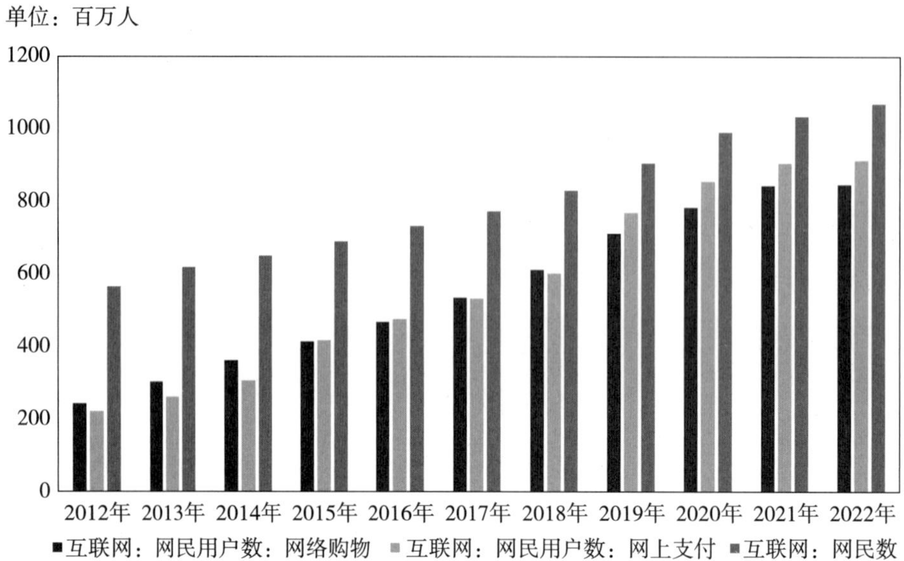


图 4-1 中国整体网民规模、网络购物规模、网上支付规模统计

资料来源：CEIC 数据库。

三，数字技术成为配置资源的一种力量，数字技术可以低成本地将零散资源和片断时间与需求匹配，为经济增长和社会服务作出贡献。除了能够缓解由于服务业比重上升所导致的经济增速降低的问题，数字化转型可以促进服务业结构升级。

依托数字化转型，生产性服务业快速发展，这有利于服务业结构升级。数字经济能够有效支撑生产性服务业发展，为服务业转型升级注入新动力，不断增加现代高端服务业比重，进而推动服务业结构持续升级。新冠疫情之下，企业面临的内外部风险逐渐增大，为了谋求新的增长点，企业主动拥抱数字化转型，突破瓶颈，依靠数据、技术等非传统要素发展新模式。此外，数字化转型能够有效推动制造业和服务业两业融合发展，进而促进服务业结构升级。数字平台可以更好地匹配供需，数字技术的发展不断降低两业融合中面对的技术壁垒，共同推动两业融合发展。数字化转型还能够通过提升资源的配置效率推动服务业结构升级。企业可以通过数字化转型丰富融资渠道，更好地处理融资信息，提升企业的资金利用效率；也能利用数字化技术推动员工向高技能技术岗位迁移，提升劳动力的配置效率；还能利用数字技术更好地收集利益相关方的信息，学习竞争对手的新技术、新模式，提升企业的技术效率。随着资源配置效率的提升，更多的资本、更优质的劳动力和更先进的技术不断流入现代服务业，推动服务业结构不断升级。

## 第二节　上海服务业数字化转型升级

随着数字经济不断发展，数字化转型应用为上海市提升城市能级拓展了新的领域，不断孕育出新产业、新业态和新模式。然而在服务业发展过程中，由于其自身生产效率提升较慢，导致国民经济整体增速下降，即产生“鲍莫尔成本病”现象。利用数字技术治愈“鲍莫尔成本病”、推动服务业健康快速发展具有重要现实意义。本节首先介绍了上海市服务业数字化投入现状，并指出目前上海正面临“鲍莫尔成本病问题”，而数字经济快速发展有助于提高服务业生产率，弥补服务业与制造业之间的生产率增长率差距，从而有效缓解“鲍莫尔成本病”。

### 一、上海服务业数字化投入力度持续增加

根据中国信息通信研究院发布的《全球数字经济白皮书（2022

年）》显示，2021 年全球服务业数字经济渗透率达到 45.3%，由此可见服务业的数字化发展具备大量产业机会与增长空间[1]。数字经济包含产业数字化和数字产业化，数字化投入是产业数字化的重要内容，国内外学者从不同角度对数字化投入进行定义。欧盟统计局认为数字经济发展水平能够从数字化中间产品和服务等数字化投入的经济效应角度进行表征。《中国数字经济发展白皮书（2017）》指出数字化投入是生产技术、生产设备、人才等要素的数字化。万晓榆等将数字化投入界定为数字经济发展中的关键要素禀赋投入，主要包括创新要素和数字基础设施在数字经济活动中的投入[2]。张晴和于津平[3]、杨先明等[4]认为数字化投入是企业运用数字基础设施、信息媒体、通用数字技术等数字化投入要素，以此来优化生产过程、提升生产效率以及优化产业结构的一系列产业数字化经济活动。作为数字经济的重要赋能方式，数字化投入在提升企业运营效率、促进我国制造业全球价值链升级、推动高质量发展等方面发挥重要作用。

据《2021 上海市数字经济发展研究报告》统计，目前上海产业数字化增加值规模超过 1 万亿元，占全市生产总值比重超过 40%，已成为驱动上海数字经济发展的发动机。在数字商务领域、金融科技板块、航宇枢纽方面持续投入：首先，在数字商务领域，以智慧早

[1] 中国信息通信研究院：《全球数字经济白皮书（2022 年）》。

[2] 万晓榆、罗焱卿、袁野：《数字经济发展的评估指标体系研究——基于投入产出视角》，《重庆邮电大学学报》（社会科学版）2019 年第 6 期。

[3] 张晴、于津平：《投入数字化与全球价值链高端攀升——来自中国制造业企业的微观证据》，《经济评论》2020 年第 6 期。

[4] 杨先明、侯威、王一帆：《数字化投入与中国行业内就业结构变化："升级"抑或"极化"》，《山西财经大学学报》2022 年第 1 期。

餐、智慧菜场、智能末端配送设施等为代表的数字商务新业态不断提高数字化、网络化、智能化水平，形成数字商务发展创新高地；其次，在金融科技板块，银行业、证券业、期货业和基金业顺应金融科技数字化发展浪潮，积极探索开展数字化转型，利用人工智能、5G、大数据等新兴数字技术手段不断优化金融产品、升级业务流程、提高智能化金融产品质量；最后，在航宇枢纽方面，围绕市委、市政府重点工作安排和要求，上海电子口岸积极深化国际贸易“单一窗口”特色功能建设，如推出线上服务贸易板块、优化出口退（免）税在线申报办理功能、打造口岸疫情防控数字化底座等，以大数据、云计算、物联网等数字信息技术驱动航宇枢纽向“精准化、网络化、智能化”发展。

在数字化投入的测算方面，已有研究主要采用直接消耗系数和完全消耗系数进行衡量[1][2]，直接消耗系数尽管计算方法简单，但无法反映各行业部门间的间接技术经济关联，因此本书采用基于上海市投入产出表的完全消耗系数对数字化投入（*DigInput*）进行衡量。具体为行业 $i$ 所使用的数字经济依托行业即通信设备、计算机和其他电子设备业与信息传输、软件和信息技术服务业的直接投入与间接投入之和。计算公式为：

$$DigInput_{it}=a_{ij}+\sum_{k=1}^{m}a_{ik}a_{kj}+\sum_{s=1}^{m}\sum_{k=1}^{m}a_{is}a_{sk}a_{kj}+\cdots \# \qquad (1)$$

[1] 张晴、于津平：《投入数字化与全球价值链高端攀升——来自中国制造业企业的微观证据》，《经济评论》2020 年第 6 期。

[2] 白雪洁、李琳、宋培：《数字化改造能否推动中国行业技术升级？》，《上海经济研究》2021 年第 10 期。

式（1）中，第一项 $a_{ij}$ 表示行业 $i$ 对数字化行业 $j$ 的直接消耗，第二项 $\sum_{k=1}^{m} a_{ik}a_{kj}$ 表示行业 $i$ 通过行业 $k$ 对数字化行业 $j$ 的第一次间接消耗，以此类推，第 $m+1$ 项表示第 $m$ 轮间接消耗，累加即可得到完全消耗。

根据式（1），利用 2017 年上海市 42 部门间投入产出表可测算得到各行业对数字经济核心依托产业的完全消耗系数，结果见表 4-1[1]，相比于通信设备、计算机和其他电子设备业（标号为 20），信

**表 4-1　2017 年上海市数字化投入水平**

| 行业 | 1 | 2 | 3 | 4 | 5 | 6 | 7 | 8 | 9 |
|---|---|---|---|---|---|---|---|---|---|
| **20** | 0.02 | 0.00 | 0.02 | 0.00 | 0.00 | 0.02 | 0.04 | 0.03 | 0.05 |
| **31** | 0.01 | 0.00 | 0.01 | 0.00 | 0.00 | 0.01 | 0.01 | 0.01 | 0.01 |
| **行业** | **10** | **11** | **12** | **13** | **14** | **15** | **16** | **17** | **18** |
| **20** | 0.05 | 0.01 | 0.02 | 0.03 | 0.01 | 0.08 | 0.14 | 0.34 | 0.16 |
| **31** | 0.01 | 0.01 | 0.01 | 0.01 | 0.00 | 0.01 | 0.01 | 0.01 | 0.01 |
| **行业** | **19** | **20** | **21** | **22** | **23** | **24** | **25** | **26** | **27** |
| **20** | 0.3327 | 1.7914 | 0.6030 | 0.0369 | 0.0226 | 0.0130 | 0.0223 | 0.0243 | 0.0664 |
| **31** | 0.0098 | 0.0107 | 0.0188 | 0.0081 | 0.0081 | 0.0043 | 0.0108 | 0.0172 | 0.0177 |
| **行业** | **28** | **29** | **30** | **31** | **32** | **33** | **34** | **35** | **36** |
| **20** | 0.33 | 1.79 | 0.60 | 0.04 | 0.02 | 0.01 | 0.02 | 0.02 | 0.07 |
| **31** | 0.01 | 0.01 | 0.02 | 0.01 | 0.01 | 0.00 | 0.01 | 0.02 | 0.02 |
| **行业** | **37** | **38** | **39** | **40** | **41** | **42** | | | |
| **20** | 0.04 | 0.06 | 0.02 | 0.04 | 0.03 | 0.03 | | | |
| **31** | 0.01 | 0.02 | 0.01 | 0.01 | 0.01 | 0.01 | | | |

资料来源：作者依据 2017 年上海市 42 部门间投入产出表测算得到。

[1] 表 4-1 中行业 1—42 分别为：1 农林牧渔产品和服务，2 煤炭采选产品，3 石油和天然气开采产品，4 金属矿采选产品，5 非金属矿和其他矿采选产品，6 食品和烟草，7 纺织品，8 纺织服装鞋帽皮革羽绒及其制品，9 木材加工品和家具，10 造纸印刷和文教体育用品，11 石油、炼焦产品和核燃料加工品，12 化学产品，13 非金属矿物制品，14 金属冶炼和压延加工品，15 金属制品，16 通用设备，17 专用设备，18 交通（转下页）

息传输、软件和信息技术服务业（标号为31）的完全消耗系数普遍偏低，这意味着其每生产一单位的最终产品，需直接消耗和间接消耗（即完全消耗）各行业部门的产品或服务数量较少。

## 二、服务业数字化转型背景下的成本病问题

### （一）“鲍莫尔成本病”的背景成因

2021年9月，时任副总理刘鹤在2021年世界互联网大会乌镇峰会上提出，数字技术深度改造生产函数并不断创造新业态，为各国带来新的发展机遇；克服“鲍莫尔病”和“数字鸿沟”，实现包容性增长。美国经济学家鲍莫尔（Baumol）于1967年提出“鲍莫尔成本病”假说，富克斯（Fuchs）于1968年证实了这一假说，二者的研究结果被称作鲍莫尔—福克斯假说。鲍莫尔—福克斯假说的主要内容为：在两部门经济中，进步部门（具有劳动生产率正增长的部门）的单位产品成本保持不变，而停滞部门（没有劳动生产率增长的部门）的单位产品成本不断上升；如果停滞部门的产品不是完全无价格弹性的，那么消费者会减少对停滞部门较高成本的产品的需求；而如果停滞部门的产品完全无价格弹性，那么即使停滞部门产品成本不断上升，仍会有劳动力流入该部门，劳动力从进步部门不断流入停滞部

（接上页）运输设备，19电气机械和器材，20通信设备、计算机和其他电子设备，21仪器仪表，22其他制造产品和废品废料，23金属制品、机械和设备修理服务，24电力、热力的生产和供应，25燃气生产和供应，26水的生产和供应，27建筑，28批发和零售，29交通运输、仓储和邮政，30住宿和餐饮，31信息传输、软件和信息技术服务，32金融，33房地产，34租赁和商务服务，35研究和试验发展，36综合技术服务，37水利、环境和公共设施管理，38居民服务、修理和其他服务，39教育，40卫生和社会工作，41文化、体育和娱乐，42公共管理、社会保障和社会组织。

门会导致整个国家经济增长速度放缓直至为零[1][2]。从产业的分类上看，现有研究一般认为进步部门主要指制造业，停滞部门主要指服务业[3][4][5][6]。因此，根据鲍莫尔—富克斯假说可知，服务业“鲍莫尔成本病”产生的原因有两点：第一，服务业的需求价格弹性较低（一般认为小于1）；第二，服务业的劳动生产率增长相对滞后于制造业。前者作为“鲍莫尔成本病”的存在前提，意味着服务产品的需求变动小于其价格变动，这说明服务产品需求较稳定，其变动受价格变动的影响较小。在这一前提下，当服务业劳动生产率相对滞后于制造业时，服务业由于其较稳定的需求仍将存在于经济中，且不断吸收多余劳动力，导致服务业劳动力占比持续上升，制造业劳动力占比持续下降，进而拉低经济整体增长效率。

### （二）“鲍莫尔成本病”的现状分析

本文采用程大中的方法，使用288个地级及以上城市数据测度出2003—2019年全国整体服务业以及上海整体与细分服务业的需求价格弹性，如图4-1和图4-2所示。图4-2表明，除2018年外，2003—2019年各年价格弹性绝对值均小于1，且历年服务业需求价格弹性

[1] Baumol W. J., “Macroeconomics of Unbalanced Growth”, American Economic Review 1967, 57(3): 415–426.

[2] Fuchs V. R., The Service Economy, Columbia University Press, 1968.

[3] 程大中：《中国服务业增长的特点、原因及影响——鲍莫尔—富克斯假说及其经验研究》，《中国社会科学》2004年第2期。

[4] 程大中：《中国服务业存在“成本病”问题吗？》，《财贸经济》2008年第12期。

[5] 魏作磊、刘海燕：《服务业比重上升降低了中国经济增长速度吗》，《经济学家》2019年第11期。

[6] 庞瑞芝、李帅娜：《数字经济下的“服务业成本病”：中国的演绎逻辑》，《财贸研究》2022年第1期。

一直围绕 0.8 附近波动，平均值为 0.8207，说明中国长期以来整体服务业的需求价格弹性较低。此外，图 4-3 显示上海的整体及 6 个细分服务业的需求价格弹性同样较低，平均值为 0.3824，这与 2001 年鲍莫尔提出的“服务业需求价格弹性稳定小于 1”的结论相吻合。图 4-2 和图 4-3 意味着当前中国服务业满足“需求价格弹性较低”这

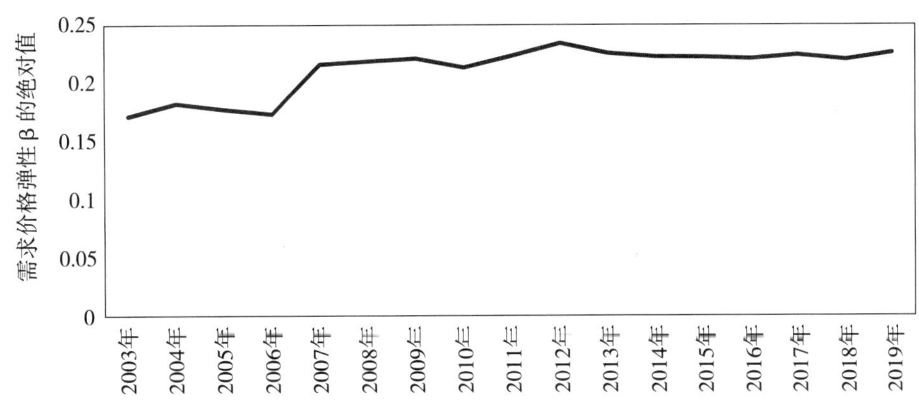


图 4-2　2003—2019 年全国整体服务业需求价格弹性 β 的绝对值

资料来源：作者依据《中国统计年鉴》相关数据测算得到。

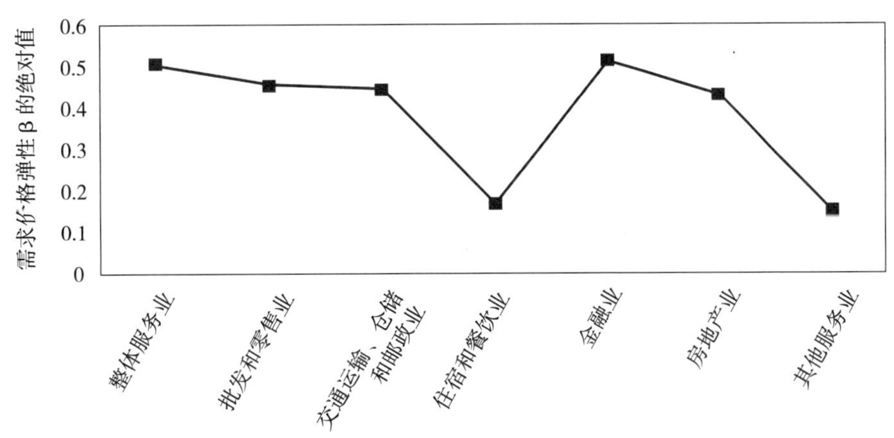


图 4-3　上海整体与细分服务业需求价格弹性 β 的绝对值

资料来源：作者依据《中国统计年鉴》相关数据测算得到。

一“鲍莫尔成本病”的前提条件。当满足上述前提条件后，服务业劳动生产率增长率滞后于制造业则成为“鲍莫尔成本病”产生的根本动因[1][2]。

图 4-4 表明，2003—2019 年全国整体服务业的劳动生产率增长率呈波动下降趋势，制造业的劳动生产率增长率则呈现波动上升趋势，在 2014 年后，这两种趋势愈加明显，说明相比于制造业劳动生产率增长率，服务业滞后程度逐渐增加。这意味着当前中国服务业满足“劳动生产率增长相对滞后”这一“鲍莫尔成本病”的根本动因。从图 4-5 和图 4-6 可以看出，对于上海而言，整体及 6 个细分服务业的劳动生产率增长率依然呈波动下降趋势，且服务业滞后于制造业劳动生产率增长率的程度逐渐增加，这意味着上海的服务业发展同样满足“鲍莫尔成本病”的根本动因。

在前提成因和根本动因的驱动下，从图 4-4 至图 4-6 可以发现，随着时间推移，制造业就业份额增长率为负且绝对值不断增大，服务业就业份额增长率基本为正且绝对值同样不断增加。这说明全国和上海服务业已显现出较为明显的“鲍莫尔成本病”症状。综合上述全国和上海服务业需求价格弹性持续较低的现状、服务业劳动生产率增长率相对滞后于制造业的本质特点，与相应文献[3][4][5]相印证，可以认为目前全国与上海经济确实存在服务业“鲍莫尔成本病”。

[1][3] 宋建、郑江淮:《产业结构、经济增长与服务业成本病——来自中国的经验证据》,《产业经济研究》2017 年第 2 期。

[2][5] 庞瑞芝、李帅娜:《数字经济下的“服务业成本病”：中国的演绎逻辑》,《财贸研究》2022 年第 1 期。

[4] 江小涓:《高度联通社会中的资源重组与服务业增长》,《经济研究》2017 年第 3 期。

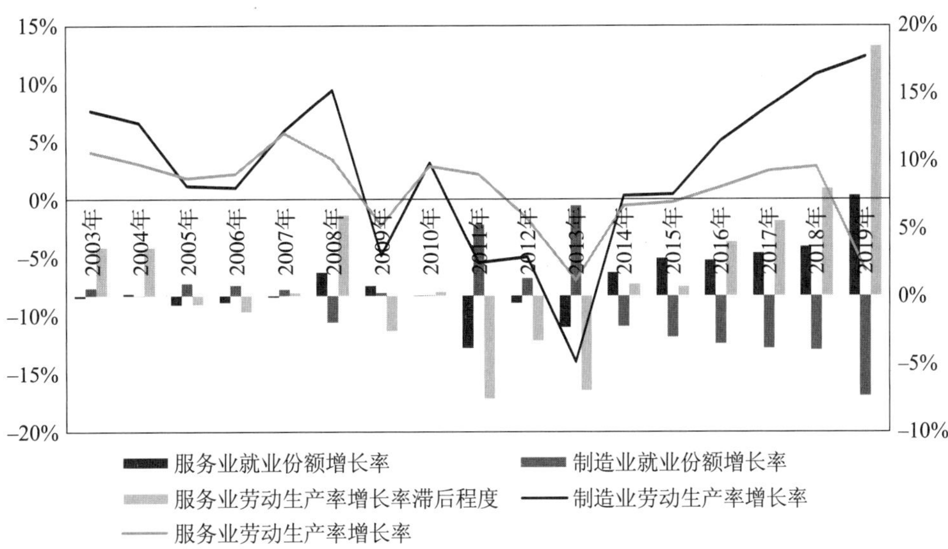


图 4-4 全国整体服务业与制造业的就业份额增长率、劳动生产率增长率

资料来源：作者依据《中国统计年鉴》相关数据测算得到。

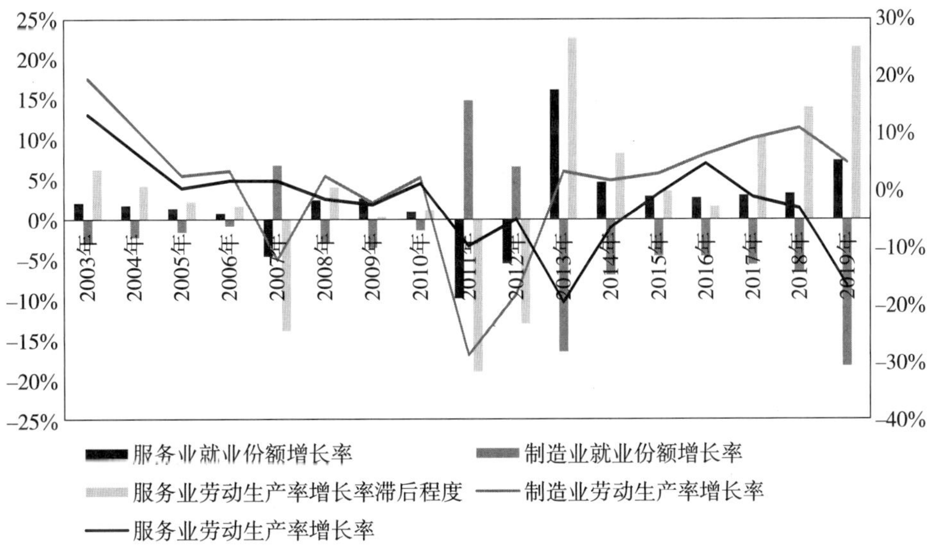


图 4-5 上海整体服务业与制造业的就业份额增长率、劳动生产率增长率

资料来源：作者依据《中国统计年鉴》和《上海统计年鉴》相关数据测算得到。

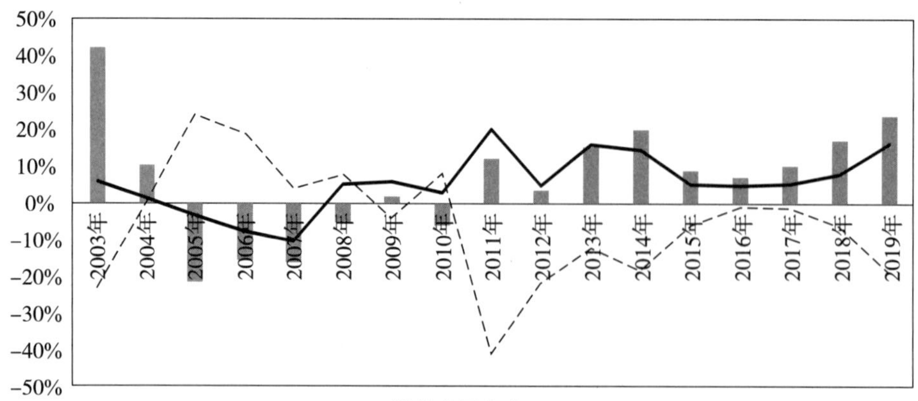
50%
40%
30%
20%
10%
0%
−10%
−20%
−30%
−40%
−50%
2003年 2004年 2005年 2006年 2007年 2008年 2009年 2010年 2011年 2012年 2013年 2014年 2015年 2016年 2017年 2018年 2019年
批发和零售业
劳动生产率增长率滞后程度
就业份额增长率
劳动生产率增长率

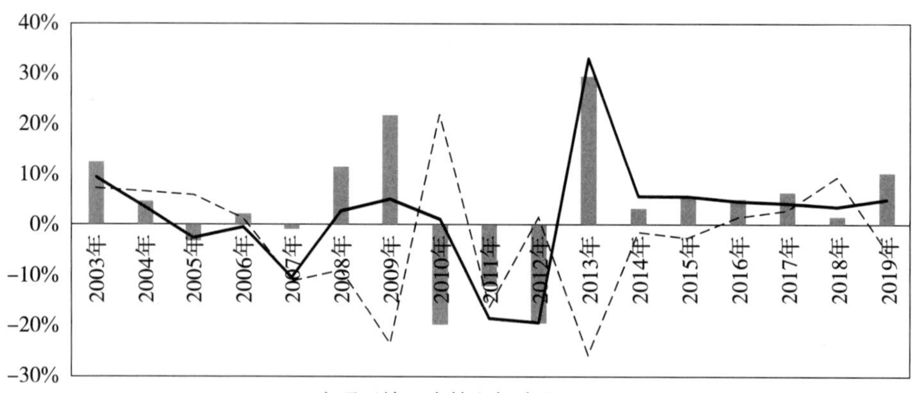
40%
30%
20%
10%
0%
−10%
−20%
−30%
2003年 2004年 2005年 2006年 2007年 2008年 2009年 2010年 2011年 2012年 2013年 2014年 2015年 2016年 2017年 2018年 2019年
交通运输、仓储和邮政业
劳动生产率增长率滞后程度
就业份额增长率
劳动生产率增长率

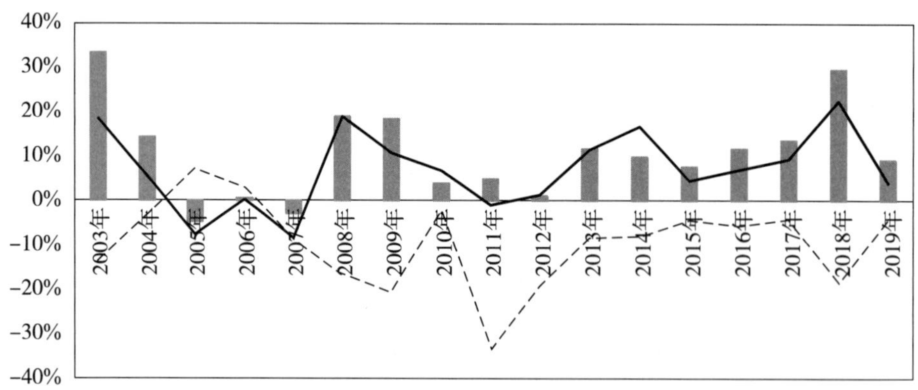
40%
30%
20%
10%
0%
−10%
−20%
−30%
−40%
2003年 2004年 2005年 2006年 2007年 2008年 2009年 2010年 2011年 2012年 2013年 2014年 2015年 2016年 2017年 2018年 2019年
住宿和餐饮业
劳动生产率增长率滞后程度
就业份额增长率
劳动生产率增长率

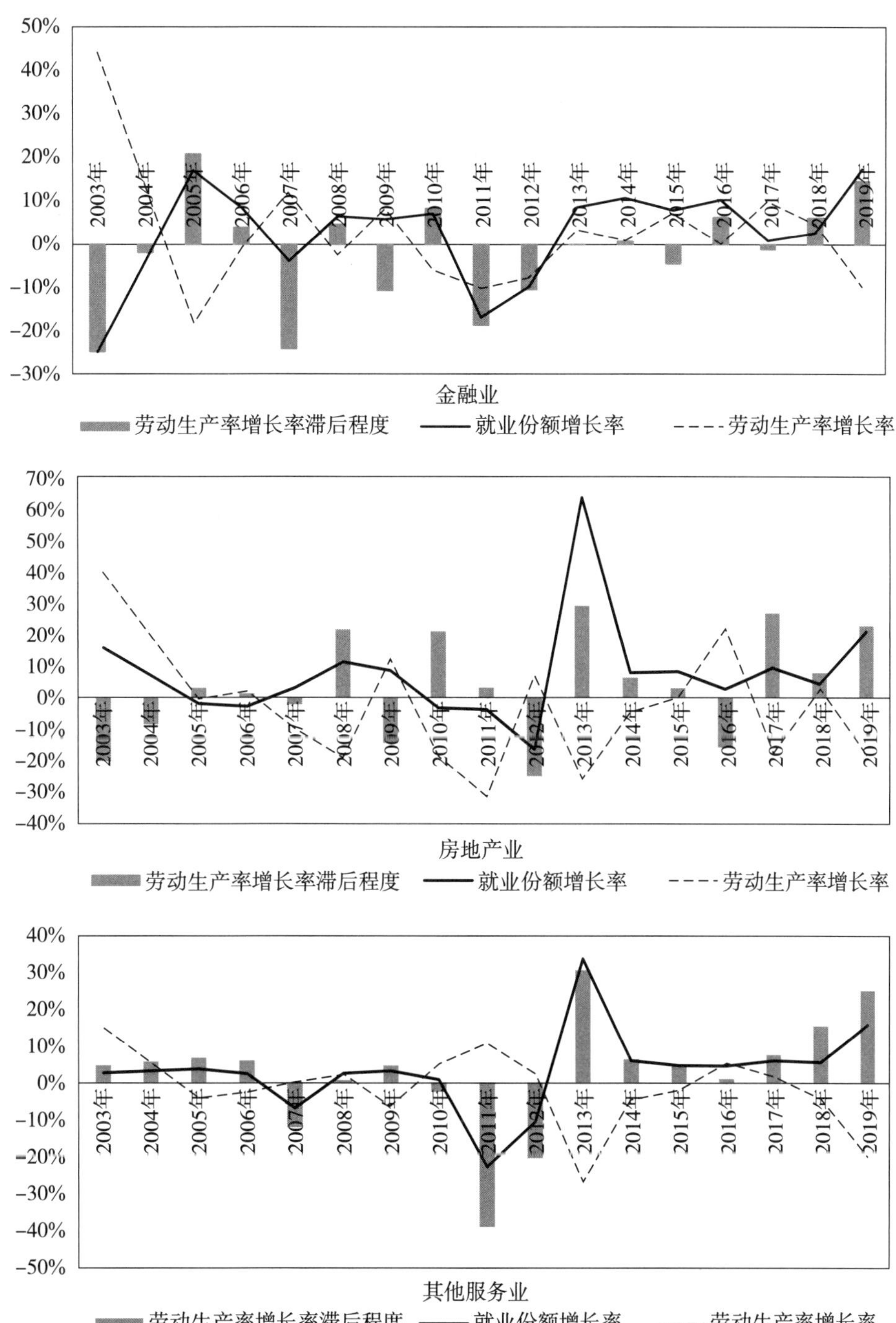


图 4-6　上海细分服务业的就业份额增长率以及劳动生产率增长率

资料来源：作者依据《中国统计年鉴》和《上海统计年鉴》相关数据测算得到。

## 三、数字经济有效缓解“鲍莫尔成本病”

近年来，中国开始迈入以服务经济为主导的新时代[1]。2021年我国服务业增加值达到60.968万亿元，占国内生产总值比重为53.3%，对经济增长的贡献率为54.9%，服务业已成为中国第一大产业和经济增长的主要动力。根据《中国数字经济发展指数报告（2022）》，截至2021年底，上海市数字经济规模突破万亿元，占国内生产总值比重超50%。上海在数字经济发展方面颇具优势，依靠政府政策支持和较强的国内外创新资源集聚力，吸引了最多的计算机软硬件企业入驻。《2023年上海市城市数字化转型重点工作安排》表明上海市明确推动今年数字经济核心产业增加值超6000亿元。然而，鲍莫尔—福克斯假说表明，服务业劳动生产率增长率滞后于制造业，大量劳动力流入服务业，造成服务业劳动力就业比重提高，以服务业为主的产业结构可能会降低经济增长速度[2][3]，即随着生产效率较低的服务业比重不断增加，整体经济增长速度逐渐放缓，这种现象被称为服务业“鲍莫尔成本病”，服务业“鲍莫尔成本病”产生的根本原因是：服务业劳动生产率增长长期滞后于制造业。而服务业生产率增长滞后的主要原因在于服务生产和供给中的不可存储性与同步性，这会造成规模经济难以实现[4]以及低端服务占比高等结构性

[1] 江小涓：《高度联通社会中的资源重组与服务业增长》，《经济研究》2017年第3期。

[2] Baumol W. J., “Macroeconomics of Unbalanced Growth”, American Economic Review 1967, 57(3): 415–426.

[3] Fuchs V. R., The Service Economy, Columbia University Press, 1968.

[4] 江小涓、罗立彬：《网络时代的服务全球化——新引擎、加速度和大国竞争力》，《中国社会科学》2019年第2期。

因素[1]，从而降低服务业质量和效率。因此，通过促进服务业生产率相对快速增长，那么“鲍莫尔成本病”的现象会得到有效改善[2]。

而数字经济的发展能够从消费、投资、技术转化和生产等多个方面赋能制造和服务业，优化产业结构布局，促进效率提升，为经济带来新增长空间[3][4]。数字经济能够从供给、需求以及供需匹配等方面提升服务业效率，弥合服务业与制造业劳动生产率增长差距，有效缓解服务业“鲍莫尔成本病”。具体而言，数字经济的发展通过打破时间和空间的物理限制，促使服务生产和供给中的同步性与不可存储性特征转变为异步性和可存储性[5]，使得服务低成本生产和远距离贸易成为可能，为服务产品的供需形态、贸易方式带来颠覆性变化。因此，数字经济的发展和改善为服务业效率提升与转型升级提供重要契机，为我国经济进入高质量发展阶段奠定数字信息化基础[6]。

对于上海而言，数字经济可通过强化规模经济效应、优化服务业结构来改变上海服务业生产率增长长期滞后的局面，促进服务

[1] 刘奕、夏杰长、李垚：《生产性服务业集聚与制造业升级》，《中国工业经济》2017年第7期。

[2] 郭凯明、杭静、徐亚男：《劳动生产率、鲍莫尔病效应与区域结构转型》，《经济学动态》2020年第4期。

[3] 赵宸宇、王文春、李雪松：《数字化转型如何影响企业全要素生产率》，《财贸经济》2021年第7期。

[4] 庞瑞芝、李帅娜：《数字经济下的“服务业成本病”：中国的演绎逻辑》，《财贸研究》2022年第1期。

[5] 江小涓、罗立彬：《网络时代的服务全球化——新引擎、加速度和大国竞争力》，《中国社会科学》2019年第2期。

[6] 钞小静、薛志欣、孙艺鸣：《新型数字基础设施如何影响对外贸易升级——来自中国地级及以上城市的经验证据》，《经济科学》2020年第3期。

业生产效率的提升，缩小服务业与制造业劳动生产率增长差距，从而有效缓解服务业“鲍莫尔成本病”。第一，在强化规模经济方面，数字经济可以改变服务业生产和供给中的同步性与不可存储性特征，使得服务企业可以使用相同的劳动力、在边际成本趋近于零的条件下服务更多的消费者，扩大全球范围内潜在用户规模，形成规模经济优势，从而对服务业生产效率产生促进作用。上海的数字技术产业园区数量在全国50个大城市中排名第一，集成电路、生物医药、人工智能三大产业集群成为上海产业体系新支柱，这为数字产业园区发挥规模效应提高稳定基础。第二，在优化服务业结构方面，数字经济可以通过降低服务成本[1]、扩大市场潜力[2]、优化资源配置[3]等方式，推动生产性服务业集聚。生产性服务业集聚通过提高服务业内部“进步部门”占比[4]、促进服务业内部结构高端化[5]、推动服务业向产业链高端延伸[6]，提升服务质量与效率，缓解服务业整体发展滞后的局面，从而有效改善服务业“鲍莫尔成本病”。上海市拥有完备的产业集群、技术基础、科技优势和要素资源，不断增强从硬件到软件和信息服务的电子信息产业全链聚合发

[1] 江小涓、罗立彬：《网络时代的服务全球化——新引擎、加速度和大国竞争力》，《中国社会科学》2019年第2期。

[2][4] 余东华、信婧：《信息技术扩散、生产性服务业集聚与制造业全要素生产率》，《经济与管理研究》2018年第12期。

[3] 曾艺、韩峰、刘俊峰：《生产性服务业集聚提升城市经济增长质量了吗？》，《数量经济技术经济研究》2019年第5期。

[5] 韩峰、阳立高：《生产性服务业集聚如何影响制造业结构升级？——一个集聚经济与熊彼特内生增长理论的综合框架》，《管理世界》2020年第2期。

[6] 惠炜、韩先锋：《生产性服务业集聚促进了地区劳动生产率吗？》，《数量经济技术经济研究》2016年第10期。

展能力，实现全产业链数字化升级，为服务业结构优化提供重要保障。

在上海市数字经济发展指数的测量方面，本文借鉴赵涛等[1]的做法，采用熵权法（*DigEco*）和主成分法（*DigEco_1*），以数字普惠金融指数、百人中互联网宽带接入用户数、百人中移动电话用户数、人均电信业务总量、计算机服务和软件业从业人员占城镇单位从业人员比重5项指数表征。在成本病（*Bau*）的测度方面，本文采用"技术滞后部门"工资增长率与产出增长率的差额[2][3]，将"鲍莫尔成本病"效应从不可观测因素中识别出来。测度公式为：$Bau = [g(W) - g(Y)] / (L_h/L_T)$，其中$W$为地区总体实际工资，$Y$为地区实际人均产值，$g(W)$为地区总体实际工资增长率，$g(Y)$为地区实际人均产值增长率，$L_h$为"技术滞后部门"就业人数，$L_T$为总就业人数，$L_h/L_T$为"技术滞后部门"就业份额。通过检验数字经济发展与"鲍莫尔成本病"的相关性可知，上海市的数字经济与成本病的相关性为0.811，且显著性水平为5%。这意味着上海市数字经济发展能够有效缓解其"鲍莫尔成本病"。

[1] 赵涛、张智、梁上坤:《数字经济、创业活跃度与高质量发展——来自中国城市的经验证据》,《管理世界》2020年第10期。

[2] Hartwig J., "What Drives Health Care Expenditure?—Baumol's Model of 'Unbalanced Growth' Revisited", Journal of Health Economics, 2008 27(3): 603–623.

[3] Colombier C., "Drivers of health care expenditure: Does Baumol's cost disease loom large?", FIFO Discussion Paper, 2012: 12–15.

# 第三节　上海服务业企业数字化转型具体案例

## 一、上海服务业结构与服务业发展

2020 年，上海全市服务业增加值高达 28307.54 亿元，“十三五”期间年均增速 7.1%，占全市 GDP 比重达到 73.1%（见图 4-7）。服务业固定资产投资占全市固定资产投资比重达 82.1%，实际利用外资占全市实到外资金额比重达 94.5%，服务业成为拉动投资、吸引外国资本的主力军。[1]

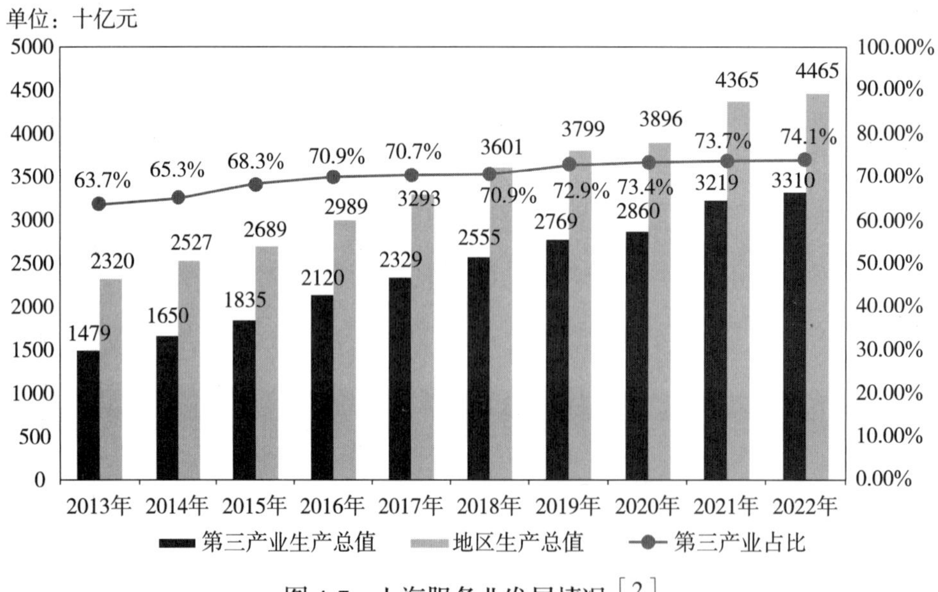


图 4-7　上海服务业发展情况[2]

2021 年上海市规模以上服务业营业收入构成如表 4-2 所示[3]。可

[1] 上海市人民政府办公厅关于印发《上海市服务业发展“十四五”规划》的通知。

[2] 资料来源：CEIC 数据库国内生产总值。

[3] 资料来源：《上海统计年鉴》2022 年表 14.2。

**表 4-2　上海市 2021 年规模以上服务业企业营业收入**（单位：亿元）

| 类　别 | 营业收入 | 占比 |
|---|---|---|
| 批发和零售业 | 143311.71 | 72.23% |
| 交通运输、仓储和邮政业 | 17959.94 | 9.05% |
| 住宿和餐饮业 | 1404.44 | 0.71% |
| 信息传输、软件和信息技术 | 11237.30 | 5.66% |
| 房地产业 | 7365.27 | 3.71% |
| 租赁和商务服务业 | 9774.70 | 4.93% |
| 科学研究和技术服务业 | 5059.14 | 2.55% |
| 水利、环境和公共设施管理业 | 635.15 | 0.32% |
| 居民服务、修理和其他服务业 | 378.88 | 0.19% |
| 教育 | 316.08 | 0.16% |
| 卫生和社会工作 | 359.50 | 0.18% |
| 文化、体育和娱乐业 | 613.72 | 0.31% |
| 总计 | 198415.84 | 100.00% |

以看出，批发和零售业是上海服务业发展的主要驱动力，营业收入最高，占据了总营业收入的 72.23%。这表明消费在上海服务业中扮演着重要的角色，消费需求的增长对上海服务业发展起到了关键作用。交通运输、仓储和邮政业具有相对较高的经济贡献，营业收入占比为 9.05%。这表明物流和运输行业对于支持上海地区的商品流通、供应链管理和国际贸易发挥着重要作用。数字化相关行业发展潜力很大，信息传输、软件和信息技术行业的营业收入占比为 5.66%。这表明上海数字化行业仍有较大的发展潜力，包括互联网、软件开发、电子商务等领域的创新和应用等。

2016—2019 年，上海市生产性服务业增加值从 11358.62 亿元跃升至 17630.49 亿元，增幅达 55%；生产性服务业增加值占 GDP 比重从 41.35% 增至 46.21%，占服务业比重从 58.66% 提升至 63.53%，年均增速超过10%。上海生产性服务业持续拉动经济增长，显示了发展的韧性和活力[1]。

服务业已成为上海城市功能的重要载体。2020年，上海金融市场成交总额超过2200万亿元，全球金融中心指数（GFCI）排名由2015年的第21位升至第3位，多层次金融市场体系基本形成，国际金融中心资源配置能级不断提高。上海口岸货物进出口总额占全球3.2%以上，继续位列世界城市首位。上海港集装箱货运量达到4350万标箱，高居世界第一长达11年。研发经费支出相当于全市生产总值比例达4.1%左右，每万人口发明专利拥有量达60件左右，技术合同成功交易额达1815.3亿元，相比2015年增长了156.4%。随着5G、云计算、大数据、人工智能等信息技术的快速发展，城市数字化转型为服务业在经济发展、人民生活、城市治理等领域创新应用提供了丰富的场景和机遇、孕育了新的产业发展潜能。推动城市数字化转型，遵循“数字赋能、业态融合、规则创新、生态培育、品牌塑造”的发展方针，在稳固服务业规模存量的基础上，大力激发培育新动能增量，推动传统服务变革跃升，促进新兴服务繁荣壮大，努力构筑新时期“上海服务”品牌战略发展新优势[2]。

## 二、上海数字服务业企业

作为数字经济规模排名全国前3的城市，上海一直致力于推动数字服务业的发展，上海地区也涌现了一批优秀的数字服务业企业。

---

[1] 上海市经济信息委:《上海市生产性服务业发展“十四五”规划》。

[2] 上海市人民政府办公厅关于印发《上海市服务业发展“十四五”规划》的通知。

小红书于 2013 年在上海成立，截至 2022 年底，小红书月活用户数量超 2.6 亿、月度活跃创作者突破 2000 万，小红书的创始人瞿芳表示："小红书是一家创立于上海的公司，也是一家只能诞生在上海的公司。"因为小红书的定位是生活方式社区，而上海就是中国生活方式最多元、创新意识最强烈的城市之一，也是中国正在发生的新消费浪潮的策源地。小红书旨在创造一个新的场景，推动品牌和消费者建立有温度的关系，成为中国新消费浪潮的驱动力。

小红书的商业模式包括三个阶段：第一阶段，小红书以分享跨境商品购物积累了大量口碑用户，为后续开展电商业务奠定了基础；第二阶段，小红书打造了"小红书福利社"自主电商平台，这一阶段由于第一阶段的良好用户基础和团队的优秀决策，商业模式得到了迅速成长；第三阶段，小红书进入了迅速发展期，平台用户持续增加。作为一家既是社群又是电商的企业，小红书一方面需要稳固良好的内容社区平台；另一方面也需要尽可能地兑现最优利润，实现"社群 + 电商"商业模式的最佳组合。

小红书的商业模式用四个字概括，就是"种草 + 拔草"，分解来看则主要包括经纪、广告、电商三种细分模式。经纪本质利用平台让商家与博主互相匹配，通过抽取佣金的方式进行营利。利用小红书的商业化中台产品蒲公英，达人（需 5000 粉丝量）选择自己的报价和擅长品类；商家为了推广自己的产品，会在蒲公英上寻找适合的达人进行合作。达成合作后，商家通过平台向达人支付费用，平台抽取佣金。广告的本质是帮商家展示品牌和商品，带来潜在的购买行为，商家支付广告费。小红书平台的广告主要包括品牌广告和效果广告，品牌广告一旦展示就要向商家收费（无论用户是否点击），包括开屏、发现页信息流、搜索品牌专区、定制话题、热搜、贴纸；效果广告则点击才需向商家收费。自营电商即下方购物入口，类似京东自营，盈利来源于商品的差价。此外，为了筹备上市，其商业化团队开始加强吸引品牌方的入驻开店，即平台模式。品牌入驻需支付租金以及佣金分成（3%—10%）。

互联网平台越来越发展成为人们发现和分享美好生活的平台，也正是人们在平台上分享的对新生活方式的向往，助推新业态的产生，反哺实体经济的发展。小红书既是数字经济的参与者，也是获益者，作为平台型公司，不仅见证了传统业态借助数字化完成转型的过程，也深知坚守价值导向、做好平台生态治理的重要性。小红书的创始人瞿芳表示："未来，小红书将致力打造一个健康、优质、可持续发展的互联网平台，帮助更多人看见和追求美好生活的可能，守护清朗向上的网络空间，为构建和谐网络生态贡献力量。"

小红书的成功向我们展示了社交电商的巨大潜力，强调了用户生成内容、社交与电商的融合、用户信任和口碑效应、细分和目标定位以及与品牌合作的双赢模式，为其他数字服务企业提供了宝贵经验。对于政策制定者来说，以大水漫灌的方式推动数字产业化发展并不一定能取得好的效果，制定政策时需结合当地的发展阶段和产业结构有针对性地帮扶相关产业，对于宁夏四川等能源成本较低的省份来说可以优先发展云计算数据中心等耗能大的产业，而对于北京、上海、广州等数字经济人才资源集聚的地区可以优先发展互联网或软件服务业。

## 三、数字化转型赋能上海服务业

除了发展新型数字服务企业外，上海也积极推动传统服务业企业开展数字化转型，帮助企业抓住新一轮的发展机会。上海作为中国的金融中心和国际金融枢纽，其金融业在经济发展中发挥着重要的支撑作用。金融行业的发展对于上海的经济增长、资金流动、创新能力和国际交流等方面都具有重要影响。金融行业可以为其他行业的数字化转型提供资金，也可以通过产业链向上下游企业提供数字化转型的经验，所以金融行业的数字化转型是上海服务业数字化转型中至关重要的一部分。

### （一）数字金融的发展趋势

从全球范围内来看，由于经济环境复杂多变，金融资源配置更加依赖科技赋能。受疫情影响，传统金融行业线下运作模式受到限制难以有效开展，数字金融服务加速成为主流趋势，一方面，传统金融机构着力以数字技术优化客户体验；另一方面，金融科技企业持续发挥其数字化服务能力的优势，提升差异化用户服务水平。如何更好地利用数据带来的价值，让数据赋能金融，是数字金融的另一个发展趋势。

在我国，随着央行金融科技首个三年规划期（2019—2021）的正式结束，中国金融科技产业的“四梁八柱”已基本形成。在这期间，政策环境不断优化，可持续发展能力持续提升，我国金融科技正式步入了“积厚成势”新阶段。党的二十大报告指出，要继续坚持把实体经济作为经济发展的着力点，服务实体经济既是金融行业的使命，也是金融科技发挥价值的重要方向。金融科技服务实体经济发展的定位随之凸显，金融科技精准服务实体经济的能力不断强化。相对于中小金融企业，大型金融机构科技引领态势更加凸显，技术能力对外输出赋能多行业数字化转型。头部金融机构科技投入增幅持续保持较高水平。近三年，国有六大行的年平均科技投入增长率（21.77%）是营收增长率（6.96%）三倍以上，是金融机构基于自身研发应用能力实现对技术创新的反哺促进。工行、建行连续两年入选《福布斯》全球区块链 50 强，建行 OCR/ICR 自主算法获得第 16 届 ICDAR2021（全球人工智能文档图像分析识别领域国际顶级比赛）第二名。金融机构输出优势技术，赋能多行业数字化转型，例如工行“兴农通”乡村金融服务专属 App，通过物联网、区块链、卫星遥感等技术，提升农业数字自动化采集和智能化分析能力。

### （二）数字化转型赋能银行

上海银行于 1995 年 12 月 29 日成立于中国上海，作为上海的城市商业银行，上海银行提供全面的金融服务，包括个人银行业务、企业银行业务和市场业务。2019 年，上海银行由董事长牵头挂帅，成立数字化转型研究小组，把全面推动数字化转型作为上海银行新三年发展规划的主线和战略重点，明确以线上化、数字化、智能化为转型路径，在全行各领域全面推进数字化转型，上海银行的数字化转型实践具有典型性，被选入上市公司协会评选的《中国上市公司数字化转型典型案例》。

上海银行的掌上行经营管理信息平台立足于上海银行的新三年战略规划目标，是推进上海银行全面数字化转型的稳固基础与重要举措，目的是实现经营管理数据看得全、看得清、看得透，并在此基础上努力实现管得好。

一方面，掌上行将金融科技和业务转型需求紧密结合，颠覆传统管理流程和信息传递模式，建立全行统一的可视化经营数据展现和分析渠道，实现经营管理数据“快、准、全、透”；另一方面，深化建设基于模型的多维指标应用体系，为经营管理工作增能减负；同时，通过对条线、机构、业务场景等精准画像，结合严密的制度流程，实现高效的问题处理闭环机制，建立数据驱动管理的工作模式。掌上行在内容上体现整合协同，功能上体现问题驱动，架构上体现互联互通，通过业务场景与管理数据的多维融合，确保经营数据上传下达，保障全行业务高质量发展。上线以来，掌上行运行平稳、高效可靠，已建立 2500 余项核心经营管理指标，行内主要经营分析活动可围绕掌上行开展，总、分行在日常工作中已初步建立了运用掌上行查阅、分析、研究数据和解决问题的习惯，初步形成数字化工作生态。

上海银行制定“线上化—数字化—智能化”的转型路径，循序渐进推进。线上化是转型的起点和基础。一方面，服务线上化可以提升客户体验；另一方面，线上化也可以积累下一阶段转型所需的数据。转型的第二个阶段为数字化。对第一阶段积累的数据进行分析。对各条业务线，各个层级实现更好的管理。最终阶段是智能化。利用新技术推进各项服务的智能化建设，更好地对实体服务客户赋能实现价值创造。在具体过程中，上海银行吸收各方转型经验，以“聚焦重点、统筹管理、小步快走、专业运营”的原则推进。总行数据管理与应用部是数字化转型的主管业务部门和牵头部门，从项目建设初期就制定了明确的内容筛选和审核制度，一方面及时获取全行关注经营事项；另一方面建立板块内容审核机制，保证全行上下信息统一、传导一致。大数据部和业务部门组建融合建设团队，大数据部负责制定内容展示规范、审核板块内容和技术研发，业务代表负责所辖板块内容的需求设计、验证和数据维护，实现全板块内容展示体例一致、开发资源合理分配。建设团队力求及时响应行领导和各级业务部门需求，一方面采用“分步迭代”的开发方式，先立原型，并在随后的推广应用中不断优化，最终达成成熟方案；另一方面，努力提升平台配置的灵活性和可扩展性，从功能上支撑快速部署计算规则和看板内容。银行的业务重心和经营关注点是不断变化发展的，因而掌上行的数据内容也是有“生命周期”的，新的内容上线不是终点而是起点。一方面，通过将掌上行融合团队打造成一支专业化运营队伍，不仅实现对内容新增、维护和下线的全生命周期管理，还对业务预警进行及时分析和处置；另一方面，大数据部牵头建立应用后评估机制，定期对全行各级单位掌上行使用、建设情况进行分析和通报，确保掌上行平台持续健康发展。

随着数字化转型的持续推进，上海银行服务客户的能力持续提升。线上个人客户方面，上海银行运用数字化技术，持续打造线上化服务体系，聚焦互联网金融、供应链金融，健全场景化开放互联能力，基于微服务架构构建互联网金融服务平台，对外开放逾 500 个 open-api 金融服务接口，服务线上个人客户已超 4000 万户。服务小微企业方面，上海银行运用图像识别、数字证书、区块链、大数据、移动互联网等技术推出的“上行普惠”金融服务产品，为小微企业提供在线融资服务，截至 2021 年 6 月末，完成注册和身份认证的企业用户数 9771 户；有融资余额的 4307 户，较上月增长 273 户；累计发放融资款 45795 笔；投放金额 296.59 亿元；融资余额 168.27 亿元。

供应链金融方面，上海银行深耕实体经济产业链场景，聚焦大基建、高端制造、医药等重点行业，以金融科技带动产品创新，推出“上行e链”“上行资产池”等拳头产品，构建打造产业链“端到端”金融服务生态，通过与重点央企、国资企业和民营企业等核心企业开展合作，实现入池资产、融资流程、风险控制、融资服务的数字化管理，截至2020年底，服务企业较上年末增长256.01%，其中，线上供应链累计服务客户数较上年末增长287.38%。

在风险管理方面，上海银行建成对公魔镜风控大脑，实现刚性与柔性管控相结合的数据驱动管理模式。通过刚性拦截，贷款流程中风险提示以及各类风险信息多渠道主动推送，确保风险信号的及时触达。风险信息推送的准确度为96%，风险信号推送的及时性相比企业被认定为后三类的时间平均提早了5、6个月，同时运用OCR（光学字符识别）技术加速贷款资料核查效率。

### （三）数字化转型赋能证券公司

海通证券（Haitong Securities）是中国一家知名的综合性证券公司，总部位于上海市。作为中国证券业的领先机构之一，海通证券提供包括证券经纪、投资银行、资产管理、研究和投资咨询等一系列金融服务。

近几年，海通证券将信息化纳入公司战略核心，以“统一管理、自主可控、融合业务、引领发展”科技发展思想为指引，全面推动“数字海通”战略，基本建成了数字海通的“四梁八柱”。海通证券利用区块链和隐私保护技术，建立了高风险客户数据处理平台，一方面，提升了证券公司管理的智能、精准化水平，提升了反欺诈能力和风控水平，另一方面，很好保护了客户的隐私信息，此外，还借此推动了整个证券行业高风险客户数据互通共享，共建基于证券行业联盟面的高风险客户数据共享体系，促进普惠金融的发展。在数据的保存与共享方面给证券公司和其他服务类企业提供了宝贵的经验。

该高风险客户数据处理平台的建设主要分为如下几个阶段：第一阶段：建设集团内部的风控体系，持续优化共享平台。海通利用区块链去中心化、防篡改、可追溯等特性，以及多方安全计算等隐私保护技术，提升风险数据加密存储、隐私计算和加密传输的能力，实现海通证券集团内部的数据共享与数据协同的业务目标，同时达到数据隐私保护的合规要求。平台建立并平稳运行后，进一步扩大风险数据涵盖的数据范畴及接入范围。第二阶段：实现行业级风险数据共享体系。依托证券业联盟链为区块链基础设施，推动及建立行业风险数据共享机制，打通了行业数据之间的壁垒，实现行业内证券公司之间信用信息的互联互通，提高了信用信息利用率。基于区块链技术建立可信、安全的行业数据生态，实现一个行业范围内的数据共享协作平台。第三阶段：对接监管链推动共享机制完善与推进。通过区块链跨链技术，实现行业风险数据与监管链路的跨链对接，实现风险数据体系的自我完善与监管指导。对接之后，行业风险数据共享机制会在全流程监管可见的背景下趋于有序自治，而风险数据的使用在监管之下也会更为合理合规。

具体技术方面，海通证券结合现有研究成果，提出应用区块链技术实现证券业务数据共享，重点利用区块链去中心化与不篡改性，通过实时记录数据的收集与共用状况，进而实现跟踪溯源，并结合融合策略保证、违反监测和隐私审核等技术，即使在隐私权保护技术失效的情形下仍可以追溯问责的方法维护企业信息安全，并对评估监管数据分析质量以及处理企业数据垄断问题提供技术支持。同时，针对目前证券业界还没有形成基于区块链的全球数据共享总体框架模型，本案例结合了全球技术标准化机构 ISO 与中国国家成员体在 2017 年发布的国际标准 ISO/IEC 38505-1 中数据治理模型和框架，提出参考性证券行业间数据共享全流程治理框架的初步构想，主要包括数据获取层、存储层、区块链层、共享层四大模块。在结合区块链技术的数据治理模型框架中，区块链层将数据获取层、存储层与共享层三个模块紧密相连，通过对业务数据体系的全流程参与监管，从而为整体数据治理框架提供可信、可靠、可溯源的技术基础。

具体效果方面，海通研究了区块链、隐私计算等多种创新技术的融合应用，有效地解决了证券行业数据共享场景中的数据孤岛、隐私保护、安全共享等问题。风险客户数据共享应用已在 2021 年 6 月正式启用，汇集了 20 多个不同来源的风险数据，涉及 5 个业务部门及外部风险客户，非自然人风险数据丰富，并已推广到恒信融资租赁子公司使用。转型方案获得 2021 年中国证券业协会重点课题研究优秀课题、2021 年"'奋斗杯'上海市青年金融业务创新大赛"三等奖、"2021 年度中国数字化转型与创新评选"数字化技术应用典范案例奖、2021 GOLF+IT 新治理领导力论坛年度卓越创新案例等奖项。

### （四）数字化转型赋能保险公司

太平洋保险（集团）股份有限公司是在 1991 年 5 月 13 日组建的保险集团公司，基于中国太平洋保险公司的基础而成立，是中国领先的综合性保险集团。传统保险行业数字化转型的道路上，中国太保是行业内的先行者。在转型过程中，中国太保在建设内部科研创新部门的同时，积极与外部机构或企业合作，中国太保提供数据和应用场景，外部企业提供技术和转型方案，共同推进中国太保的数字化转型，取得了非常良好的转型效果，为其他企业数字化转型提供了宝贵的经验。

早在2015年，时任总裁高国富便表露出对数字化升级的认可，他指出："数字化是共性。任何金融机构，未来如果不能够适应趋势，不进行数字化转型，将失去未来。"2017年"数字太保"战略代表着中国太保进入全面数字化转型阶段。在数字化产品上，中国太保发布了业内首款智能保险顾问"阿尔法保险"，引起了社会各界的广泛关注。2018年，中国太保全面启动"转型2.0"战略，数字化仍是关键词之一。这一时期，中国太保打造了集成各类C端应用的"太平洋保险"App，实现访问门户的统一，具有自主知识产权的"中国太保云"的开发也即将完成。2020年，全资子公司太保金科的成立标志着中国太保的数字化转型进程进入腾飞阶段，新公司和科技创新与消费者权益保护委员会、数智研究院一同构建起中国太保的科研创新机制（如图4-8）。

2017年开始，中国太保启动"数字太保"战略，首席数字官杨晓灵认为"数字化就是用科技手段来重新定义企业运营操作系统"，中国太保想要通过数字化转型来提升客户体验和客户效能。中国太保杨晓灵将"数字太保"划分成五大战场，排在首位的是客户端及客户关键旅程的数字化。在实际使用中，企业通过客户端向用户提供服务，用户需求通过客户端反馈至企业，B2C端到端的交互须通过客户端这一枢纽来实现。所以，客户端和客户关键旅程的数字化，聚焦

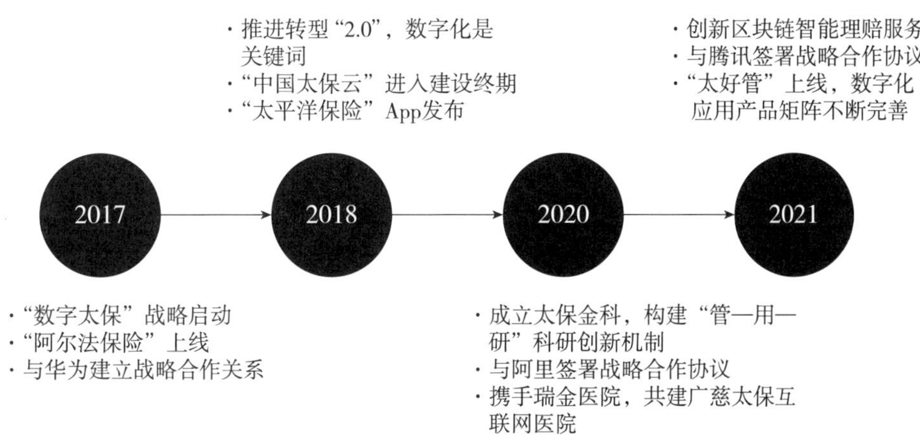


图 4-8　中国太保的数字化转型历程

客户体验的关键。客户端的升级，会倒逼供应链进行流程创新和模式改造，这是“数字太保”的第二战场。在这一步，中国太保希望用数字化技术赋能传统供应链的各个环节，以企业级的移动应用作为辅助，来实现“前中后台交互融合”的效果。然而客户终端和供应链的数字化升级都需要建立在底层算力的基础之上，若没有算力的支持，终端升级和供应链改造都只是空中楼阁。所以，中国太保将算力建设作为第三战场，主要通过“太保云”和“两地三中心”等信息技术基础设施的搭建来进行布局。第四和第五战场分别为敏捷开发机制和数字化安全，前者是中国太保数字化战略实施的重要条件，后者则为其高高建起风险防火墙。

在“数字太保”战略的指引下，中国太保的数字化转型推进迅速，其中，数字化应用产品的创新成果尤为突出。2017 年 9 月 1 日，“阿尔法保险”正式上线，这是由中国太保原创的智能保险顾问，也是业内在该领域的首次尝试。在理赔环节，太保寿险上线了自动化理赔工具“太 e 赔”，通过数字化赋能缩短了理赔审核时间。报案、提交材料、获赔的全流程都可通过手机一键操作，大幅提升了客户的使用体验。

2018年，中国太保全面启动“转型2.0”战略，新一轮转型升级围绕“人才、数字、协同、管控、布局”五大关键词展开，数字化仍是其中重要发展思路。总裁贺青表示中国太保目前存在着数字体验、数字决策、数字工具、数字人才和领导力四大发展短板，转型2.0就是要从这些问题入手，着力补齐发展短板，从而进一步推动数字化转型工作。2018年是中国太保数字化转型中承上启下的阶段，通过厚积薄发的基础建设工作，发展短板逐渐补齐，为后期的全面数字化打下了非常坚实的基础。

2020年，中国太保的数字化进程迈入新的阶段，宣布出资7亿元设立太保金融科技有限公司（简称“太保金科”）。同年，在董事会下新设了科技创新与消费者权益保护委员会，并建立专注于创新研发的数智研究院，希望打造更好的统一数据中台。至此，中国太保集“应用—管理—研发”于一体的科研创新机制已经初步构建起来。2020年9月，中国太保与瑞金医院签署协议，将携手筹建广慈太保互联网医院，打造与保险业务相结合的全生命周期健康管理模式。2021年4月26日，广慈太保互联网医院正式揭牌。对于中国太保而言，这张互联网医疗牌照不仅是其进军大健康领域的一声哨响，更体现了数字化转型对集团整体变革的推动作用。

在数字化转型的过程中，中国太保内部制定由上到下的整体战略，从技术到应用全面推进，用技术赋能业务，用业务倒逼技术；外部积极寻求合作，从企业到大学，从战略联盟到研发外包，快速推进数字化转型进度，为其他服务业企业提供了宝贵经验。

表 4-3　中国太保与外部企业或机构合作项目

| 年份 | 合作项目 |
| --- | --- |
| 2014 | 太保 · 华为新技术应用实验室 |
| 2017 | 与华为签署战略合作协议 |
| 2018 | 太保三星创新应用实验室 |
| 2019 | 与科讯嘉联签署合作协议 |
| | 与浪潮签署合作协议 |
| 2020 | 太保上交人工智能联合实验室 |
| | 太保复旦保险科技联合创新实验室 |
| | 太保保交所保险金融区块链实验室 |
| | 与阿里签署战略合作协议 |
| 2021 | 与华为签署核心战略合作协议 |
| | 与腾讯签署战略合作协议 |

资料来源：互联网搜集整理。

## （五）服务业数字化转型经验总结

一是构建适合数字化转型的组织架构，让企业上下都意识到数字化转型能带来的好处，全面整体推动数字化转型。二是以客户为中心，服务业企业数字化转型的核心目的之一就是提升服务质量，以客户为中心的数字化转型才能更好地服务客户，放大数字化转型带来的影响。三是吸收数字化人才，拥抱数字化技术。数字化转型需要技术和人才，企业应当利用最新技术，让数字化更好赋能企业，储备数字化人才，更快推动数字化转型的进程。四是与外部相关者合作，无论是为企业提供数字化转型方案的咨询公司，还是掌握最新技术的大型科技企业，都能为企业自身的数字化转型提供推动力量，帮助企业更好更快实现数字化转型。

## 第四节 上海市服务业数字化转型对策建议

在“互联网 +”的时代背景下，上海市在全国范围拥有数字化发展优势，数字经济发展激发了上海市服务业增长新动能，赋予了服务业新发展契机，为全面推进城市数字化转型、打造具有世界影响力的国际数字之都奠定重要基础。结合上述分析，本文具有以下政策启示。

第一，制定服务业数字化转型战略。上海市政府应当制定明确的数字化转型战略，包括制定目标、评估现状、确定关键领域、建立推进机制、监测评估与调整。该战略应考虑到各个服务行业的特点和需求，并为数字化转型提供全面的指导。其中，目标可能包括：提高服务业的数字化水平、增强服务创新能力、提升服务质量和效率等；现状评估主要指评估相关企业的数字化程度、数字技术的应用情况、数字技术人才的供需状况等；关键领域可能涉及促进数字支付和电子商务的发展、促进数字技术的应用创新、推动政务服务的数字化等方面；推进机制主要包括设立专门的数字化转型机构或委员会以负责协调各方资源并推动政策落实、建立与企业、学术界及社会组织的合作机制来共同推动数字化转型的实施；定期检测和评估数字化转型的进展，跟踪关键指标和成效，从而及时发现问题和挑战，并采取相应的措施加以解决。

第二，鼓励支持数字化转型相关的创新创业活动。通过设立专门的创新基金，提供资金支持和税收优惠，以吸引和培育创新型企业。此外，还应简化创业流程，提供相关的政策指导和服务，降低创业门槛，推动企业加快服务业数字化转型。服务企业通过加大数字化投入，能够高效构建数字化组织架构、广泛储备数字化人才、充分加强与科创主体创新合作，不断扩大数字化转型的正向溢出效应，实现服务企业的品牌数字化、客户数字化、供应链数字化和场景数字化，这为推动整体行业技术升级、重塑产业链和价值链、实现服务业跨越式发展奠定重要基础。

第三，创建上海数字化转型示范区。通过选择特定区域或产业作为数字化转型的示范区，为参与企业提供特殊的政策支持和资源优势。这一示范区可以成为数字化转型的先行者，通过成功案例的积累和经验分享，帮助其他企业更好地进行数字化转型。此外，还需推动示范区的政务服务数字化，通过不断完善政府部门和机构的数字化办公和服务，提供在线办事服务和相关的政策指导，简化审批流程，提高行政效率和便利性。

第四，在数字经济能改善服务业生产效率、驱动服务业转型升级的现实背景下，加大数字基础设施建设，发挥数字网络技术的普惠性特征。一方面，提供高速稳定的互联网接入，加快公共智能算力中心、陆海空天一体化网络体系、“云网边端”一体化大数据中心等数字底座基础设施建设，支撑数字化产业布局，通过加强核心技术攻关，提升数字惠民水平、推进服务普惠均等，助变数字鸿沟为数字机遇。另一方面，重视传统数字基建改造升级，积极促进数字经济与服务产业的融合发展，为提供优质高效的信息产品与服务奠定基础，为整体产业效率的提升赋能。此外，还应加大对数字安全和隐私保护的投入，确保数字化转型的可持续发展。

第五，利用数字经济发展推动服务业获得规模经济优势，从而实现服务业产业结构转型升级。由于任何专业化的生产和服务都需要有广阔的市场才能获得规模经济，数字经济发展有助于放大服务需求量和服务需求结构的多样化，助推服务贸易量扩大和贸易模式多样化。应充分利用数字技术的优势改变服务业可贸易程度较低的特点，做大服务市场，以此降低服务业的成本，提高服务业效率。此外，积极创造条件，促进生产性服务业集聚，推动生产性服务业与先进制造业深度协作融合、与高校和研究机构建立合作联盟，实现生产性服务业集群式发展，推动生产性服务业迈向高端，优化服务业内部结构，促进服务业高质量发展。

# 第五章 上海供应链数字化的实践与启示

随着产业分工的日益深化，建立安全稳定和高效的供应链体系已经成为地方政府和企业的重要目标。然而供应链高度复杂化和网络化的特征使得其管理面临诸多问题。数字技术的应用对于提高供应链智慧化、自动化水平，增强企业敏捷性有重要意义。本章介绍了供应链数字化的基本概念和内涵，并以上海为例分析供应链数字化的基本情况，梳理典型案例，给出对应的解决方案。

## 第一节　供应链数字化的概念与内涵

供应链数字化作为数字技术与供应链管理融合的产物，在企业采购、生产和销售中有着广泛的应用。推动供应链数字化转型既是数字时代企业发展的“必做题”也是供应链管理的现实需要。本节在厘清供应链数字化概念的基础上，从供应链竞争日趋激烈、供应链管理高度复杂化以及传统供应链管理的问题角度阐述了供应链数字化的重要性，进而探讨了供应链数字化的内涵。

## 一、供应链数字化的概念

作为数字技术在供应链管理中融合应用的产物，供应链数字化是数字化在供应链领域的具体应用与体现。信息化是数字化的重要基础，互联网和计算机的出现使得以往的纸质办公模式发生改变，企业生产经营流程信息化，极大地提高了生产效率。然而，随着人工智能、大数据、区块链等新兴技术的产生，信息化这一概念正逐渐被数字化取代。无论是学术研究者还是企业家都将数字化转型视为新一轮竞争的核心突破口。从概念上看，不同于将业务计算机化，数字化更多强调决策经营的智能化、自动化。咨询公司 Gartner（高德纳）对数字化（digitalization）的定义是：利用数字技术来改变商业模式并提供新的收入和价值创造机会，是转向数字业务的过程。

具体来看，数字化的内涵体现在以下几个方面。首先，数字化的核心在于连接和打通。区别于信息化时代对单个业务的局部优化，数字化面向全领域，在对原有资源数据化的基础上联通不同部门、连接生产设备、连接消费者与企业，贯穿企业生产经营决策的全过程。数字化打破了原有的数据孤岛和信息不互通困境。其次，数据资产是企业数字化的重要价值创造来源。一方面，物联网和图像识别等技术的成熟改变了以往人工将数据进行录入分析的烦琐流程，为大量数据资源的汇集奠定基础。譬如，RPA（Robotics Process Automation）技术通过模拟人类操作计算机的过程，自动处理各类文本信息，并从网络获取相关数据，生成相关的数据分析报告。另一方面，大数据技术降低了数据分析的成本，不同部门的数据互通有利于挖掘数据的价值。例如，在天眼查等商业查询平台出现前，企业查询信用信息的主要来源是国家信用公开平台。由于信用平台主要涵盖工商注册登记信息，难以覆盖和反映企业经营的全貌。天眼查等商业查询平台开发的数据挖掘和连接系统，将工商注册、裁判文书、被执行人以及专利等信息汇集到统一平台上，将数以万计的信息连接起来。特别是基于多层股权控制的分析手段，使得用户评估企业的关联风险变得更加便捷。最后，数字化更多体现的是共赢战略。数字化改变了企业的生产和经营模式，也影响其生存方式。数字化不仅追求内部效率的提升，更重要的是联动上下游企业，建立完整的生态系统。企业间竞争向正和博弈、共赢发展和增量发展的趋势演进。

供应链是由产品从生产到流通过程中所涉及的原材料供应商、生产制造企业、分销企业以及零售商所组成的网链结构，其基本元素是上下游成员间的连接。企业充当供应链中的节点，节点间通过需求和供应产生联系。从供应链的结构特征来看，具有如下特性：一是复杂性。供应链中的各个节点往往由不同行业、不同地域甚至不同国家的组织构成。对于大型企业而言，供应链节点还可能涉及政府部门以及非政府组织。因此，供应链中成员具有较大异质性。二是动态性。供应链中节点的联系可能随着企业经营战略的调整或者外部环境的变化，而产生动态演变。节点可能退出，也可能进入，网络处于动态变化当中。三是交叉性。供应链中的节点连接不是单线条的，而是纷繁复杂，呈现网络化特征。供应商与供应商之间可能存在销售关系，不同供应链网络间可能有间接联系。按照供应链的范围，可分为内部的供应链以及外部的供应链。内部供应链是企业内部采购、生产和销售

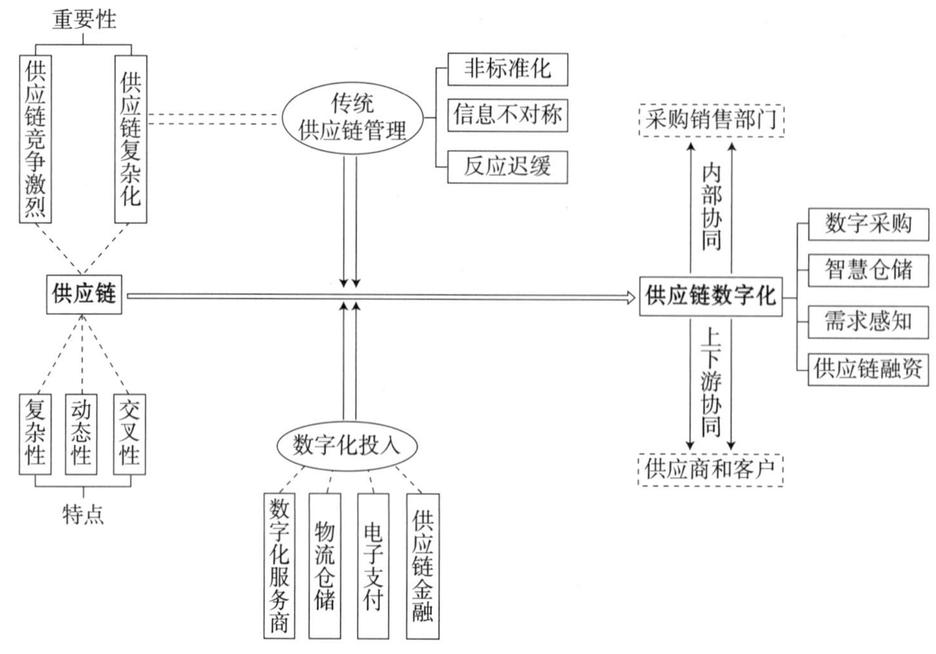


图 5-1　供应链数字化的分析框架

资料来源：作者自行绘制。

部门组成的供应链，外部供应链是与企业生产和销售相关的供应商、制造企业以及物流和销售商组成的供需网络。

供应链数字化则更注重数字技术对供应链运营行为和过程的改变。根据巴尔加瓦（Bhargava）等（2013）的定义，供应链数字化是由一系列技术系统（软件、硬件和通信网络）所组成的，以支持供应链中合作伙伴交互和协调的过程，其中涵盖了原材料购买、产品制造、产成品存储以及产品销售等活动。在数字技术的支持下，供应链将被重新组织为一个供应网络，该网络既统一了产品和服务的流转，也可以整合人才、资金和信息流。随着数字技术的应用，供应链的可靠性、敏捷性和有效性将大幅度提高。

## 二、供应链数字化的重要性

企业和政府为什么要推动供应链的数字化呢？本节将从供应链竞争日趋激烈、供应链管理的复杂化以及传统供应链管理的问题进行介绍。

### （一）供应链竞争日趋激烈

尽管供应链属于管理学的范畴，但在经济学的研究体系中也有所体现。从中观上看，全球价值链和投入产出分析方法的微观基础就是供应链。从微观上看，企业生产函数的设定中核心要素是资本和劳动，这两者的投入来源形成了企业的供应商；而需求函数中关于市场的假定以及消费者的分析则体现了企业的下游客户。产业组织理论的相关研究中对上下游的纵向关系进行了刻画。

从实践层面上看，现代企业的竞争越来越依赖于强大的供应链体系。高效协同正在成为企业追求的重要目标。优质的供应链体系以及管理模式能够有效降低企业的采购成本，提升产品质量，降低库存储备。供应链体系的构建反映了企业的组织能力。全球知名的咨询公司高德纳每年都会公布全球最佳供应链管理名单。该榜单的上榜企业代表了全球供应链管理最为成功的企业。其中，亚马逊、苹果、麦当劳、宝洁和联合利华常年位居供应链管理大师行列。通过观察名单可以发现，各行业的顶尖企业均在供应链管理上有优秀的表现。以苹果为例，其供应链管理一直处于业内领先水平。苹果强大的供应链管理体现在以下几个方面：首先，在库存方面，苹果采用了“Just In Time”（JIT）的管理模式。不同于先生产再销售的库存管理模式，JIT

**表 5-1 高德纳历年最佳供应链管理名单**

| 2020 年 | 2021 年 | 2022 年 |
|---|---|---|
| 思科 | 思科 | 思科 |
| 高露洁 | 高露洁 | 施耐德电气 |
| 强生 | 强生 | 高露洁 |
| 施耐德电气 | 施耐德电气 | 强生 |
| 雀巢 | 雀巢 | 百事可乐 |
| 百事可乐 | 英特尔 | 辉瑞 |
| 阿里巴巴 | 百事可乐 | 英特尔 |
| 英特尔 | 沃尔玛 | 雀巢 |
| 印蒂纺织 | 欧莱雅 | 联想 |
| 欧莱雅 | 阿里巴巴 | 微软 |
| 沃尔玛 | 艾伯维 | 欧莱雅 |
| 惠普 | 耐克 | 可口可乐 |
| 可口可乐 | 印蒂纺织 | 耐克 |
| 蒂亚吉欧 | 戴尔 | 沃尔玛 |
| 联想 | 惠普 | 惠普 |
| 耐克 | 联想 | 蒂亚吉欧 |
| 雅伯纬 | 蒂亚吉欧 | 德尔科技 |
| 宝马 | 可口可乐 | Inditex（Zara 母公司） |
| 星巴克 | 英美烟草 | 宝马 |
| H&M | 宝马 | 艾伯维 |
| 英美烟草 | 辉瑞 | 西门子 |
| 3M | 星巴克 | 阿斯利康 |
| 利洁时 | 通用磨坊 | 通用磨坊 |
| 渤健 | 百时美施贵宝 | 英美烟草 |
| 金百利 | 3M | 阿里巴巴 |

资料来源：https://www.gartner.com/en。

在客户下单之后才开始生产，最大程度减少库存积压。并且，苹果还使用飞机运送电子产品，疫情期间更是租赁了 200 余架私人飞机。数据显示，苹果的库存周转天数仅为 7 天，也就是说产品从入库到销售只需要 7 天时间，小米的库存周转天数同期超过两个月。其次，苹果直接参与供应商的生产制造，并为供应商提供设备和技术人员支持。与一般企业供应商完全外包不同，苹果会深度参与供应商的生产流程。如苹果向富士康等企业提供生产设备，声学部件供应商瑞声公司则表示，苹果会向其提供软件电脑以及 ERP 系统，苹果还派驻了 20 多名工程师协助供应商解决问题。比如苹果为了制造全金属机身的手机，大量购入价值数百万美元的高端数控机床，为供应商提供设备进行生产。相关的统计显示，富士康苹果生产线中有 20%—50% 的设备来自苹果。为了实现核心技术的突破，苹果与供应商联合进行研发，并提供技术支持。最后，苹果的供应商处于动态调整当中，有效增加了供应链活力。苹果每年都会根据供应产品情况剔除一部分不符合要求的供应商，并纳入新的供应商。

在区域的竞争中，产业链供应链的优势愈发重要。产业竞争已经超越了单个企业的范畴，演变为产业链上下游所形成的协同竞争，企业与区域的产业链依赖性增强。无论是改革开放初期，各地政府采取地方保护措施将企业供应链保留在本地，避免供应链外流[1]；还是如今各地出于吸引产业布局的目的，大力建设相关产业链、开展产业链招商，都体现了产业链供应链对于区域产业竞争的重要性。各地政府

[1] Chen Q., Gao Y., Pei J. et al., “China’s domestic production networks”, China Economic Review, 2022, 72: 101767.

在招商引资的过程中发现，企业的投资意愿很大程度上与当地的产业配套和产业集聚情况相关。当本地具备良好的产业链基础时，企业能够更好地实现零库存，降低供应链协作成本。陈钊和初运运的研究也发现[1]，上游产业基础不仅有利于吸引无人机企业进入，还能够通过垂直溢出效应促进无人机从消费级向工业级转型。以家电产业为例，目前珠三角汇集了中国超过一半的家电企业，美的和格力两家企业牢牢占据行业龙头位置。这些企业发展壮大很大程度上得益于完备的供应链体系。仅在广东顺德就汇集了3000多家家电厂商。完备的产业链所形成的产业生态体系为企业快速成长带来先天优势。疫情后，各地政府均针对产业链供应链出台了补链、强链和延链政策，将培植链主企业作为本地产业发展的重要目标。作者根据对2007年至2020年中国省级政府工作报告的统计，各地政府对“产业链供应链”的提及比例从不足5%上升到45%。2020年，近一半的省政府均在政府工作报告中强调产业链供应链问题。产业链供应链在区域产业合作中也扮演重要角色。中共中央、国务院印发《长江三角洲区域一体化发展规划纲要》中将加强协同创新产业体系建设视为重要举措，指出要围绕电子信息、生物医药、航空航天、高端装备、新材料、节能环保、汽车、绿色化工、纺织服装、智能家电十大领域，强化区域优势产业协作。加快发展新能源、智能汽车、新一代移动通信产业，延伸机器人、集成电路产业链，培育一批具有国际竞争力的龙头企业。其中特别强调要引导产业合理布局，在不同区域布局与要素禀赋相适应的产业链体系。

[1] 陈钊、初运运：《新兴企业进入与产业链升级：来自中国无人机行业的证据》，《世界经济》2023年第2期。

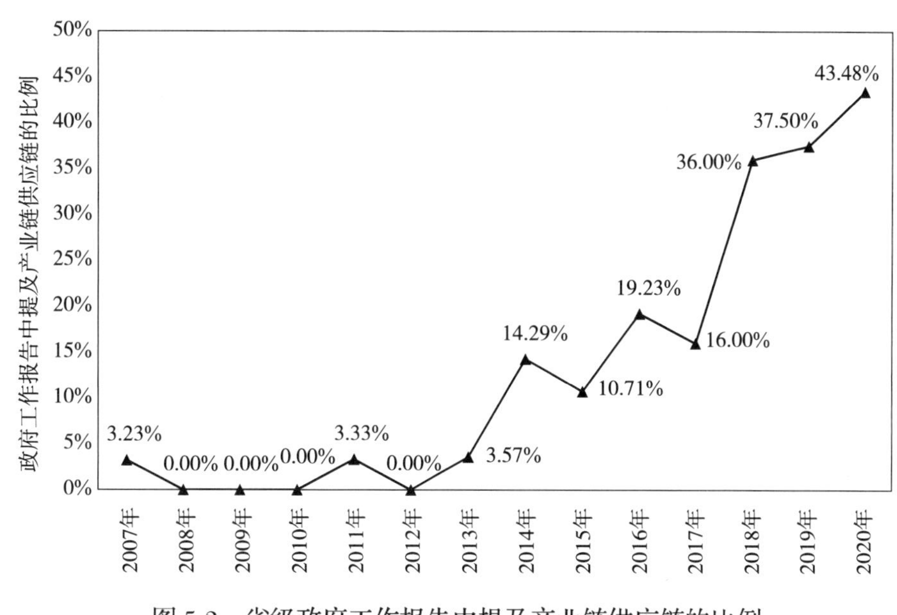


图 5-2　省级政府工作报告中提及产业链供应链的比例

资料来源：省级政府官方网站。

从国际层面来看，2017 年以来的贸易摩擦、地缘冲突以及全球公共卫生危机给各国的产业链供应链带来巨大挑战。各国政府近期出台的一系列经济政策大量提及产业链供应链问题。相关国家在产业链供应链方面的主要举措有以下几方面：一是加快了产业链回流以及近岸化、友岸化步伐。以 2022 年美国总统拜登签署的《2022 芯片与科学法案》为例，该法案计划投入 2800 亿美元以吸引半导体制造业回归美国，法案要求获得补贴的企业不得在中国以及相关国家扩建半导体产能。特朗普时期也出台了《先进制造业美国领导力战略》，推动相关产业回归美国本土。二是利用产业链供应链打压相关国家。鉴于全球供应链合作的紧密性，以美国为首的发达国家经常使用断链的方式对相关国家进行打压。2018 年，美国商务部发布公告对中兴通讯购买美企敏感产品做出禁止决定，最终以中兴缴纳数亿美元的保证金才得以平息。中兴事件后，美国又将华为列入实体清单，禁止其使用美国供应商的产品甚至含有美国元素的零部件。统计数据显示，美国供应链调查报告中提到中国的次数（453 次）仅次于美国（489 次）。欧盟供应链调查报告则提及中国 74 次，达到提及欧洲的 20%。三是高度重视供应链安全稳定问题。拜登政府开始任期的首月，总统就签署行政令要求对半导体、新能源电池、矿物以及医药用品等领域的供应链弹性做出评估。美国白宫发布长达 250 页的关键产品供应链百日评估报告，对不同产业设计、制造、材料、设备等环节进行详细评估。针对供应链弹性问题，美国成立了由商务部、交通部和农业农村部联合组成的应对供应链中断特别工作小组。

### （二）供应链管理高度复杂化

供应链的管理也呈现出日益复杂的趋势。随着企业规模的扩大、跨国发展以及业务的多元化，供应链伙伴的数量、类型、关联程度以及不透明性显著提高。以汽车为例，其零部件数量可以达到数万个，涉及的供应商来自不同国别、省份和行业，供应链构成极其复杂。公开数据显示，一汽集团的供应商多达 5000 个。根据皮拉维南（Piraveenan）等[1]基于全球供应链数据库 FactSet 的统计，美国顶尖企业的供应链伙伴接近 10000 个，而日本企业也达到了 5000 余个。管理如此复杂的供应链无疑给企业的组织能力带来巨大挑战。

[1] Piraveenan M., Jing H., Matous P. et al., “Topology of international supply chain networks: A case study using factset revere datasets”, IEEE Access, 2020, 8: 154540–154559.

表 5-2　美国和日本顶尖企业的供应链伙伴数量

| 美国企业 | 供应链伙伴数量 | 日本企业 | 供应链伙伴数量 |
| --- | --- | --- | --- |
| IBM | 9403 | 索尼 | 4685 |
| 微软 | 8451 | 日立 | 3707 |
| 通用电气 | 8402 | 富士通 | 3257 |
| 惠普 | 7938 | 松下 | 3188 |
| 甲骨文 | 5615 | 东芝 | 3028 |
| 强生公司 | 5392 | 日本电气 | 2788 |
| 时代华纳 | 5001 | 丰田汽车 | 2204 |
| 辉瑞 | 4724 | 三菱电机 | 1703 |
| 思科 | 4642 | 住友集团 | 1657 |

资料来源：Piraveenan M., Jing H., Matous P. et al., “Topology of international supply chain networks: A case study using factset revere datasets”, IEEE Access, 2020, 8: 154540–154559.

随着供应链节点的扩张，供应链的透明度下降但层级增加，这进一步加大了企业管理供应链的成本。出于保护自身供应链，避免供应链被其他企业破坏的考虑，企业在供应链披露方面多采取不透明政策，这使得上下游很难了解到合作伙伴的供应链信息，也增加了供应链的潜在风险。图 5-3 绘制了上市公司自 2000 年以来披露供应商的企业占比情况，可以看出在 2007 年前，披露水平不足 5%；2008 年后随着证监会出台供应商自愿披露政策，披露比例持续上升；2012 年证监会又明确鼓励上市公司披露供应商名称和份额，披露比例超过 25%；但在随后的时间内披露比例连年下滑，至今仅为 10%。大量企业选择隐藏供应链信息降低供应透明度。此外，随着供应链的扩大，越来越多的企业采取供应链分级管理模式。例如，在整车配套市场中为了适应汽车零部件复杂性以及专业化，各大企业形成了金字塔式的

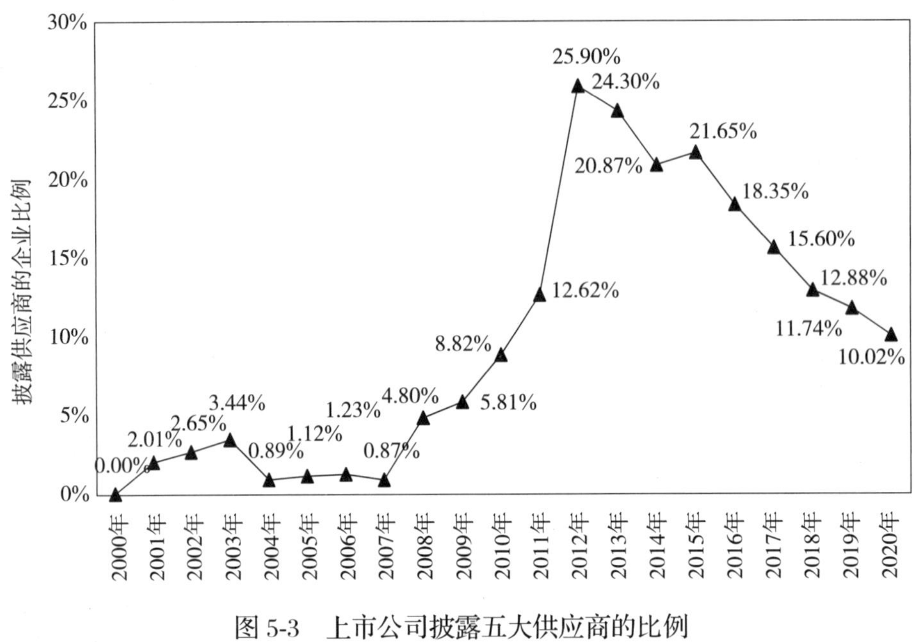


图 5-3　上市公司披露五大供应商的比例

资料来源：作者根据上市公司年报自行整理得到。

多层级供应链网络。通过将供应商划分为一级供应商、二级供应商和三级供应商，一级供应商直接为整车企业供货，长期稳定与整车组装企业合作，二级供应商则为一级供应商提供零部件，以此类推。因此，供应链层级的增加给供应链管理带来新的难题。

在供应链节点数量大幅度增加、层级扩张的情况下，供应链逐渐从“链”形态转为“网络”形态。余（Yu）等（2022）基于投入产出表绘制了行业层面的供应链网络，发现供应链网络中存在核心节点，这些节点在供应链中扮演着引领角色。并且，由于网络的间接联系，即使是看似不相关的行业也存在着供应链关系。一旦某个行业出现负面冲击或者产生中断，将影响整个网络中的行业。即便是在企业层面，网络特征也依然存在。根据上市公司五大供应商和客户信息整理得到的供应链网络图显示：各龙头企业形成的供应链网络之间存在间接联系，绝大多数的上市公司实际上处于同一个供应链网络体系当中。

根据梅特卡夫定律，一个网络的价值等于该网络中节点数量的平方。对应到供应链网络当中，如果没有沟通协作手段或者数字技术将不同供应链伙伴连接起来，发挥协同的作用，那么网络的价值将大打折扣。特别是由于长鞭效应的存在，网络中风险的累积会几何倍放大，供应链中断的负面影响也会快速传播。例如，Carvalho等（2021）的研究发现，发生在日本东北部的福岛地震造成当年日本GDP下降0.4%，而受地震影响灾区仅能解释其中的0.2%。由于供应链网络的联系，非地震地区的企业经营也受到严重影响。科罗夫金（Korovkin）和马卡林（Makarin）（2022）使用2013—2016年乌克兰公司之间的铁路交易数据研究了克里米亚冲突如何蔓延到其他非战争地区，发现冲突会通过供应网络影响非战争地区的公司，而忽略这种传播会低估冲突约67%的负面影响。而且冲突切断了企业间的供应网络联系，使得部分企业网络位置变得更加核心，收入和利润也相对提高。他们还分别估算外生企业移除和随后的内生网络调整对企业收入分配的影响，认为网络的快速调整（快速寻找替代供应商和客户）是减少负面冲击的关键因素。实际上，外部冲击还会在国际间传播。波姆（Boehm）等发现，由于投入的不可替代性，日本地震对在美日资公司产生负面影响[1]。

作为一个超大规模经济体，我国不仅在全球产业链中广泛布局，

[1] Boehm C. E., Flaaen A., Pandalai-Nayar N., "Input linkages and the transmission of shocks: Firm-level evidence from the 2011 Tōhoku earthquake", Review of Economics and Statistics, 2019 101(1): 60–75.

更是拥有庞大的国内市场，全产业链的优势使得不少企业更有可能选择将供应链布局在国内不同地区。由此形成了国际国内产业链紧密衔接的格局，国内外负面冲击很有可能通过供应链网络快速且深度地传播至全国。如新冠疫情的蔓延导致部分供应链运转受阻，波及国内汽车、芯片等产业；中美贸易摩擦影响集成电路、生物医药等产业的中间品供应；俄乌冲突影响我国关键能源、化工产品供应，进而波及相关产业。

### （三）传统供应链管理的问题

尽管供应链的竞争以及复杂化对供应链组织和管理提出更高的要求，但是传统的供应链管理手段并不能满足这一需求。传统供应链管理的问题主要有以下几方面：首先，供应链的非标准化管理。现代企业的生产需要几百上千个原材料供应商，这些供应商具有不同的技术标准。传统的管理模式下，企业很难将不同零部件的规格统一起来，由此形成了复杂的供应标准体系。以手机制造商摩托罗拉为例，当时该厂商存在数十个规格的手机产品，不同手机的电池以及接口不一。为了管理复杂的电池标准，摩托罗拉当时还成立了电池事业委员会。高度复杂的零部件给摩托罗拉带来了许多成本，也降低了企业效率。其次，供应链管理跨度大，信息不对称现象严重。随着分工的不断细化，企业的供应商成倍增长，供应链不断延长，企业很难掌控供应商的实时生产情况。信息不对称降低了供应链生态系统的价值。再次，多层级的供应链体系加大了企业追溯供应链各环节合法生产等信息的难度。特别是供应链中的物流、产品等信息存储在不同的企业当中，采购、生产和销售完全割裂，大量数据处于闲置状态。最后，供应链反应迟缓，缺乏敏捷性。传统的管理模式下，企业内部缺乏有效的沟通渠道，与外部供应链伙伴的信息传递也比较迟缓。企业既缺乏捕捉市场需求信号的手段，也难以将产品信息第一时间反馈给供应商。一旦某个供应链出现延迟，整个企业的经营将受到巨大影响。在这种情况下，企业为了维持供应链的运转，不得不持有大量库存。

## 三、供应链数字化的内涵

### （一）数字化采购

数字化采购涵盖从供应商搜寻、交付结算、供应商评估等完整流程，一般多基于 SRM（供应商关系管理）软件。数字化采购更倾向于在与外部伙伴合作时采用，与 SCM（供应链管理）形成良好的互补效果。数字化采购连接了采购方和供应商，是运用数字技术和平台进行采购的一种新形式。除了 SRM 软件外，数字化采购中还涉及采购电商平台、招投标数字化以及 ERP 系统中的采购模块。早期，企业主要是基于 ERP 系统管理采购，但基础性的工作主要依赖于 EXCEL，并没有打通外部协作和内部管理。后期，SaaS 模式的数字化采购服务商出现后，开发了 SRM 软件并逐渐向各大企业渗透。一般而言，企业采购的物资主要包括两类：一是涉及企业经营的原材料。主营物资的采购关系到企业生产成本的高低，过多过少采购都会给企业带来损失。二是企业日常运营所需的其他物资，比如办公用品等，这类物资的品类较多，且需求部门不一，企业需要对多个供应商进行询价。数字化采购具有以下优点：节约成本、提高效率和强化关系。数字化的采购方式帮助企业提高库存周转率，加快供应链的反应速度。通过采购各环节的智能化，有效缩短采购周期。从采购前的遴选、评估和订单下达、财务合同签署，企业都可以在统一的软件中完成。

### （二）智慧仓储

与采购相匹配的是库存的管理。在数字技术的支持下，库存管理已经进入智慧仓储阶段。智慧仓储是指通过物联网和机电一体化等技术所实现的仓库高效管理模式。在传统的仓库管理模式中存在着编码不一致，不同供应商和客户的标签规格不一，管理成本较高的问题。此外，在库存调用中人工寻找的方式降低了管理效率，货物对账也主要依赖人工，无法实时了解库存情况。智慧仓储的出现解决了以下痛点：一是采用立体仓库管理，通过接入传感器和自动化设备，可以实现自动存取而不借助人力。二是动态库存管理，借助物联网系统以及仓储管理软件，企业可以形成从入仓到出仓的全自动化。三是适应多种库存需求，由于不需要人工操作，智慧仓储可以适应各种黑暗和低温的环境。四是高效的分拣效率。依托于自动分拣设备以及 AGC（自动牵引车），企业可以实现快速调配，且 24 小时无休工作。五是低成本，企业无需支付人工费用，减少了社保支出。六是可视化。通过利用可视化技术，企业可以对仓库高精度建模，实时追踪货物轨迹，追溯产品来源。另外，基于 AI 的自动驾驶以及道路优化为仓储连接物流提供了便利。采用自动驾驶技术以及计算机视觉、AIoT 技术实时感知道路情况，并给出最佳物流线路。基于传感器，有助于及时判断物流设备的故障情况，预先制定方案。

### （三）需求感知

需求感知（Demand sensing）是实现供应链生态实时互联的重要组成部分。其核心是利用大数据和神经网络技术，对海量数据进行挖掘，寻找潜在的需求信息。需求感知使得企业能够更加贴近消费者，还能够将需求信息更快反馈给供应链伙伴，降低库存减少销售预测错误率。在快速消费品领域，消费感知技术被大量应用，利用相关 App、网络评论等数据，企业的供应链效率大幅度提高。基于客户的历史交易信息以及实时数据，企业可以预测需求，提前下单。比如亚马逊所提供的当天达服务，就是在客户下单前将购物车内的产品提前运送到消费者所在地，实现下单即收货的效果。瑞典能源集团 Vattenfall 和丹麦公司 Orsted 基于天气数据和传感器联合开发的风能预测系统，用于电厂运营管理。当然，除了依赖于自身的消费数据进行预测，企业还可以将数据提供给其他厂商。机场将实时客流量以及航班信息分享给网约车公司，可以让司机更快地获得订单，提高效率。在传统的销售预测过程中，企业一般一个月进行一次预测，其间对预测结果调整较少，难以适应瞬息万变的市场。而且，相关的销售数据反馈也较慢，降低了企业的反应速度。通过引入销售管理系统，各级子公司可以将最新数据实时上报，为决策提供支持。

### （四）供应链融资

供应链除了具有信息搜集和商品流动的功能，也是企业获取资金的重要渠道。近年来，供应链融资逐渐受到政府和企业的重视。但发展供应链融资的一大障碍就是信息不对称，供应链融资中的暴雷也严重影响了上下游企业间的信任。随着数字技术在供应链中的应用，企业间信息不对称大幅度降低，而区块链建立的数字信任模式降低了逆向选择和道德风险。供应链融资在各类数字平台和技术的支持下，再次蓬勃发展。一方面，企业或者银行可以通过大数据分析手段对供应商和客户的信用状况进行精准画像，结合历史交易信息以及商业查询平台提供的工商注册、股权和裁判文书网数据，更为准确地评估潜在的风险。另一方面，基于数字技术搭建的供应链融资平台有效地连接了银行等金融机构与中小企业，降低了企业获得融资的成本。近年来，无论是国有企业还是大型民营企业均建立了数字供应链融资平台，为上下游提供资金支持，发挥了重要的供应链协同作用。

## 第二节 上海供应链数字化的基本情况

在介绍供应链数字化的基本概念和内涵基础上，本节将对上海市供应链数字化的基本情况进行评估，包括供应链数字化的服务商、供应链数字化的现状以及供应链数字化的支持政策。

### 一、供应链数字化服务商

#### （一）布局全面但缺乏综合性龙头企业

供应链数字化离不开相关服务商的支持。其中涉及一般性的数字化服务商、物流服务企业以及支付服务商。首先，供应链数字化服务商中既有从事软件开发等技术型企业，也有提供解决方案和数字化战略支持的咨询公司。按照主要产品又可将供应链数字化服务商划分为综合性的数字化服务商、数字化制造服务商、数字化办公服务商、人力资源数字化服务商、财税数字化服务商、数字化营销和采购服务商。根据亿欧发布的《2022 中国数字化企业服务商 Top50 榜单》，本书整理了相关企业的总部和业务信息，以此评估上海数字化服务商在全国的位置。这一榜单综合了企业规模、技术水平和营业表现等情况，能够较为准确地反映数字化服务商的实力。从整体上看，我国的数字化服务商龙头企业主要集中在上海（15 家）、北京（18 家）、深圳（5 家）、杭州（7 家）四地，总计占到 90%。上海市数字化服务商位居全国第二，与北京接近但远高于深圳和杭州。从业务布局上看，上海市数字化服务商在人力资源数字化领域布局最多，占上海市数字化服务商的三分之一。另外，上海市在综合性服务商以及办公人力资源、数字化制造、营销和采购均有布局，特别是上海市还拥有 Molbase 这一专注于化学领域数字化的特色企业。但是通过对比也可以发现，上海市财税数字化的龙头企业较少。北京的数字化服务企业布局也较为全面，并且还涌现出零代码应用搭建平台“伙伴云”，允许企业根据自身需求自行搭建更加符合生产经营特点的数字化平台和系统。除此之外，深圳和杭州的数字化服务商多集中在某个领域，并未涵盖数字化的各个方面。从具体领域来看，综合性数字化服务提供商中上海拥有鼎捷软件和微盟，分别专注于制造业和服务业的数字解决方案，北京拥有联想、用友等综合型全领域数字化服务商，深圳拥有金蝶等国内龙头企业。无论是从企业规模还是市场占有率上看，综合性的数字化服务商布局上海略逊于北京和深圳。财税数字化领域，北京、广州、深圳、杭州均有布局，但上海缺少相应的顶尖厂商。人力资源数字化领域，上海和北京处于垄断位置。在供应链数字化领

**表 5-3 2022 年中国数字化服务商前 50 名**

| 公司名称 | 总部 | 主要业务 | 公司名称 | 总部 | 主要业务 |
|---|---|---|---|---|---|
| CGL | 上海 | 数字化咨询 | 北森云 | 北京 | 人力资源数字化 |
| 鼎捷软件 | 上海 | ERP 和智能制造 | 才到 | 上海 | 人力资源数字化 |
| 华天软件 | 济南 | 智能制造软件 | CDP 集团 | 上海 | 人力资源数字化 |
| 金蝶云 | 深圳 | 企业管理云 | 嘉驰国际 | 上海 | 人力资源数字化 |
| 联想 | 北京 | 数字化服务 | 亲亲小保 | 北京 | 人力资源数字化 |
| 用友 | 北京 | 数字化服务 | 薪人薪事 | 北京 | 人力资源数字化 |
| 量化派 | 北京 | 场景化数字解决方案 | 云生集团 | 上海 | 人力资源数字化 |
| 微盟 | 上海 | 数字化转型 SaaS | 智思云 | 上海 | 人力资源数字化 |
| 金财互联 | 广州 | 财税科技 | 金山办公 | 珠海 | 数字化办公 |
| 百望云 | 北京 | 智慧财税服务 | 钉钉 | 杭州 | 数字化办公 |
| 高灯科技 | 深圳 | 发票数字化 | 泛微科技 | 上海 | 数字化办公 |
| 易快报 | 北京 | 电子化报销费控 | 飞书 | 北京 | 数字化办公 |
| 每刻科技 | 杭州 | 智能云财务 | 企业微信 | 深圳 | 数字化办公 |
| 税友 | 杭州 | 财税信息化 | Welink | 深圳 | 数字化办公 |
| 易宝支付 | 北京 | 第三方支付 | 致远互联 | 北京 | 数字化办公 |
| 实在智能 | 杭州 | 人工智能流程序 | 端点科技 | 杭州 | 综合数字化采购和服务 |
| 伙伴云 | 北京 | 零代码应用搭建 | 西域 | 上海 | MRO 数字供应链 |
| 甄零 | 上海 | 数字化合同管理 | 爱阳光 | 北京 | 综合数字化采购和服务 |
| 启明信息 | 长春 | 汽车智能物流 | 凯淳 | 上海 | 电子商务、CRM |
| 百融智汇云 | 北京 | 金融数字化营销 | 明源科技 | 深圳 | 不动产生态链数字化 |
| 赛诺贝斯 | 北京 | 数字化营销 | 欧菲思 | 北京 | 数字化采购管理 |
| 帷幄 | 杭州 | 数字化营销 | molbase | 上海 | 化学产品供应和采购 |
| 探迹科技 | 广州 | 数字化营销 | 商越 | 北京 | 数字化采购管理 |
| 有赞 | 杭州 | 数字化营销 | 甄云 | 上海 | 数字化采购管理 |
| 珍岛集团 | 上海 | 数字化营销 | 支出宝 | 北京 | 数字化采购管理 |

资料来源：https://www.iyiou.com/news/202301161040779。

域，上海拥有提供一站式工业品采购及供应链服务的西域公司、采购数字化管理平台提供商甄云，同时在数字营销领域，上海拥有珍岛集团一家龙头企业，弱于杭州和北京。

## （二）第三方物流仓储服务全国领先

企业除了可以通过数字技术优化采购和销售流程外，还需要依赖于第三方提供的物流和仓储服务，以实现供应链效率提升。因此，表 5-4 依据网经社电子商务研究中心发布的《2021 年中国物流科技市场数据报告》整理了物流和仓储服务的总部和业务信息。整体上看，上海（31 家）、北京（20 家）、深圳（17 家）、杭州（10 家）是我国最重要的物流企业龙头集中地，占比超过 78%。上海在物流科技企业布局上牢牢占据首位。从具体业务上看，物流快递领域上海汇集了“三通一达”物流快递龙头，且拥有德邦物流、极兔速递、优速快递、发网等知名企业，但在电商物流领域，上海市尚无代表性企业。网络货运北京和成都占有领先地位，而上海拥有壹米滴答、安能物流、天地汇，总体位于前列。同城配送上海拥有达达快送、蜂鸟即配等代表性企业，占据第一位。跨境物流上海拥有贝海国际、运去哪、环世物流等 5 家代表性企业，居于领先位置。末端配送上海不及北京和南京，仅有递易智能一家企业。除了传统的物流提供商外，在智能物流解决方案提供企业上，上海拥有 28 家龙头企业中的 9 家，占比超过 30%。这些企业中，既有提供搬运机器人服务的快仓、从事食品冷链服务的安鲜达、从事集装箱物流平台服务的鸭嘴兽、智能物流解决方案提供商闪电仓，涵盖不同行业、生产特点的智能化物流解决方案。总体来看，上海市在物流领域有着深厚的基础，

**表 5-4　2021 年度中国物流科技“百强榜”**

| 公司名称 | 总部 | 主要业务 | 公司名称 | 总部 | 主要业务 |
| --- | --- | --- | --- | --- | --- |
| 顺丰速运 | 深圳 | 物流快递 | 纵腾集团 | 福州 | 跨境物流类 |
| 中通快递 | 上海 | 物流快递 | 递四方 | 深圳 | 跨境物流类 |
| 圆通速递 | 上海 | 物流快递 | 贝海国际 | 上海 | 跨境物流类 |
| 申通快递 | 上海 | 物流快递 | 燕文物流 | 北京 | 跨境物流类 |
| 韵达速递 | 上海 | 物流快递 | 佳成国际 | 杭州 | 跨境物流类 |
| 德邦物流 | 上海 | 物流快递 | 外运发展 | 北京 | 跨境物流类 |
| 极兔速递 | 上海 | 物流快递 | 至美通 | 深圳 | 跨境物流类 |
| 邮政 EMS | 北京 | 物流快递 | 运去哪 | 上海 | 跨境物流类 |
| 心怡科技 | 杭州 | 物流快递 | 环世物流 | 上海 | 跨境物流类 |
| 优速快递 | 上海 | 物流快递 | 云途物流 | 深圳 | 跨境物流类 |
| 专线宝 | 杭州 | 物流快递 | 出口易 | 广州 | 跨境物流类 |
| 发网 | 上海 | 物流快递 | 芒果海外仓 | 广州 | 跨境物流类 |
| 网仓科技 | 杭州 | 物流快递 | 飞盒跨境 | 杭州 | 跨境物流类 |
| 日日顺 | 青岛 | 物流快递 | 斑马物联网 | 上海 | 跨境物流类 |
| 菜鸟网络 | 杭州 | 电商物流 | 海带宝 | 深圳 | 跨境物流类 |
| 京东物流 | 北京 | 电商物流 | 运无界 | 深圳 | 跨境物流类 |
| 苏宁物流 | 南京 | 电商物流 | 全球捷运 | 上海 | 跨境物流类 |
| 安迅物流 | 深圳 | 电商物流 | 丰巢 | 深圳 | 末端配送类 |
| 满帮 | 贵阳 | 网络货运类 | 易达货栈 | 郑州 | 末端配送类 |
| 货拉拉 | 深圳 | 网络货运类 | 格格货栈 | 南京 | 末端配送类 |
| 滴滴货运 | 北京 | 网络货运类 | 近邻宝 | 北京 | 末端配送类 |
| 快狗打车 | 北京 | 网络货运类 | 熊猫快收 | 南京 | 末端配送类 |
| 福佑卡车 | 北京 | 网络货运类 | 哎呦喂 AUV | 北京 | 末端配送类 |
| 壹米滴答 | 上海 | 网络货运类 | 递易智能 | 上海 | 末端配送类 |
| 安能物流 | 上海 | 网络货运类 | 快仓 | 上海 | 智能物流服务 |
| 蓝犀牛 | 郑州 | 网络货运类 | 炬星 | 深圳 | 智能物流服务 |
| 易货嘀 | 北京 | 网络货运类 | 鲜生活冷链 | 成都 | 智能物流服务 |
| 叭叭速配 | 深圳 | 网络货运类 | 凯乐仕 | 深圳 | 智能物流服务 |
| 云柚货运 | 成都 | 网络货运类 | 快运兔 | 广州 | 智能物流服务 |
| 天地汇 | 上海 | 网络货运类 | 马路创新 | 深圳 | 智能物流服务 |
| 驹马 | 成都 | 网络货运类 | Geek+ | 北京 | 智能物流服务 |
| G7 | 成都 | 网络货运类 | 安鲜达 | 上海 | 智能物流服务 |
| 运车管家 | 北京 | 网络货运类 | 迅蚁 | 杭州 | 智能物流服务 |

（续表）

| 公司名称 | 总部 | 主要业务 | 公司名称 | 总部 | 主要业务 |
|---|---|---|---|---|---|
| 步甲运车 | 北京 | 网络货运类 | 物来物网 | 北京 | 智能物流服务 |
| 达达快送 | 上海 | 同城配送类 | 风火递 | 杭州 | 智能物流服务 |
| 美团配送 | 北京 | 同城配送类 | 鸭嘴兽 | 上海 | 智能物流服务 |
| 闪送 | 北京 | 同城配送类 | 地上铁 | 深圳 | 智能物流服务 |
| 蜂鸟即配 | 上海 | 同城配送类 | 闪电仓 | 上海 | 智能物流服务 |
| 唯捷城配 | 上海 | 同城配送类 | 餐北斗 | 深圳 | 智能物流服务 |
| UU 跑腿 | 郑州 | 同城配送类 | 中佳智通 | 北京 | 智能物流服务 |
| 送件侠 | 杭州 | 同城配送类 | 派迅智能 | 苏州 | 智能物流服务 |
| 宅急送 | 北京 | 同城配送类 | 意欧斯 | 上海 | 智能物流服务 |
| 趣送 | 上海 | 同城配送类 | 智子跃迁 | 上海 | 智能物流服务 |
| 帮啦跑腿 | 梅州 | 同城配送类 | 箱信 | 北京 | 智能物流服务 |
| 开始送 | 成都 | 同城配送类 | 星猿哲 | 上海 | 智能物流服务 |
| 网盛运泽 | 上海 | 大宗物流类 | 物联亿达 | 成都 | 智能物流服务 |
| 传化智联 | 杭州 | 大宗物流类 | 鲸仓科技 | 深圳 | 智能物流服务 |
| 拉货王 | 太原 | 大宗物流类 | 易代储 | 北京 | 智能物流服务 |
| 擎朗智能 | 上海 | 智能物流服务 | 链异科技 | 广州 | 智能物流服务 |
| 去那存 | 上海 | 智能物流服务 | 海柔创新 | 深圳 | 智能物流服务 |

资料来源：https://maimai.cn/article/detail?fid=1704563291&efid=ZpYZWMdvp_2jqd9IvEXcBg。

无论是第三方的物流提供商还是物流解决方案提供商，均居于全国前列。

### （三）跨境支付基础雄厚但供应链金融平台较少

越来越多的企业开始与国外客户建立联系。其中，在资金交付阶段需要涉及跨境支付。由于汇率变化以及资金合规性问题，企业识别潜在风险和管理资金的成本较高。随着数字技术的成熟，跨境支付企业的大量出现为企业提高供应链效率奠定了良好基础。表 5-5 参考

**表 5-5　中国第三方跨境支付和电子支付平台**

| 公司名称 | 总部 | 主要业务 | 公司名称 | 总部 | 主要业务 |
|---|---|---|---|---|---|
| 连连国际 | 杭州 | 跨境支付 | 微信支付 | 深圳 | 第三方支付 |
| PingPong | 杭州 | 数字化金融科技 | 支付宝 | 杭州 | 第三方支付 |
| 寻汇 SUNRATE | 上海 | 跨境支付 | 银联云闪付 | 上海 | 第三方支付 |
| Airwallex | 香港 | 跨境支付 | 拉卡拉 | 北京 | 第三方支付 |
| XTransfer | 上海 | 跨境金融和风控 | 汇付天下 | 上海 | 第三方支付 |
| PayerMax | 新加坡 | 跨境支付 | 易宝支付 | 北京 | 第三方支付 |
| 驼驼数科 | 北京 | 跨境支付 | 银联商务 | 上海 | 银行卡收单 |
| iPayLinks | 上海 | 跨境支付 | 银联在线 | 上海 | 银行卡网上交易 |
| Oceanpayment | 香港、深圳 | 跨境支付 | 快钱 | 上海 | 电子支付 |
| Skyee | 广州 | 跨境支付 | 壹钱包 | 深圳 | 移动支付 |
| Qbit | 杭州 | 资金跨境流转 | YouWorld | 深圳 | 跨境支付 |
| WorldFirst | 伦敦 | 跨境收付兑 | Useepay | 上海 | 跨境营销、物流、支付 |
| 光子易 PhotonPay | 深圳 | 跨境支付 | 首信易支付 | 北京 | 国际支付 |
| 简米 Ping++ | 上海 | 聚合支付 | Beepay | 香港 | 跨境支付 |
| Gleebill 鼎付 | 深圳 | 跨境收款 | 易思汇 | 北京 | 留学缴费咨询 |

资料来源：https://baijiahao.baidu.com/s?id=1745364486568690849&wfr=spider&for=pc。

EqualOcean 发布的中国第三方跨境支付平台榜单整理了其总部信息和业务。从整体情况来看，上海市无论是跨境支付还是电子支付，均位居国内前列，高于北京、深圳和杭州。上海市拥有寻汇 SUNRATE 和 iPayLinks 等跨境支付企业以及银联云闪付和快钱等国内电子支付知名企业。

相较于跨境支付，上海市在供应链融资平台领域相对较弱，仅有普洛斯一家代表性企业，而北京、杭州和深圳分别拥有 3 家、3 家和

6家。上海市缺乏依托于大型国有企业、民营企业成立的供应链融资平台。深圳既拥有平安好链这样依托于金融机构的供应链金融平台，也有微业贷数字银行、联易融金融科技企业和顺丰数科等民营企业成立的融资平台，布局较为完善。

**表5-6　中国供应链金融龙头企业**

| 公司名称 | 总部 | 主要业务 | 公司名称 | 总部 | 主要业务 |
|---|---|---|---|---|---|
| 平安好链 | 深圳 | 应收账款融资 | 微业贷 | 深圳 | 供应链金融 |
| 中企云链 | 北京 | 供应链金融服务平台 | 联易融 | 深圳 | 联易融 |
| 网商银行 | 杭州 | 数字信贷 | 京东科技 | 北京 | 全价值链技术性产品 |
| 天星数科 | 北京 | 产业金融、第三方支付、投资理财、互联网保险、金融科技 | 简单汇 | 广州 | 智慧供应链金融科技服务 |
| 云趣数科 | 杭州 | 供应链金融平台 | 顺丰数科 | 深圳 | 供应链金融综合解决方案 |
| 普洛斯 | 上海 | 供应链、大数据及新能源领域新型基础设施的产业服务与投资管理 | 怡亚通 | 深圳 | 供应链综合运营服务商 |
| 恒生电子 | 杭州 | 金融科技 | 趣链科技 | 深圳 | 区块链技术及解决方案 |

资料来源：2023年中国供应链金融数字化行业研究报告。

## 二、供应链数字化的现状评估

本节将主要考察上海企业供应链数字化的现状。由于很难获取上海市各大企业供应链数字化调查数据，本书利用国家相关供应链数字化示范项目的入选名单进行分析。2018年10月，商务部等八部门公布全国供应链创新与应用试点城市和试点企业名单，评选266家企业在供应链技术创新和应用方面开展试点。2021年7月，商务部等八部门又在首批试点的基础上，通过对相关企业的评估，确定首批全国供应链创新与应用示范城市和示范企业，鼓励企业在供应链技术和业态模式创新、供应链协同方面发挥带头作用。首批供应链创新与应用试点企业中，上海入选20家，占比为7.52%，排在北京市（37家）、江苏省（33家）、广东省（30家）、浙江省（26家）之后。从业务内容上看，上海入选的试点企业主要集中在汽车、能源、物流、医药、生鲜、家具、美妆、乳品、钢铁、餐饮等领域，覆盖行业较广。上海市入选的相关企业中，既有专业从事供应链的企业，也有优势产业如汽车、航空和美妆等延伸出的企业。总体来看，在全国居于领先位置。六大重点产业均有企业入选，如六大重点产业集群中电子信息上海有云汉芯城入选、生命健康上海有上药控股和国药控股入选、汽车上海有上汽通用入选、高端装备上海有中国航发商用航空发动机入选、先进材料上海有欧冶云商入选、时尚消费品上海有上海家化入选。但三大先导产业无相关试点企业。一方面，上述产业三大先导产业中，人工智能的产业链相对较为简单，因此在供应链示范方面作用不突出，全国范围内也无相关企业入选。另一方面，集成电路和生物医药的产业链较为复杂，上海市目前已入选的企业中有电子元器件、医药零售等企业，但代表性企业极少，如从事集成电路的中芯国际、从事生物医药的联影医疗。江苏省有集成电路企业通富微电子股份有限公司入选，而人工智能和生物医药均无相关企业。未来，上海市可在三大先导产业打造和培育一批供应链数字化示范单位。

**表 5-7　上海市入选全国供应链创新与应用试点和示范企业名单**

| 公司名称 | 主要业务 | 入选类型 |
|---|---|---|
| 云汉芯城互联网科技股份有限公司 | 电子元器件采购商城 | 试点企业 |
| 中国航发商用航空发动机有限责任公司 | 商用飞机发动机设计制造 | 试点企业 |
| 上汽通用汽车有限公司 | 汽车制造业 | 试点企业、示范企业 |
| 上汽安吉物流股份有限公司 | 汽车物流 | 试点企业 |
| 上海久耶供应链管理有限公司 | 冷链物流 | 试点企业 |
| 上海天地汇供应链科技有限公司 | 物流产业互联网 | 试点企业 |
| 上港船舶服务（上海）有限公司 | 港口经营 | 试点企业 |
| 上港集团物流有限公司 | 水上运输 | 试点企业 |
| 上药控股有限公司 | 医药零售 | 试点企业、示范企业 |
| 国药控股股份有限公司 | 医药零售 | 试点企业 |
| 红星美凯龙家居集团股份有限公司 | 家具零售 | 试点企业 |
| 上海本来生活信息科技有限公司 | 生鲜电商平台 | 试点企业 |
| 上海盒马网络科技有限公司 | 生鲜零售 | 试点企业 |
| 上海市糖业烟酒（集团）有限公司 | 糖业烟酒销售 | 试点企业 |
| 上海家化联合股份有限公司 | 美妆日化 | 试点企业 |
| 上海众敏供应链管理有限公司 | 餐饮酒店互联网 | 试点企业 |
| 光明乳业股份有限公司 | 乳品制造 | 试点企业 |
| 欧冶云商股份有限公司 | 钢铁产业互联网 | 试点企业、示范企业 |
| 上海华能电子商务有限公司 | 能源智慧供应链 | 试点企业、示范企业 |
| 通用电气（中国）有限公司 | 综合型 | 试点企业 |

资料来源：商务部官网。

## 三、供应链数字化支持政策

### （一）政策扶持与应用场景打造并重

上海市在城市数字化转型和推动数字经济发展方面走在全国前列。近年来，上海市围绕数字化转型出台了一系列政策举措，这些政策中既有专门针对数字化转型的专项政策，也有其他领域中嵌入数字化元素的政策。整体战略布局上，上海市“十四五”规划纲要提出要“加快智慧物流基础设施建设”“优化供应链管理，强化供应链标准建设，促进智慧供应链基础网络搭建”“鼓励传统商贸企业向全渠道运营商、供应链服务商、新零售企业转型”。上海市在供应链数字化的战略布局上既重视物流基础、供应链标准的建设，也将传统企业的供应链数字化转型作为工作重点。从具体的政策来看，上海市政府办公厅近三年来均有在相关政策中提及供应链数字化的重要性和支持举措。例如2023年3月在《上海市促进外贸稳规模提质量的若干政策措施》中提到要“推进贸易数字化建设”“鼓励船公司和港口企业开展基于区块链技术的业务单证无纸化换单。支持建设虹桥贸易数字化赋能中心，推动研发制造、市场营销、跨境通关、物流仓储、贸易融资及售后服务等贸易环节数字化改造和场景应用，集聚贸易数字化服务商。”此外，在污染防治以及药品监管中，也均提到要加强供应链数字化，为企业推进供应链的数字化转型提供了应用场景。例如，在药品监管中强调“推进嵌合抗原受体T细胞（CAR-T）类治疗药品供应链、药品和化妆品生产过程数字化等团体标准建设”与“提升产业链智能化自动化生产水平，推动技术服务模式数字化发展，加快数字化示范企业建设。建立生物

**表 5-8　上海市出台的部分供应链数字化相关政策**

| 政策名称 | 出台时间 | 出台部门 |
|---|---|---|
| 《上海市国民经济和社会发展第十四个五年规划和二〇三五年远景目标纲要》 | 2021 年 1 月 27 日 | 上海市人民政府 |
| 《上海市促进外贸稳规模提质量的若干政策措施》 | 2023 年 3 月 31 日 | 上海市人民政府办公厅 |
| 《上海市新污染物治理行动工作方案》 | 2023 年 1 月 13 日 | 上海市人民政府办公厅 |
| 《上海市数字经济发展“十四五”规划》 | 2022 年 6 月 12 日 | 上海市人民政府办公厅 |
| 《关于全面加强药品监管能力建设的实施意见》 | 2022 年 6 月 2 日 | 上海市人民政府办公厅 |
| 《上海城市数字化转型标准化建设实施方案》 | 2022 年 3 月 18 日 | 上海市人民政府办公厅 |
| 《关于本市加快发展外贸新业态新模式的实施意见》 | 2021 年 9 月 18 日 | 上海市人民政府办公厅 |
| 《上海市先进制造业发展“十四五”规划》 | 2021 年 7 月 5 日 | 上海市人民政府办公厅 |
| 《“十四五”时期提升上海国际贸易中心能级规划》 | 2021 年 4 月 17 日 | 上海市人民政府办公厅 |
| 《上海银保监局关于进一步完善金融服务　优化上海营商环境和支持经济高质量发展的通知》 | 2023 年 3 月 10 日 | 上海银保监局 |
| 《关于下达 2021 年第二批上海市服务业发展引导资金计划的通知》 | 2021 年 12 月 31 日 | 上海市发展和改革委员会 |
| 《上海市促进城市数字化转型的若干政策措施》 | 2021 年 7 月 29 日 | 上海市发展和改革委员会 |
| 《关于征集 2022 年度中小企业“链式”数字化转型典型案例的通知》 | 2022 年 9 月 5 日 | 上海市经济和信息化委员会 |
| 《全力打响“上海制造”品牌　加快迈向全球卓越制造基地三年行动计划（2021—2023 年）》 | 2021 年 7 月 30 日 | 上海市经济和信息化委员会 |
| 《推进上海经济数字化转型　赋能高质量发展行动方案（2021—2023 年）》 | 2021 年 7 月 10 日 | 上海市经济和信息化委员会 |

资料来源：上海市政府官网。

医药数字化标准和评价体系。协同推进药品流通企业供应链创新与应用。”

## （二）政策工具多样与城市数字化转型高度融合

在支持先进制造业发展过程中，上海市鼓励“制造业企业优化生产管理流程，建设供应链协同平台，面向行业上下游开展集中采购、供应商管理库存（VMI）、精益供应链等模式和服务，搭建涵盖大宗商品信息发布、采购、销售、配送、供应链金融、物流跟踪等在线服务的供应链平台”。“促进产业链、供应链数字化增智，强化产业链、供应链数字融通”。可见，供应链数字化转型已经成为上海市制造业高质量发展的重要抓手。在具体的政策执行上，上海市发展改革委通过引导基金，支持服务业的供应链数字化。例如，上海市对服务业采取重大示范项目和重点项目分类支持政策，总投资 3000 万元以上用于支持重大示范项目，1000 万元用于支持重点项目，为企业购买相关设备、软件、技术培训、研发提供资金支持。相应地，区级提供配套支持。从入选项目来看，其中大量涉及供应链数字化的项目，如上海臻客信息技术服务有限公司申报的“一站式客户忠诚度管理 SaaS 技术服务平台”项目。上海市经信委通过评选中小企业“链式数字化转型”典型，挖掘企业引领上下游协同数字化转型的案例，通过案例示范和推广为中小企业数字化转型提供解决方案参考。在城市数字化转型中，上海市也将“运用数字技术优化产业链和供应链模式”作为激发经济数字化创新活力的重要机制，将供应链数字化融入城市建设当中。

**表 5-9　2021 年第二批上海市服务业发展引导资金计划部分入选项目**

| 公司名称 | 项目名称 |
| --- | --- |
| 欧冶云商股份有限公司 | 欧冶 IoT 平台建设及智慧仓库物联技术应用研发 |
| 上海盘点食品科技有限公司 | 盘点餐饮供应链创新服务平台 |
| 上海中电电子系统科技股份有限公司 | 基于机器学习的智慧工厂数字化管控服务平台 |
| 上海灿星文化传媒股份有限公司 | 星空多模态融合制播基地 |
| 上海氪信信息技术有限公司 | 面向银行与保险行业的智能营销服务平台 |
| 舜元建设（集团）有限公司 | 基于建筑全寿命周期的低能耗数字化运维服务平台 |
| 上海冠华不锈钢制品股份有限公司 | 冠华喜时制造“接一连三”产业一体化智慧服务项目 |
| 上海亦琰信息科技有限公司 | 基于 SaaS 技术的产业园区服务管理云平台 |
| 上海耀通电子仪表有限公司 | 汽车仪表及电器部件试验与数据共享服务平台 |
| 上海万禾农业科技发展有限公司 | 万禾农业智慧大脑羊场管理系统 |
| 上海臻客信息技术服务有限公司 | 一站式客户忠诚度管理 SaaS 技术服务平台 |
| 上海南方国际购物中心（集团）有限公司 | 奉贤新城泛商圈数字孪生服务平台 |
| 上海元初国际物流有限公司 | 基于 AI 技术的一体化智能通关服务平台 |
| 飞潮（上海）环境技术有限公司 | 高效过滤分离系统试制检测综合服务平台 |
| 上海市建筑科学研究院科技发展有限公司 | 基于云计算＋大数据的防坠安全器智能检测平台 |
| 华建数创（上海）科技有限公司 | ArcCIM 城市信息管理平台 |
| 上海临冠数据科技有限公司 | 基于深度学习的版面还原技术在移动设备的应用 |

（续表）

| 公司名称 | 项目名称 |
|---|---|
| 上海鸣啸信息科技股份有限公司 | 城市轨道交通智慧车站智能化运营管理平台 |
| 上海爱发投资管理有限公司 | 爱发国际时尚品牌智慧商品管理服务平台建设项目 |
| 极友家居科技（上海）有限公司 | 互联网家智慧生活服务云平台 |
| 上海移为通信技术股份有限公司 | 基于 AIoT 技术的设备协同管理服务平台 |
| 实朴检测技术（上海）股份有限公司 | 环境新型污染物信息化检测服务平台项目 |
| 上海全胜物流股份有限公司 | 智能化仓储管理平台及智能化仓库改造 |
| 拉扎斯网络科技（上海）有限公司 | 蜂鸟即配智慧大脑平台升级项目 |
| 螳螂慧视科技有限公司 | 螳螂慧视 360° 动态 3D 摄制服务平台 |
| 上海庞源机械租赁有限公司 | 大型吊装工程装备全生命周期数字化服务项目 |
| 上海冬雷脑科医院有限公司 | 冬雷全生命周期脑健康管理服务平台 |
| 上海新炬网络信息技术股份有限公司 | 基于大数据实时处理分析的智能运维中台 |
| 上海中韩杜科泵业制造有限公司 | 杜科智慧供水运维管理服务平台 |
| 上海威固信息技术股份有限公司 | 基于国产自主可控众核仿真平台 |
| 上海百力格生物技术有限公司 | 百力格分子诊断原料智能制造及定制化服务平台 |
| 上海繁易信息科技股份有限公司 | 基于组态化的工业设备运行可视化监控平台 |
| 上海云融环保科技有限公司 | 面向废纸回收行业的互联网服务平台 |

资料来源：上海市经信委官网。

# 第三节 上海供应链数字化的典型案例

本节将对上海市六大重点产业（电子信息、生命健康、汽车、高端装备、先进材料、时尚消费品）供应链数字化的典型案例进行介绍，总结相关示范企业的转型经验与启示。

## 一、数据连接共享与个性化方案

电子信息产业具有离散制造特点，生产环节涉及的器件种类繁多，企业采购和供应链管理的成本较高。云汉芯城是上海市电子信息产业供应链数字化的知名服务商，2022 年入选国家专精特新小巨人企业。云汉芯城的核心业务主要包含产品技术研发、元器件的采购、PCBA 制造，其打造的网络采购平台拥有千余家电子信息产业供应商和几十万家客户。依托该平台，企业将电子元器件厂商、软件服务商、经销商、PCB 工厂、电子产品制造企业以及物流服务商连接起来，实现信息共享，充分挖掘不同供应链节点的数据资源，建立电子元器件数据库、生产工艺数据库、供应链进出口数据库，为电子信息产业供应链数字化提供服务。

近年来医保控费和带量采购等政策的出台使得医药领域的毛利持续下降，倒逼企业在供应链的数字化转型上加大投入。生命健康行业在供应链管理中面临的主要问题是供应链长、产品复杂，流通环节多，流通成本过高。一方面，药品和医疗器械的供应链和物流服务要求存在很大差异，上游制药、中游批发零售、下游医疗机构、药店对物流配送的时间、质量要求并不一致。另一方面，医药领域的市场需求日益多样化，订单碎片化和末端化，对医药企业的物流成本和供应链管理提出极高要求。上药控股是我国生命健康领域的龙头企业，也是唯一入选财富世界500强的中国医药企业。上药控股的业务主要包括医药品供应链服务、渠道服务和供应链延伸服务。上药控股依托数字化技术打造的医院内供应链服务模式（SPD），打通医药生产、零售、医院终端药房、临床科室环节，将互联网、条形码等信息技术融入药品管理中，帮助基层医疗单位实现精细化管理。上药控股牵头制定的SPD的行业标准，相关方案在数千家企业落地，极大地提高了医药品供应链管理效率。此外，上药控股通过云健康平台构建从处方开具、支付再到配送、后续服务的一站式处方药零售闭环平台。在医疗器械的流通中，上药通过可视化的管理系统，追踪国外企业生产的人工晶体运行轨迹，创新服务能级，进一步提高了进口医药器械的供应链服务能力。

## 二、立足供应链全局打通数据接口

汽车产业属于资金密集型行业，涵盖研发、制造和销售多个环节，不同领域高度专业化，涉及钢铁、橡胶、塑料、玻璃、电子系统、发动机、制造、维修和销售等众多环节，供应链节点超过数万个。缺芯潮的爆发以及国际物流受阻导致汽车关键零部件断供，近年来诸多企业难以正常生产。许多汽车产业的企业开始在供应链管理上进行优化升级。上海市汽车产业供应链数字化的主要经验体现在几方面：一是打通汽车内外部供应链体系。上汽集团通过成立上汽领飞，借助SaaS系统与供应商实现“供需在线”服务。基于大数据、边缘计算和工业 5G 技术，上汽实现了组装环节与供应商的数字化协同，实现库存可见、订单交付可测和生产需求可预期的效果。另外，上汽通用利用数据分析手段，优化供应商布局，消除冗余供应链，提高供应链响应能级。二是建立上下游数据标准接口。上汽通用在数字化管理方面建立了生产运输、销售等诸多信息系统，但在经营中发现不同系统的协同性不高，数据对接存在难度。近万家供应商的信息系统数据运行逻辑并不一致，传输数据的类型和内容协调程度较低。因此，在企业推进供应链数字化转型的初期，就从供应链全局出发制定统一的数据接口和标准，保障上下游及时响应、无缝衔接。三是建立内部供应链智能调度平台。汽车行业零部件物流网络较为复杂，不同原材料的规格和运输要求存在较大差异，以往主要通过人工调度。但人工操作无法满足实时响应需求，前期规划时间较长。上汽通用引入智能物流平台，借助智能算法对运输方案优化，精准追踪货物进程，相比人工货物装载率提高 8%，运输距离缩短了 13%。

## 三、夯实工业互联网底座打造生态圈

高端装备的供应链结构复杂、作业单元多、生产周期长。高端装备需要零部件制造企业的配合，离不开相关的检测和试验服务，数据存储交互困难。上海市高端装备制造供应链数字化的主要经验包括：一是加强工业互联网共性底座建设。上海电气针对高端电气设备的制造特点，建立星云智汇工业互联网平台，将火力发电、燃机、风力发电、储能电池等 23 台设备接入，实现可视化、智能化管理。二是打造装备制造核心应用场景。上海电气利用自身工业数据和应用优势，在智能化生产、供应链协同等环节打造一批应用场景。如建立基于数字孪生的电站设备运维服务系统，风电数字化的设计平台以及对接风机实时数据，实现风场数字化运维。

先进材料产业涉及范围广，包括新型功能材料、结构材料和高性能复合材料，行业内兼具高度垄断和竞争，技术含量高，产品附加值大。先进材料行业供应链数字化面临原材料多样化，采购管理复杂，研发周期长等痛点。欧冶云商是宝武钢铁成立的钢铁材料工业互联网平台。同其他先进材料一样，钢铁的主要客户并不是普通消费者而是作为工业原材料提供给其他企业，对技术、质量和安全要求极高。钢铁行业属于重资产行业，为了保证下游的供应，上游企业往往储备大量存货，供应链成本很高。打造生态圈和互联网是钢铁产业供应链数字化的重要经验。欧冶云商建立的平台信息系统，通过资源和设备的共享以及数据交互连接上游钢厂和下游用钢企业，接入超 2000 家钢材仓库、40000 多辆运输车辆和 4000 条运输船舶、700 多家钢材加工中心，提高资源利用和对接效率。

时尚消费品产业的市场需求变化较快，其生产具有柔性特点，个性化定制是主流。时尚消费品产业的供应链数字化要求企业实现更加柔性和敏捷的供应链管理，其典型经验主要有以下几方面：一是大数据赋能消费者洞察。化妆品、服装等时尚消费品对营销的需求非常敏感，上海家化联合天猫创新中心，搭建消费者画像、消费者评论等多渠道需求洞察平台，借助大数据捕捉消费者的需求变化。二是建立智能化物流系统，实现精细化管理。光明乳业是乳制品领域的百年品牌，乳品供应链的生产周期短、环节多、对时效性要求较高，另外供应链每个环节均需保证产品质量和卫生。光明利用智能化的物流系统和 RFID 自动识别技术、GPS 定位等，节约运输资源、提高物流调度效率，形成了高度协同的物流网络。光明乳业与知名应用软件厂商 SAP 达成协议，将公司的产销全部集成在系统当中，例如，在 SAP 的 S/4 系统中每日销售计划上报后，生产部门会第一时间收到生产计划，物流发货后也会立刻提醒关联方交货订单处理。根据生产进度，系统会自动生成常温产品、包材等采购需求，通过 MRP（物资需求计划）推送给采购员。光明与上游伙伴搭建互通系统，从提交生产计划到下单，以及供应商反馈生产情况，发货入库均在 SAP 的 SM、OA+SAP 系统完成，直接倒逼供应商将生产流程数字化。

## 第四节　上海供应链数字化的问题与对策

无论是从数字化服务商、供应链数字化政策还是供应链数字化的典型案例来看，上海市在全国均处于领先地位。然而，通过梳理相关资料和横向对比，上海市在个性化的转型服务商、先导产业示范和上下游协同方面仍有较大进步空间，本文据此给出相关对策建议。

### 一、主要问题

本小节将依据上海市供应链数字化服务商和数字化转型行业典型的分析，梳理上海市供应链数字化面临的主要问题，为对策建议奠定基础。

### （一）缺少个性化的供应链数字化服务商

从全国情况来看，上海市数字化服务商无论是数量还是质量均位居前列，在各个领域均有知名企业。但横向对比可以发现，上海市供应链数字化的服务商布局还存在以下问题：一是上海市缺乏综合性的数字化服务龙头企业。相比于北京用友和深圳金蝶，上海市的综合性数字化服务商鼎捷软件和微盟分别在制造和服务业布局，规模以及覆盖范围较小。二是上海市目前在个性化供应链数字化服务商上布局较少。由于不同行业的数字化痛点、转型需求不一，因此需要提供更加贴近企业需求的解决方案。上海市目前在化工领域拥有专业从事化工品采购的 molbase，但缺乏个性化定制、企业自主搭建的数字化系统。目前北京已经发展出零代码应用搭建平台“伙伴云”，允许企业自主搭建数字化系统。三是上海市在财税数字化、数字化营销和供应链金融领域的龙头企业较少。北京、广州、深圳、杭州均有知名财税数字化服务商和数字化营销企业。上海市作为全球知名消费城市，未来在数字化营销领域还需进一步培育和打造龙头企业。此外，上海市在跨境支付和电子支付领域均有知名企业，但上海市缺乏依托于大型国有企业、民营企业成立的供应链融资平台，企业利用数字技术扩大融资来源的平台较少。

### （二）先导产业供应链数字化示范企业较少

从全国供应链创新与应用试点和示范企业的入选情况来看，上海市供应链数字化滞后于其供应链数字化服务商基础。上海市无论是数字化服务企业、物流、跨境支付和电子支付均在全国前列，拥有较好的数字化基础，但入选试点和示范企业的数量排在北京、江苏、广东和浙江之后，与供应链数字化的位置不匹配。另外，上海市重点发展的集成电路、人工智能和生物医药行业，目前尚未入选供应链数字化典型企业，在全国企业中的影响力和示范效果较弱。

### （三）产业链上下游协同数字化动力不足

随着数字化时代的到来，企业效率的提升将不单单来自分工，而是越来越依赖于协同合作。现代企业所形成的复杂供应链决定了必须依靠数字技术将分散的供应链凝聚成网络，放大供应链中生产率进步的溢出效应。对于供应链数字化转型而言，更需要企业与上下游，特别是不同行业、不同地域的伙伴形成数字化合力，协同推进数字化变革。然而，从目前的数字化进程来看，绝大多数的供应链数字化主要发生在单一企业中，缺乏不同行业的供应链数字化协同。尽管企业内部供应链管理和外部的采购销售均完成了数字化改造，但上下游的数字化仍然推进缓慢。由于技术储备和资金不足，大量中小企业供应商和客户多在供应链数字化中扮演配合角色，被动嵌入核心企业的数字化平台，自身缺乏数字化转型动力。现有的供应链数字化政策也较少从产业链协作角度予以支持。

## 二、对策建议

### （一）发挥产业优势培育打造数字化服务商

上海市在人工智能、区块链以及大数据领域有着深厚的技术基础，这为培育和打造综合性、个性化的数字化服务商奠定良好基础。一方面，可以鼓励人工智能等数字技术企业开拓数字化解决方案业务，加强数字技术的应用创新和转化。鼓励数字化服务商开发低代码、无代码可个性化定制的数字化系统，通过培育综合性的数字化服务商，为企业一站式数字化提供便利。另一方面，发挥各行业链主或者数字化示范企业的作用，支持其在推进自身数字化的同时总结和复制推广相关经验，为不同行业的数字化提供个性化的解决方案。对于转型成功的企业，可以鼓励其孵化数字化业务，发展成为具有行业特色的数字化服务企业。在确保资金和技术风险可控的情况下，支持国有大型企业利用自身产业链影响力搭建供应链融资平台，推动互联网企业开拓供应链金融业务。

### （二）加强先导产业供应链数字化的扶持和示范

对照上海市在研发创新领域的支持政策，利用财税工具、基金等多种手段加大先导产业的供应链数字化投入。针对人工智能、生物医药和集成电路产业链环节多和分散化的特点，相关部门可以协调数字化服务商与先导产业合作开发相应的供应链数字化系统，在取得成功后向其他企业推广，形成在全国的模范作用。在上海城市数字化转型中，打造一批供应链数字化的应用场景，为企业应用数字技术提供需求侧支持。探索和建立供应链数字化转型的指标体系，推动考核评价能对标，可量化，定期组织发布评价报告，为决策部门了解上海市各行业供应链数字化进程提供支持。

### （三）建立供应链产业链数字化的协作机制

围绕上海市重点发展的“3+6”产业，梳理其上下游产业链供应链图谱，遴选 1—2 个链主企业，针对本行业特点打造数字化转型平台。吸纳中小企业供应商和客户参与平台建设，依托平台开展数字化转型，降低中小企业供应链数字化的技术门槛。此外，与行业协会以及数字化服务商合作，定期为数字化转型存在困难的上下游企业提供咨询服务。建立一批重点产业供应链联盟，搭建沟通协作平台，复制和推广同行业数字化的优秀经验。最后，改变以往支持单一企业或行业的做法，在出台数字化税收和补贴政策时，瞄准链上企业、关联性较强的行业，对带动上下游数字化的企业予以奖励。

# 第六章
# 上海加快建设数字贸易国际枢纽港

随着数字化的迅猛发展，上海正积极加速建设数字贸易国际枢纽港。这一重要举措将为全球数字经济贸易提供更加便捷高效的通道，推动跨境贸易和数字化合作不断深化。上海作为国际化的金融商贸中心，以其独特的地理位置和创新科技优势，将成为连接东西方、融汇全球数字资源的重要枢纽。这一战略举措必将为上海乃至中国数字经济的发展带来新的机遇与挑战。

## 第一节　建设数字贸易国际枢纽港的时代背景

在全球数字化浪潮的推动下，建设数字贸易国际枢纽港正迎来前所未有的时代背景。随着信息技术的飞速发展和全球贸易的日益数字化，数字贸易国际枢纽港成为连接不同国家和地区的数字经济枢纽，为企业提供高效的跨境贸易和数字化服务。数字贸易国际枢纽港扮演着促进全球数字经济合作与发展的关键角色，也为各国企业创造更广阔的发展机遇。本节将结合数字贸易的发展特征与机遇挑战简要介绍数字贸易的时代背景。

## 一、数字贸易的兴起

2019 年 11 月，中共中央、国务院印发《关于推进贸易高质量发展的指导意见》正式提出要加快数字贸易发展。作为数字经济的重要组成部分，大力推动数字贸易可以培育数字技术产业和带动国内产业链整体布局，具有广泛的溢出效应，对于持续推动国家经济的高质量发展、提升国际竞争力具有重要意义。数字贸易涉及商品和服务的数字启用或数字订购的跨境交易，这些交易可以数字或实物交付，主要包含贸易方式数字化（即数字订购与数字交付）及贸易对象数字化（即数字服务贸易与数字平台贸易）。当前数字贸易已经取代制成品贸易、中间品贸易，逐渐成为国际贸易的主体。

### （一）数字贸易的内涵特征

数字贸易作为数字经济时代贸易发展的一个新阶段，具有如下特征：

跨越地域限制。数字贸易不受地理位置的限制，可以在全球范围内进行交易。买家和卖家可以通过在线平台和电子支付系统直接进行交易，不需要实体店面或传统的商业渠道。

虚拟化与数字化。数字贸易的商品和服务以数字形式存在，可以是电子产品、软件、媒体内容、在线教育等。这些商品和服务可以在互联网上进行购买、销售和交付，不需要实物运输和传统的库存管理。

创新和创造价值。数字贸易产生大量数据，包括消费者行为、偏好和趋势等。通过分析这些数据，商家可以更好地了解消费者需求，提供个性化的产品和服务，从而提高销售效果和用户体验。数字贸易促进了创新和创造价值的机会。通过数字平台和技术，创业者可以更容易地进入市场，推出新产品和服务，满足市场需求，并在全球范围内扩大业务。

跨界合作和伙伴关系。数字贸易鼓励跨界合作和伙伴关系的形成。企业可以通过合作伙伴关系共享资源、技术和市场渠道，实现更高效的供应链管理和市场拓展。

安全和隐私保护。数字贸易的发展也带来了对安全和隐私的关注。在线支付、数据传输和交易过程中需要采取安全措施，以保护消费者和企业的利益，并确保数据的安全性和隐私保护。

总的来说，数字贸易的内涵和特征在于利用互联网和数字技术进行跨境交易，突破了地理和物理的限制，带来了更高效、个性化和创新的商业模式。然而，数字贸易也面临着安全和隐私等方面的挑战，需要在法律、技术和政策层面进行有效管理和监管。

### （二）数据要素的应用特征

数据要素的应用特征是数字时代的核心驱动力，充分认识数字要素的应用特征对于保障国家安全和信息主权，提升国际竞争力，推动产业升级和转型具有重要意义。数据要素的应用特征可以总结为以下三点，数据驱动决策、智能化和自动化、个性化和定制化服务。这些特征的应用能够帮助企业和机构提高效率、创新能力和竞争优势，实现可持续发展。具体而言：

数据驱动决策。数据在决策过程中起到关键作用。通过收集、整理和分析大量的数据，决策者可以获取准确的信息和见解，从而做出更明智的决策。数据可以揭示市场趋势、消费者行为、竞争对手动向等重要信息，帮助企业把握商机、制定战略，并做出具有竞争优势的决策。

智能化和自动化。数据要素的应用特征还包括智能化和自动化的能力。通过机器学习、人工智能和自动化技术，可以利用数据进行智能化的任务执行和决策过程。例如，智能推荐系统可以根据用户的偏好和行为数据，自动推荐个性化的产品和服务。自动化的生产线可以根据数据分析结果，实现高效、准确和可持续的生产过程。这些技术的应用可以提高效率、降低成本，并推动创新和发展。

个性化和定制化服务。数据要素的应用特征还包括提供个性化和定制化的服务。通过收集和分析用户的数据，企业可以了解用户的需求、偏好和行为模式，并据此提供个性化的产品和服务。例如，电子商务平台可以根据用户的浏览和购买历史，为其推荐相关产品。医疗健康领域可以利用个人健康数据，为个体提供定制化的医疗方案。这种个性化和定制化服务可以提高用户满意度，增强用户黏性，促进业务增长。

## 二、数字贸易发展的挑战

我国数字贸易起步较晚，但发展迅速。商务部预计，2025 年，我国可数字化的服务贸易进出口总额将逾 4000 亿美元，占服务贸易总额超过 50%。数字贸易也首次出现在 2022 年政府工作报告中，成为我国推动高水平开放的工作重点。为此，我国对外积极争取数字贸易治理话语权，于 2021 年 11 月正式申请加入由新加坡、新西兰和智利于 2020 年签署的一项数字经济伙伴协定 DEPA。然而，目前我国数字贸易还存在以下可能的挑战。

### （一）数据确权和数据交易规则等制度缺失

数据作为一种关键的生产要素，现阶段全球范围内缺乏数据分类分级统一标准，尚未建立国际认可的数据确权、价值评估规范，安全保护及风险控制机制缺失，数据流动普遍面临数据确权、数据安全、隐私保护、信任机制等问题（Carretero 和 Gual，2017）。自 2014 年以来，在数据要素市场建设相关政策的推动下，一大批数据交易所不断涌现出来。一些地方政府和大型企业在中国境内设立了数据交易平台，以促进数据资源的交易和流通。此外，中国政府也在加强数据治理和数据安全方面的监管和政策支持，以保护数据资源的安全和合法使用。然而，由于各地数据交易所在数据交易、数据确权协作等方面的监管标准和规范操作存在差异，导致各个地方数据交易所无法形成统一市场。尽管数据资产现已成为企业的重要资产，但是其与无形资产有许多相似特性，如无实物形态、价值不确定性、时效性、非竞争性[1]。究其原因，核心在于数据资产价值的不确定性。一方面，数据成本信息仅由卖方掌握，交易信息不透明导致“柠檬

[1] 董祥千、郭兵、沈艳等：《基于利润最大化的数据资产价值评估模型》，《大数据》2020 年第 3 期。

市场”[1]；另一方面，数据价值取决于买方对数据的具体用途，大数据价值难以从企业原有的产品和服务收益中单独分割出来[2]。

当前数字贸易的相关研究和标准制定发展不平衡，尚未形成完善的标准体系，特别是在数据采集和管理、贸易业务开展、监管与服务、安全等方面仍有大量空白需要填满。通过标准规则从源头主导和控制技术进步的方向和节奏，进而控制产业链的发展，是促进中国企业引领，其他企业跟随的重要路径。我国虽然走在数字经济的前列，但是未能联动研发、知识产权、标准、战略机制形成行业规则和技术壁垒来稳固自己的优势地位。如何从战略的角度建立数字经济标准体系，以市场为导向，鼓励专利和标准的融合通过技术授权、认证许可形成规模效应是今后发展的目标。

### （二）数据跨境流通不通、数据壁垒横现

包括跨境在内的普遍数据交换加剧了人们对数据使用，尤其是数据滥用的担忧，加剧了对隐私保护、数字安全、知识产权保护、监管范围、竞争政策和产业政策的担忧。因此，各国一直在通过和调整有关数据移动的法规，经常引入新的措施来限制数据的跨境移动，或者在某些情况下，采取措施强制在特定位置存储或处理数据（数据本地化）。由此产生的规章制度错综复杂，不仅使跨不同司法管辖区的隐私和数据保护等公共政策目标难以有效执行，而且

[1] Heckman J. R., Boehmer E. L., Peters E. H., et al., “A pricing model for data markets,” iConference 2015 Proceedings, 2015.

[2] 张晓玉：《基于讨价还价博弈的大数据商品交易价格研究》，辽宁科技大学硕士学位论文 2016 年。

公司跨市场运营也变得困难重重，影响他们国际化的能力，并从全球范围内的运营中获益。互联网是全球性的、无国界的，但法规却不是。

同时，由于缺乏有效的隐私保护，数据无法共享，造成“数据孤岛”现象，制约了数据价值的最大化，成为亟待解决的大问题。在当前的数据市场中，用户每天都会产生新的在线数据，但他们并不拥有这些数据。同时由于大数据的广泛使用带来隐私泄露和数据滥用问题，引发了社会对数据安全和隐私保护的担忧，使得数据无法在各主体间有效共享。共享机制缺失、数据壁垒高是实现数据价值的主要障碍之一。数据壁垒根据层次主要可以分为三个方面：部门壁垒、行业壁垒以及区域壁垒。就部门壁垒而言，因为组织结构相对独立，不同部门使用不同技术的情况并不少见，因此各部门难以共享共同信息。除非组织专门用于整合不同的部门，否则很容易构建层级和管理层阻止部门共享信息，企业内部“数据孤岛”现象由此产生。此外，针对不同行业而言，数据作为一种特殊的资产，具有高昂的收集成本和一定的排他性。这导致大型互联网企业出于维持竞争优势的考虑，不愿意开放共享数据，从而阻碍了统一的数据要素市场的建立。同时，地方保护主义等因素也影响着不同地区之间的数据交易规则和标准的制定。北京、上海、贵州等地的数据要素交易市场不同的交易方式导致一个企业的数据无法直接在不同的区域进行交易，在无形中阻碍了数据要素的跨区域流动。

### （三）网络交易纠纷频发、消费者维权难

平台垄断经营，平台经济领域经营者滥用市场支配地位排除或限

制竞争，企业凭借资本积累和技术优势形成数字霸权和数字垄断[1]，“大数据杀熟”“信息茧房”等严重侵害了广大消费者的权益。交易主体事实上的能力不平等威胁着现有制度体系所构建出的形式平等地位[2]。现有的制度体系旨在保障数据的原始拥有者（个人）的权益，并要求处理者或控制者（企业）尊重和保护个人权利，以确立平等的交易地位。然而，在现实中，个人与企业相比，在权利的认知和行使能力方面存在明显差距。例如，以“告知—同意”为代表的个人赋权模式在形式上明确了个人和企业作为合同的平等民事主体地位，赋予个人选择的交易自由权。但是，具备资本和技术优势的巨型企业往往可以利用一些策略，例如使用难以理解的专业名词、模糊的用语或冗长的合同条款，使个人对同意的前置条件感到困惑。这就导致在实际实践中，原本应该平等的双方关系呈现出不平等的倾向。

雅虎作为曾经流行的搜索引擎和网络邮件，曾经遭受有史以来最大的数据泄露名单事件——在2013年的两次数据泄露事件中，网络攻击者在2013年获得了令人眼花缭乱的30亿雅虎账户。次年，这家互联网服务公司发生了另一起违规事件，导致超过5亿用户账户受到影响。黑客成功窃取了用户的个人信息，包括姓名、电子邮件地址、出生日期、电话号码以及用户安全问题的答案，并在暗网上进行出售。用户数据泄露事件曝光后，部分用户对该公司提起了集体诉讼。据媒体报道，2020年美国报告的近4000起数据泄露事件中暴露

[1] 向东旭:《唯物史观视域下的数字资本逻辑批判》,《当代世界与社会主义》2021年第6期。

[2] 宋方青、邱子键:《数据要素市场治理法治化：主体、权属与路径》,《上海经济研究》2022年第4期。

了超过370亿条记录，受众之多范围之广令人震惊，但是多数案件消费者维权过程却十分困难。由此管窥一斑，从数据资源中持续获取价值应追求风险和收益的均衡，这需要建立相应的治理体系，实现相关利益主体之间的权利、责任和利益相互制衡。正如《经济学人》早在2005年所指出的“董事会应该像关注公司其他运行风险一样关注信息技术运行风险，现在也许是时候筹备一个数据保护委员会了”。

## 第二节　上海数字贸易国际枢纽港建设进程

为加快形成数字贸易开放创新体系，推进上海市数字贸易快速发展，2019年7月23日上海市商务委员会等9部门联合发布《上海市数字贸易发展行动方案（2019—2021年）》(沪商服贸〔2019〕201号，以下简称《方案》)，提出力争将上海加快建设为全球范围内要素高效流动、数字规则完善、总部高度集聚的“数字贸易国际枢纽港”。围绕这一目标，《方案》指出要积极完善上海数字贸易要素流动机制，探索形成高效、透明、便利的跨境数据流动体系；不断提升数字贸易各领域开放度，形成与国际通行规则相接轨的高水平开放体系；推动建成若干具有较强辐射和带动作用的创新创业、交易促进、合作共享功能载体。经过四年的建设，上海数字贸易国际枢纽港建设初显成效。本节将结合上海的配套政策与建设效果简要介绍以上三项任务的建设进程。

# 一、数据立法 + 国际数据港建设为数据流动保驾护航

## （一）出台数据条例助推数据依法有序自由流动

数据立法是完善数据跨境流动机制的重要举措，通过将数据纳入法治轨道，可以让数据流通交易有规可循、有章可依。2021 年 11 月 25 日，上海市发布《上海市数据条例》（以下简称《数据条例》），《数据条例》全文共十章九十一条，包含数据权益保障、数据资源开发和应用、公共数据、数据安全、浦东新区数据改革、数据要素市场、长三角区域数据合作等章节。针对在数据交易确权、定价、互信、入场、监管等数据交易方面的关键共性难题，《数据条例》探索了上海方案，为形成统一、成熟的跨境数据流动规制提供助力。具体而言，《数据条例》的亮点包括但不限于以下几点：在数据权益保障方面，《数据条例》明确了数据交易民事主体享有数据财产权[1]并提出了个人信息特别保护的系列条例。（2）在公共数据方面，提出建立公共数据授权运营机制[2]。（3）在数据要素市场方面，要求以“自定 + 评估”原则确定数据交易价格[3]。（4）在浦东新区数据改革方面，提出在浦东设立数据交易所[4]，在临港新片区内探索制定低风险跨境流动

[1]《数据条例》第 15 条规定，自然人、法人和非法人组织可以依法开展数据交易活动。法律、行政法规另有规定的除外。

[2]《数据条例》第 44 条规定，本市建立公共数据授权运营机制，提高公共数据社会化开发利用水平。

[3]《数据条例》第 57 条规定，从事数据交易活动的市场主体可以依法自主定价。市相关主管部门应当组织相关行业协会等制订数据交易价格评估导则，构建交易价格评估指标。

[4]《数据条例》第 67 条规定，本市按照国家要求，在浦东新区设立数据交易所并运营。数据交易所应当按照相关法律、行政法规和有关主管部门的规定，为数据交易提供场所与设施，组织和监管数据交易。

数据目录，促进数据跨境安全、自由流动。

为保障《数据条例》尽快有效落地实施，上海市梳理制定了7方面37项配套措施任务[1]。目前，部分举措已实施。如上海数据交易所现已在浦东建立，配套规则体系正在加快构建；部分区域如静安区已正式建立首席数据官制度，深化各行业领域数据治理；数据标准化技术委员会也已成立，未来将进一步优化工作协调机制，完善数据标准方面的统筹管理。

## （二）建设国际数据港、打造全球数据汇聚流转枢纽平台

2021年4月8日，上海市根据国家部署，将临港新片区作为推进国际数据港建设的先导区，通过完善新型互联网交换中心、国际互联网数据专用通道等新型基础设施，打造全球数据汇聚流转枢纽平台。在其发布的《“十四五”时期提升上海国际贸易中心能级规划》中明确“推动临港新片区实施‘互联网+先进制造’战略，建设国际数据港”“在临港新片区开展数据跨境流动安全评估试点，探索跨境数据流动分类监管模式”。2021年4月28日，临港新片区管委会发布《临港新片区数字经济产业创新发展“十四五”专项规划》，提出将建设国际数据港、完善数据要素体系、打造数字企业矩阵和数字产业高地作为其“十四五”期间数字产业发展“12345”战略的三项主要任务。自此临港新片区开始国际数据港建设。2022年2月22日，上海市人大常委会全文公布《中国（上海）自由贸易试验区临港新片区条例》（简称《条例》），再次强调推进国际数据港建设。围绕数据

[1] 参见《贯彻实施〈上海市数据条例〉配套工作分工方案》。

流动问题,《条例》指出要探索制定低风险跨境流动数据目录，培育发展数据经纪数据运营、数据质量评估等新业态，推动互联网数据中心信息服务等增值电信业务在临港新片区试点开放。2022 年 11 月 8 日，首届上海数字贸易论坛上，“上海数字贸易国际枢纽港临港示范区”正式揭牌。除打造国际数据港外，临港新片区也承担起建设数字贸易国际枢纽港示范区的重要任务。

目前，依据国际数据港“1+5+N”总体建设规划，临港新片区已经初步建成一套对标国际先进水平的数据基础设施，支撑国际数据港创新实践全过程的五大功能平台，以及多项聚焦国际数据流通与合作领域的创新实践场景。其中。坐落于临港新片区国际创新协同区内，由临港新片区管委会与临港集团联合打造的“信息飞鱼”全球数字经济创新岛将对标世界最高水平和最高标准，建设成为国际信息数据要素流通枢纽，数据要素支撑的人工智能、数字经济、集成电路等高端产业聚集区。据统计，2022 年临港新片区千兆宽带网络覆盖率超过 99.5%，部分端口已具备万兆能力，国际海缆登陆站 2 个，接入海缆 7 条，国际互联网数据专用通道已正式发布，已经建成综合局房 1 个、互联网云计算数据中心 2 个、机房 62 个，用于部署服务于临港新片区的各类交换、数据和传输网元。此外，电信、联通、移动三大运营商正在加紧统筹推进全球数据枢纽平台与云数据中心建设。

依托国际数据港的先行先试，临港新片区已实现首家企业通过数据跨境流动安全评估试点，建成国际互联网数据专用通道，推动国家（上海）新型互联网交换中心试点运营；已落户集成电路、人工智能、工业互联网、智能制造等实体企业 370 余家，已成立朱光亚战略科技研究院、工业互联网创新中心等功能性平台 14 家。作为“国际数据试验田”，临港新片区国际数据港持续促进跨境数据流通便利，为中国企业“走出去”提供“数据力量”。以上海临港新片区跨境数据科技有限公司（简称跨境数科）为例，该公司为企业提供跨境数据流通技术服务，目前已在多个国际数据流通的典型场景取得创新成果。

2022年8月，“上海国际数据港——数据流通安全合规治理联合实验室”于临港新片区签约落地，包括跨境数字信任、数据流通安全合规治理、国际数据与算力服务等在内的十大联合实验室将在跨境数据流通创新试点、国际数据服务、数字贸易、数据治理、数据安全评估以及国际数字信任体系建设等多个方面，大力推进创新研发，并进一步推动创新成果转化和引育相关行业的龙头企业。在此基础上，临港新片区也在推动完善一体化平台基础能力，健全一体化平台体系架构，利用人工智能、区块链等技术强化数据归集、共享、分析、应用与保护，为内部整合共享、外部互联互通奠定基础，如构建国际互联网数据专用通道以及建设人工智能公共算力平台。

### （三）创新数据开发利用模式、数据利用效率明显提升

近年来，上海市政府持续致力于创新数据开发利用模式，提高数据利用率，为中国数据开发利用的制度建设提供上海经验，使数据要素更好地赋能经济发展。2019年8月16日，上海发布《上海市公共数据开放暂行办法》(沪府令21号)，以促进和规范公共数据资源开发和利用。截至2020年底，上海市累计开放数据集超过4000项，累计归集237.7亿条公共数据，实现跨部门、跨层级数据交换超过240亿条，推动普惠金融、商业服务、智能交通等多个产业共11个公共

数据开放应用试点项目建设，强化数据共享。2021 年 9 月 1 日，《上海市促进城市数字化转型的若干政策措施》指出上海市将探索建立政府公共数据授权运营机制，建立完善多元化主体公平准入的运营体系，让数据要素更多赋能社会主体，产生更多经济和社会价值。为进一步推动数据中心算力资源有效利用，上海将依托全国一体化大数据中心长三角国家枢纽节点建设，在全国率先探索建立覆盖电能使用效率（PUE）、有效算力效率（CUE）、经济产出效益（EUE）等指标在内的综合评价指标体系，开展数据中心有效算力效率评估和区域算力调度创新试验。2022 年 12 月 31 日，上海市经济信息化委、市互联网信息办公室印发《上海市公共数据开放实施细则》，促进公共数据更深层次、更高水平开放。

除政府制度创新外，上海企业也积极利用技术创新探索数据开放利用新模式，满足行业需求。如 2020 年 10 月 21 日，上海证券交易所、上证所信息网络有限公司正式推出了国内证券期货行业第一条行业区块链联盟链——“上证链”，“上证链”具有高效共识、多站点分布式部署、高并发和高扩展性的特性，支持跨链协同、全链路国密、多语言智能合约等。基于“上证链”和“上证链”基础服务平台，上海证券交易所可以快速发布业务子链，证券公司可以轻松实现业务数据上链。“上证链”也是由区块链技术实际落地金融行业的一大探索。2022 年 4 月 25 日，“上证链—监管链”跨链对接项目首批数据跨链报送顺利完成。该项目聚焦监管沙盒探索，建立数据要素资源体系，展现业务数据的完整生命周期，为进一步打造行业一体化基础设施，推动科技赋能监管与金融科技创新打下了良好的基础。

## 二、多措并举促进数字贸易发展

### （一）打造数字贸易跨境服务集聚区

2019 年 12 月 1 日上海发布《关于加快虹桥商务区建设打造国际开放枢纽的实施方案》明确了虹桥商务区的定位和目标，要求建设开放共享的国际贸易中心新平台，率先打造全球数字贸易港。2020 年 5 月 23 日，《虹桥商务区打造全球数字贸易港三年行动计划》正式发布，全球数字贸易港开港。虹桥商务区管委会遴选了苏河汇全球共享经济数字贸易中心等 9 大园区作为虹桥商务区打造全球数字贸易港的首批承载平台予以授牌。2021 年 4 月 8 日《“十四五”时期提升上海国际贸易中心能级规划》提出支持符合条件的境外企业探索数字贸易增值服务试点。持续优化数字贸易综合营商环境，建设虹桥商务区数字贸易重点区域。2021 年 8 月 12 日，《中国（上海）自由贸易试验区临港新片区发展“十四五”规划》沪府发〔2021〕13 号提出加快信息服务业对外开放，有序放开外商投资增值电信业务领域准入限制，完善云计算等新兴业态外资准入与监管。2022 年 10 月 28 日，《上海市促进虹桥国际中央商务区发展条例》发布，指出本市支持商务区打造全球数字贸易港，加快建设以商务区为主体的数字贸易跨境服务集聚区，促进贸易监管数字化转型、便利化发展。

全球数字贸易港是虹桥商务区国际贸易中心新平台的核心功能。围绕跨境电子商务、数字内容、数字服务及行业应用和云服务，突出数字贸易服务功能集聚，打造联动全国、联通全球的数字贸易枢纽，搭建数字贸易成长中心、进博会溢出效应转化中心和长三角数字贸易促进中心，形成“一枢纽三中心”的发展格局。将制定全球数字贸易港专项资金支持意见，在开办、租金、通道费用、营运资金贷款贴息、智慧虹桥项目扶持等方面，对规模以上、国际领先、创新力强的数字企业及项目给予政策扶持，加上属地政府的政策叠加，形成虹桥商务区全球数字贸易港的政策优势。

### （二）数字基础设施建设全国领先、数字贸易蓬勃发展

自上海于 2019 年率先提出发展数字贸易国际枢纽港以来，上海积极集聚高能级国际数字企业，建设数字服务出口基地，制定数字贸易发展促进政策，上海数字贸易发展成效显著。

从数字基础设施来看，上海数字基础设施建设全国领先。建成全国“双千兆第一城”，实现中心城区和郊区城镇化地区 5G 网络全覆盖。截至 2020 年底，本市基本实现千兆固定宽带家庭全覆盖，平均可用下载速率超过 50 Mbps，累计建设 5G 室外基站 3.2 万个，室内小站 5.2 万个。国际信息通信枢纽地位增强，通信海光缆容量达到 22 Tbps。推进绿色高端数据中心建设，建成面向公众服务的互联网

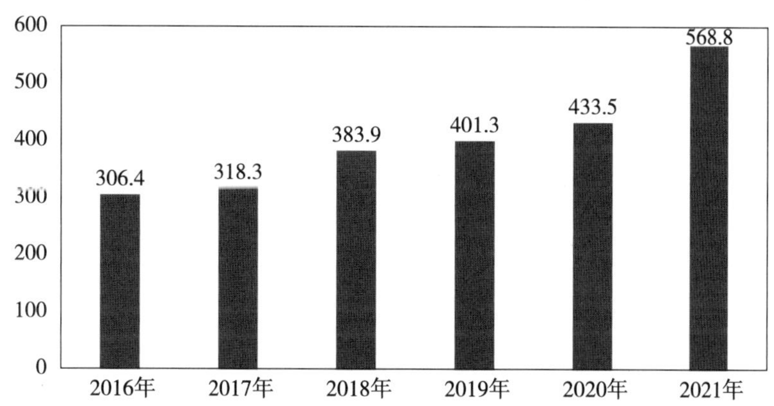


图 6-1 上海数字贸易进出口总额（亿美元）

资料来源：上海市人民政府官网。

数据中心 103 个，机柜总量近 14 万架。发布《新型城域物联专网建设导则》，建设 30 余种智能传感终端近 60 万个。

从数字贸易进出口额来看，上海数字贸易蓬勃发展，数字贸易进出口增长跑出“加速度”。上海数字贸易进出口额从 2019 年的 401.3 亿美元、4.5% 的增长率，提升至 2021 年的 568.8 亿美元、31.2% 的增长率，占服务贸易进出口比重从 21.8% 提升至 24.8%，2019—2021 年的年均增速达 14.6%，规模与增速均达成《行动方案》目标[1]。2022 年上半年，上海市数字贸易克服疫情不利影响，分别实现进出口额 1239.67 亿美元和 289.9 亿美元，同比增长 24.2% 和 9.7%，展现了上海数字贸易逆势增长的发展韧性。

从跨境电商来看，2020 年上海通过海关跨境电子商务管理平台验放进出口清单 24.5 亿票，同比增长 63.3%。2021 年，上海市跨境电商进出口 1328.8 亿元，同比增长 1.2 倍。在跨境电商出口方面，自 2020 年上海获批跨境电商 B2B 出口[2]试点之后，上海口岸跨境电商出口发展迅猛。2020 年 9 月，浦东机场海关开启跨境电商 B2B 出口试点，当月出口申报票数即达 30 万票。自 2021 年下半年起，浦东机场海关实现出口跨境电商审批放行全程电子化，由系统进行逻辑检控和自动判别，对符合条件的报关单自动触发放行，物流企业深夜报关的出口货物多能即报即走。2021 年 12 月，上海浦东机场口岸跨境电商出口创下单月破 2000 万票、单日破 100 万票的历史纪录。2022 年，经历封控期短暂蛰伏，跨境电商出口迅速反弹井喷，单月 B2B 出口

[1] 2019 年发布的《行动方案》目标为“到 2021 年，上海数字贸易进出口总额达到 400 亿美元，其中，数字贸易出口额达到 260 亿美元，年均增速达到 15% 左右”。

[2] 跨境电商 B2B 出口，是指境内企业通过跨境物流，将货物运至境外企业或海外仓。

申报多维持在千万票以上高位。2022 年，全年出口申报达 1.52 亿票，同比增长 58%，已跃居全国口岸第三，出口总金额达 389.10 亿元，同比激增 2.8 倍。

从数字经济发展来看，上海数字经济保持蓬勃发展势头。根据国家网信办发布的《数字中国发展报告（2021 年）》，2021 年，上海市数字化综合发展水平位居全国第三。2022 年 9 月 8 日，扬子江国际数字贸易创新发展研究院发布了“2022 年中国城市数字贸易指数（DTI）蓝皮书”，计算结果显示，2022 年上海位居中国城市数字贸易综合指数全国第二。中国信息通信研究院发布的《中国数字经济发展报告（2022 年）》显示，北京、上海两个直辖市的数字经济 GDP 占比均已超过 50% 在线新经济快速发展，基本形成以浦东、杨浦、静安、长宁为主产业发展布局的“浦江 C 圈”，网络零售、网络视听、消费金融等信息消费新业态不断涌现。

## 三、数字贸易生态圈加速形成、数字跨国企业总部集聚

### （一）数字贸易载体建设加速推进

上海已建设一批包括国家数字服务出口基地在内的重要区域载体，如表 6-1 所示，为打造数字贸易产业生态圈提供了有利条件。以上海虹桥临空经济示范区为例，该区域累计入驻相关领域主体达 450 余家，其中以爱奇艺、携程、京东等为代表的一批行业引领企业品牌价值持续增强，备受行业内外广泛关注。值得注意的是，2022 年 11 月，全国首个聚焦“数字人民币＋数字贸易”的孵化基地“中国银行数字人民币数字贸易创新孵化基地”落户上海长宁，利用数字人民

**表 6-1 上海数字贸易载体建设概况**

| 单位 / 区域 | 名 称 |
|---|---|
| 上海浦东软件园 | 国家数字服务出口基地 |
| 徐汇区 | 国家文化出口基地 |
| 上海仓城影视文化产业园 | 国家文化出口基地 |
| 上海中医药大学 | 国家中医药服务出口基地 |
| 中国上海人力资源服务产业园 | 特色服务出口基地（人力资源） |
| 漕河泾新兴技术开发区 | 特色服务出口基地（知识产权） |
| 中国北斗产业技术创新西虹桥基地 | 特色服务出口基地（地理信息） |
| 上海文策信息科技有限公司 | 特色服务出口基地（语言服务） |
| 上海长宁区 | 中国银行数字人民币数字贸易创新孵化基地 |
| 元宇宙与虚实交互联合研究院 | 上海城市数字化转型创新基地 |
| 阿里中心智慧产业园 | 全球数字贸易港的首批承载平台 |
| 长三角电子商务中心 | 全球数字贸易港的首批承载平台 |
| 虹桥跨境贸易数字经济中心 | 全球数字贸易港的首批承载平台 |
| 虹桥 we 硅谷人工智能中心 | 全球数字贸易港的首批承载平台 |
| 携程智慧出行园 | 全球数字贸易港的首批承载平台 |
| 苏河汇全球共享经济数字贸易中心 | 全球数字贸易港的首批承载平台 |
| 中国北斗产业技术创新西虹桥基地 | 全球数字贸易港的首批承载平台 |
| 上海虹桥临空经济示范区 | 全球数字贸易港的首批承载平台 |
| 国家对外文化贸易基地（上海）北虹桥创新中心 | 全球数字贸易港的首批承载平台 |
| 杨浦大创智数字创新实践区 | 数字化转型市级示范区 |
| 临港数字孪生城 | 数字化转型市级示范区 |
| 普陀海纳小镇 | 数字化转型市级示范区 |
| 松江新城 G60 数字经济创新产业示范区 | 数字化转型市级示范区 |
| 徐汇滨江数字化转型示范带 | 数字化转型市级示范区 |
| 嘉定未来·智慧出行示范区 | 数字化转型市级示范区 |
| 市北数智生态园 | 数字化转型市级示范区 |
| 张江数字生态园 | 数字化转型市级示范区 |
| 上海临港新片区 | 上海国际服务贸易示范基地 |
| 上海临港新片区 | 数字贸易国际枢纽港临港示范区 |
| 上海临港新片区 | 国际数据港 |
| 上海临港新片区 | 数字贸易交易促进平台分站 |
| 上海虹桥商务区 | 数字贸易交易促进平台分站 |
| 上海虹桥商务区 | 全球数字贸易港 |

资料来源：依据政府公开资料收集整理。

币智能合约技术，探索数字人民币在数字贸易中的应用模式创新。该基地未来将聚焦长宁区数字经济企业全球布局，充分发挥政府、企业和银行的资源禀赋优势，构建数字人民币场景生态建设发展的“试验田”和“样板间”，打造数字人民币发展的“先行示范区”，助力上海建设数字贸易国际枢纽港。

### （二）集聚高能级国际数字企业和总部

上海集聚大量数字贸易企业及总部。以虹桥国际中央商务区为例，2022 年 3 月 1 日，该区域已集聚数字经济企业 6600 余家，包括一批数字领域领军和独角兽企业，如广联达、万生华态、超竞互娱、携程、聚水潭、华测导航、震坤行、皇族电竞等；数字贸易总部，如美团、携程、广联达、cdp 集团等；行业头部企业如驴妈妈、小 i 机器人、斑马等。临空经济园区历时 20 多年的发展，园区已初步形成高端企业总部、现代物流业、信息服务业三大产业集聚，集聚了联合利华、美国伊顿、德国博世等一批国内外知名企业总部，集聚了爱立信、携程网、史泰博等知名信息服务业企业以及联邦快递、劲达国际、扬子江快运等知名现代物流企业。园区已入驻企业达 1800 多家，其中总部型企业 300 多家，世界 500 强企业 10 家。

2022 年 11 月，为进一步发挥创新企业引领带动作用，推动数字技术、数字产品和应用场景的创新发展，经各区商务主管部门推荐、专家评审，上海市委在全市遴选了 100 家数字贸易创新企业，如表 6-2 所示。百家企业包括 13 家云服务企业、54 家数字服务企业、24 家数字内容企业和 9 家跨境电商企业。这 100 家代表企业可以看出上海数字贸易创新企业的三大特点，一是企业主体能级高。百家企业

**表 6-2　100 家数字贸易创新企业**

| 数字服务 | |
|---|---|
| 思爱普（中国）有限公司 | 星环信息科技（上海）股份有限公司 |
| 飞书深诺数字科技（上海）股份有限公司 | 上海临港新片区跨境数据科技有限公司 |
| 哪吒港航智慧科技（上海）有限公司 | 上海海隆软件有限公司 |
| 国际商业机器（中国）有限公司 | 思科系统（中国）研发有限公司 |
| 上海亿贝网络信息服务有限公司 | 花旗金融信息服务（中国）有限公司 |
| 上海万位数字技术股份有限公司 | 恩士讯信息科技（上海）有限公司 |
| 临腾（上海）数字科技有限公司 | 易安信信息技术研发（上海）有限公司 |
| 上海钢银电子商务股份有限公司 | 上海血婆数字科技有限公司 |
| 上海凯长信息科技有限公司 | 博彦科技（上海）有限公司 |
| 日铁软件（上海）有限公司 | 上海药明生物技术有限公司 |
| 翼健（上海）信息科技有限公司 | 上海润诺生物科技有限公司 |
| 斯必克（中国）投资有限公司 | 上海华泛信息服务有限公司 |
| 福迪威（上海）工业仪器技术研发有限公司 | 上海域宁信息技术咨询有限公司 |
| 上海西井信息科技有限公司 | 上海葡萄城信息技术有限公司 |
| 携程旅游网络技术（上海）有限公司 | 上海群之脉信息科技有限公司 |
| 统一（上海）商贸有限公司 | 万得信息技术股份有限公司 |
| 科大讯飞（上海）科技有限公司 | 上海新致软件股份有限公司 |
| 本田摩托车研究开发有限公司 | 家得宝投资管理（上海）有限公司 |
| 上海追漫互娱科技有限公司 | 任拓数字科技（上海）有限公司 |
| 上海七猫文化传媒有限公司 | 上海腾程医学科技信息有限公司 |
| 上海汉得信息技术股份有限公司 | 卡斯柯信号有限公司 |
| 上海脉策数据科技有限公司 | 上海合合信息科技股份有限公司 |
| 上海商米科技集团股份有限公司 | 上海宝尊电子商务有限公司 |
| 上海环世物流（集团）有限公司 | 日立安斯泰莫汽车电子（上海）有限公司 |
| 易保网络技术（上海）有限公司 | 上海中和软件有限公司 |
| 工业互联网创新中心（上海）有限公司 | 五五海淘（上海）科技股份有限公司 |
| 再惠（上海）网络科技有限公司 | 桑迪亚医药技术（上海）有限责任公司 |

（续表）

| 数字内容 | |
|---|---|
| 上海米哈游网络科技股份有限公司 | 上海宽娱数码科技有限公司 |
| 上海热血网络科技有限公司 | 上海爱奇艺网络技术有限公司 |
| 上海纵游网络技术有限公司 | 电通（上海）投资有限公司 |
| 乐竞文化传媒（上海）有限公司 | 上海柠萌影视传媒股份有限公司 |
| 上海沐瞳科技有限公司 | 啊哈娱乐（上海）有限公司 |
| 上海莉莉丝网络科技有限公司 | 上海玉髓网络科技有限公司 |
| 上海游族信息技术有限公司 | 上海喜马拉雅科技有限公司 |
| 巨人移动科技有限公司 | 心动网络股份有限公司 |
| 上海交通大学出版社有限公司 | 上海克顿文化传媒有限公司 |
| 上海淘米网络科技有限公司 | 上海上讯信息技术股份有限公司 |
| 上海育碧电脑软件有限公司 | 上海阅文信息技术有限公司 |
| 上海维塔士电脑软件有限公司 | 中新宽维传媒科技有限公司 |
| 云服务 | |
| 埃森哲（中国）有限公司 | 上海文思海辉软件技术有限公司 |
| 优刻得科技股份有限公司 | 悠桦林信息科技（上海）有限公司 |
| 上海英斯贝克商品检验有限公司 | 普迪飞半导体技术（上海）有限公司 |
| 上海微盟企业发展有限公司 | 亿贝软件工程（上海）有限公司 |
| 上海沃行信息技术有限公司 | 印孚瑟斯技术（上海）有限公司 |
| 鼎捷软件股份有限公司 | 上海彩虹鱼海洋科技股份有限公司 |
| 珍岛信息技术上海股份有限公司 | |
| 跨境电商 | |
| 欧冶云商股份有限公司 | 上海汇航捷讯网络科技有限公司 |
| 上海识装信息科技有限公司 | 首免信息科技（上海）有限公司 |
| 万邑通（上海）信息科技股份有限公司 | 上海百秋尚美科技服务集团股份有限公司 |
| 纽仕兰（新云）上海电子商务有限公司 | 上海重盟信息技术有限公司 |
| 上海华钦信息科技股份有限公司 | |

资料来源：上海市人民政府官网。

中，包含财富500强企业6家，上市公司17家，独角兽企业10家，高新技术企业56家。二是技术创新能力强。百家企业共拥有专利授权数3447项，授权发明专利数1019项，在数字研发、数字设计、数字IP、元宇宙、云原生与智能计算、数字健康6大赛道领跑。三是市场开拓覆盖广。百家企业深化全球业务布局，在全球拥有分支机构

**表6-3　上海数字贸易领域独角兽级创新企业入驻概况**

| 公司名称 | 公司行业 | 参考估值（亿美元） |
| --- | --- | --- |
| 航数智能 | 先进制造 | 220 |
| 小红书 | 电子商务 | 191 |
| 紫光展锐 | 先进制造 | 73 |
| 锐格医药 | 医疗健康 | 71 |
| 中芯南方 | 先进制造 | 62 |
| 华人文化集团 | 文娱传媒 | 58 |
| wework China | 房产服务 | 52 |
| 哈啰 | 汽车交通 | 45 |
| 积塔半导体 | 先进制造 | 41 |
| 依图科技 | 企业服务 | 38 |
| 喜马拉雅 | 文娱传媒 | 32 |
| 锅圈食汇 | 本地生活 | 28 |
| 英砂智能 | 医疗健康 | 24 |
| 壁仞科技 | 企业服务 | 22 |
| soul | 社交网络 | 19 |
| 千寻位置 | 工具软件 | 19 |
| 黑芝麻智能 | 人工智能 | 19 |
| 药明明码 | 医疗健康 | 19 |
| 高顿教育 | 教育 | 17 |
| 壹米滴答 | 物流 | 17 |
| 小胖熊 | 房产服务 | 15 |
| 魔方公寓 | 房产服务 | 14 |

资料来源：艾媒咨询。

及关联。2022 年，艾媒咨询发布的“2022 年中国新经济独角兽 100 强榜单”中，上海有 22 家独角兽企业上榜，占比近四分之一。

## 第三节　上海建设数字贸易国际枢纽港的短板分析

尽管上海数字贸易国际枢纽港建设已在促进数据要素流动，完善数据规则和总部集聚方面取得一定成效，但对标纽约、伦敦、新加坡和法兰克福，上海距离建成高水平数字贸易国际枢纽港还有较大差距，存在一些不足。本节将围绕数据跨境流动管理、国际数字贸易规则制定以及数字贸易平台三大维度，总结分析当前上海数字贸易国际枢纽港建设过程中的短板。

### 一、跨境数据流动管理有待加强

数字贸易涉及大量的跨境数据流动和处理，这就需要构建系统、规范的国内个人数据保护体系[1]。从欧盟的发展实践来看，不断地修改和完善个人数据保护立法，是其应对跨境数据流动问题的重要举措。《上海市数据条例》主要针对本地个人数据权利问题，尚未明确跨境数据的权属确认、流动风险管控等领域的相关规则，对于国际性的数字贸易问题关注不足，有待进一步完善法律条例，建立能够适应

[1] 丁伟、倪诗颖:《数字贸易视野下我国跨境数据监管的发展困境及合作治理》,《北京邮电大学学报》(社会科学版) 2023 年第 1 期。

开放需求的跨境数据管理体系。此外，数字贸易知识产权保护不够完善也是导致跨境数据难以高效流动的又一大阻碍因素。知识产权保护法缺失使得部分数字贸易无法在上海有效开展。如智联招聘表示，考虑到版权风险，海外内容提供商不被允许在中国境内缓存相应内容，因此目前企业只能通过视频托管和访问中转两种方式向国内用户提供课程，不利于业务开展[1]。同样制约业务发展的还包括跨境贸易真实性核验系统建设不足问题，难以满足跨境跨企业数据分析的便利性、准确性需求。

## 二、国际数字贸易规则制定参与不足

一是上海还未与其他国家或地区建立明确的互认机制，这一定程度上增大了数据跨境传输的困难。相较而言，美国、欧盟、日本等均已建立数据跨境互认协定，特别是欧盟与日本所签订的数据跨境充分性互认决定，很好地促进了个人数据的双边自由传输，也催生了全球最大的数据安全流动区域。二是上海缺乏围绕数字技术统一开放标准问题的规定，涉及数字技术跨境贸易应用的法律规范主要为部门规章和规范性文件，立法层级较低，数字经济相关互操作性法律有待完善。三是在数字贸易产业统计、法规制度完备、监管模式创新等方面还存在发力不足的问题。如与数字贸易测度相关的统计体系尚不完善，在数字贸易领域数据划分混乱、缺乏连续性，无法为数字贸易政策的制定提供准确依据和支撑。

[1] 丁国杰、韩佳、刘梦琳等：《临港新片区打造高水平数字贸易枢纽港研究》，《科学发展》2022年第9期。

### 三、缺乏有全球影响力的数字贸易平台

上海目前尚未形成具有全球影响力的平台型企业和以数字贸易平台为核心的生态圈。一是数字产业龙头企业数量仍显不足。上海在视听、影音、游戏等数字内容领域引进企业数量较少，缺乏像腾讯、阿里、Netflix 等国内外重量级龙头企业，已经引入的部分企业还处于挂牌阶段，尚未开展大规模的数字化业务[1]。二是上海尚未形成具有全球影响力的数字贸易平台，全球数字贸易平台企业在上海主要发挥业务功能的作用，且功能的服务半径是国内区域市场，国内数字贸易平台总部主要在北京、深圳和杭州。三是数字贸易专业服务机构集聚度不高。上海虽然已在数字服务等领域拥有一些头部企业，但缺少相关专业服务机构，如在线支付、金融保险、税务办理、关税申报等。

## 第四节 数字贸易规则的国际管理模式与经验启示

联合国贸易和发展会议（UNCTAD）相关数据显示，2020 年全球数字服务贸易规模达 3.17 万亿美元，占服务贸易比重由 2011 年的 48% 提升至 63.6%，并预计在 2030 年该占比提升至 75%。同时，自 2008 年以来，73 个经济体之间的 29 项贸易协定包含了有关数据流动的条款。并非所有条款都具有相同的深度——45% 的协议包含对数

[1] 丁国杰、韩佳、刘梦琳等:《临港新片区打造高水平数字贸易枢纽港研究》,《科学发展》2022 年第 9 期。

据流（针对所有类型的数据）具有约束力的承诺。在具有约束力的条款中，所有条款都包括例外情况，允许各方限制数据流以满足“合法的公共政策目标”，并且所有数据流条款都与隐私或消费者保护框架条款相结合。

## 一、全球数字贸易的管理模式

从各国跨境数据流动的管理来看，由于国家数字经济发展阶段的不同，技术存在较大的差异，对数据跨境传输采取不同程度的管制措施。总体来看，数据技术发达的国家，凭借其技术优势，力图在跨境数据流动中获取更多数据红利，相关法律法规就更显宽松，如美国就是推动“跨境数据自由流动”的代表性国家；而数据技术欠发达国家则出于保护本国数据安全需要，采取相对严格的数据出境管制措施，如俄罗斯是采取“数据本地化”政策的代表性国家。参与“一带一路”项目的代表性沿线国家和地区对跨境数据流动的态度也有所不同，欧盟也严格禁止数据跨境传输。

### （一）欧盟对个人数据采取严格的管控措施

为规范数字贸易行为和维护欧盟利益，欧盟对数字贸易及相关规则关注较早，通过制定一系列有关数字服务的法律文件成为数字贸易规则制定的先行者，掌握着数字贸易治理的主要话语权。欧盟关于跨境数据流动的立场相对保守，采取“内松外严”的政策主张，对外采用严格的个人数据保护规则，对内鼓励数据自由流动和共享，推动欧盟数字经济发展，其中最具影响力的法规是《通用数据保护条例》

（General Data Protection Regulation，简称 GDPR）是欧盟于 2018 年 5 月 25 日实施的一项数据保护法规，被视为全球个人数据保护的重要里程碑。GDPR 确立了旨在确保个人数据的安全和合理使用的一般性原则，包括合法性、公正性、透明性、目的限制、数据最小化、准确性、存储限制、保密性和完整性等。对于个人主体而言，GDPR 赋予个人数据主体一系列权利，包括访问自己的数据、更正不准确的数据、被遗忘权、数据处理限制权、数据可携权等。个人数据主体还有权提出投诉和寻求救济。对于数据处理者而言，GDPR 对其责任进行了明确规定，规则要求数据处理者需要采取适当的技术和组织措施，以保护个人数据的安全，并在数据泄露发生时及时通知监管机构和相关个人。同时，GDPR 要求数据处理者必须有合法的处理个人数据的基础，例如数据主体的同意、履行合同、法定要求或合法利益等。数据处理者还必须向数据主体提供透明的信息，包括数据处理的目的、数据的存储期限、数据的接收方等。对于数据的跨境传输，GDPR 对跨境传输个人数据提供了特定的保护措施。数据处理者只能将个人数据传输到具有适当数据保护措施的国家或组织，否则需要获得数据主体明确的同意或采取其他合法机制。

此外，GDPR 引入了高额罚款制度，以确保组织严格遵守数据保护规定。根据该条例，监管机构有权对违反规定的组织处以罚款，罚款数额可以相当惊人，尤其是对于严重违规的情况，最高可处以违规全球年营业额的 4% 或 2000 万欧元的罚款，以较高的金额为准。这意味着如果一家组织违反了 GDPR 并未采取适当的措施来保护个人数据，它可能面临数百万甚至数十亿欧元的罚款。2019 年，法国监管机构对 Google 处以 5000 万欧元的罚款。这是迄今为止 GDPR 实施后的最大罚款之一。究其原因，法国监管机构认为 Google 未能满足提供透明、明确和有效的个人数据处理信息和同意机制。

### （二）美国主张跨境数据自由流动

美国主张消除跨境数据流动的歧视，支持数据的自由流动，并反对网络封锁。为了获得商业利益极力推动数字服务贸易发展，而认为数据本地化会限制经济增长和创新，因此美国提倡数据能够在全球市场中自由传输，其在各类双边或多边协议明确表明了立场，强调数字产品应享受非歧视性待遇和免税待遇，主张非歧视原则是自由贸易体系的核心。其中，最具代表性的是 2018 年美国出台《澄清域外合法使用数据法案》(简称 CLOUD Act)，旨在解决在数字时代跨境数据存储和访问的问题。通过该法案，美国试图平衡执法部门获取跨境数据的需要和保护个人隐私的要求，以此获得更多的商业利益。其中，主要涉及以下关键方面：

跨境数据访问：CLOUD Act 授予美国执法部门在特定条件下获取存储在海外服务器中数据的权限。这包括通过与合作国家政府达成互相认可的协议，实现有效的跨境数据访问。CLOUD Act 要求在处理数据访问请求时，美国执法部门必须遵守国内和国际的隐私保护法律和规定。此举旨在平衡数据访问和个人隐私之间的权衡。CLOUD Act 鼓励与其他国家建立数据共享和相互认可协议，以促进更好的合作和信息交流。这种互惠原则有助于促进数字贸易和执法机构之间的国际合作。

总体而言，CLOUD Act 反映了美国对数字贸易的一种平衡态度，旨在解决跨境数据访问和隐私保护之间的挑战。它试图通过法律手段促进国际间的数据流动和合作，同时确保合法执法的需要得到满足，并充分尊重隐私权和数据保护的要求。

### （三）其他国家态度积极但措施保守

东盟国家在数字贸易方面持有积极态度，并致力于推动数字经济的发展和数字贸易的便利化。东盟重视数字经济的潜力，并将其视为实现经济增长和地区一体化的重要驱动力，于2017年发布了《东盟数字经济路线图2025》以指导成员国在数字经济领域的发展。东盟成员国正在试图构建东盟数据治理框架，增强需求方面的透明度与责任感，明确有发展潜力的领域，基本立场类似于欧盟，即在东盟区域内减弱跨境数据流动的限制，鼓励东盟内各成员国保持积极开放的态度，通过合作共赢方式提升东盟的整体经济综合能力。《东盟互联互通总体规划2025》（MPAC）明确从四方面促进成员国的数字经济发展：增强中小微型企业（MSME）技术平台；开发东盟数字金融普惠框架；建立东盟开放数据网络；建立东盟数字数据治理框架。同时，由于东盟成员国数字经济发展阶段和产业结构的差异较大，不同国家的实际措施有着较大的差别。

新加坡对跨境数据流动的态度较开放，相关数据政策的实施比较灵活。新加坡与32个贸易伙伴签署了21个自由贸易协定，但贸易协定中的数据规则并不统一。新加坡颁布的《个人数据保护法》（PDPA）体现了新加坡对信息跨境传输的基本立场。即没有对数据存储本地化进行强制性要求。只要数据控制者遵守新加坡对数据披露和跨境转移的相关规定，鼓励在境内建立一个或多个数据中心用于开展数据存储、处理、收集和交易等活动。新加坡政府通过制定灵活的数据政策用以吸引跨国企业在新加坡设立数据中心，其目的是实现“智慧国家”的战略，并期望将新加坡打造成亚太地区的数据中心。

印度在积极参与数字贸易全球化和推动本国数字经济发展两者之间寻找适度的本地化措施，为本土企业提供发展机会。印度采取分级分类实施差异化政策。印度颁布的《个人数据保护法草案 2018》将个人数据分为一般个人数据、敏感个人数据和关键个人数据三种类型，并基于数据类型采取有差别的数据本地化和跨境数据流动限制政策。一般情况下，三种个人数据类型按照两部草案规定进行传输，但是中央政府有绝对权力决定关键个人数据能否被转移出境，敏感个人数据的豁免情况，以及数据传输目的国家、地区或行业等，只要政府认定数据传输不会危害到印度国家安全和利益。

俄罗斯则管制较为严格，主张“数据本地化”。一是对俄罗斯公民个人数据和相关数据必须存储在俄罗斯境内；二是处理俄罗斯公民个人数据的活动必须在俄罗斯境内发生；三是掌握相关数据的企业有义务告知和协助俄罗斯相关政府机关工作。俄罗斯在国际市场中仍然有自己的数据流通圈。俄罗斯允许数据自由流向“108 号公约”缔约国（特指欧盟理事会发布的《关于个人数据自动化处理个人保护公约》）和白名单国家。

总结而言，根据各国在数字经济发展水平、发展理念等方面的诸多差异，各国在有关跨境数据流动方面的管理方式存在显著的差异。背后的原因固然有安全风险的因素，但更重要的还是本国数据安全与国家发展需要再三权衡下的选择，与本国数据技术的发展程度密切相关。数据技术发达的国家，凭借其技术优势，力图在跨境数据流动中获取更多数据红利，相关法律法规就更显宽松；而数据技术欠发达国家则出于保护本国数据安全需要，可能会选择采取相对严格的数据出境管制措施。

## 二、数据要素管理的国际经验

国际经验对于我国的数据要素管理至关重要。通过学习国际经验，可以帮助我国制定合适的数据管理政策和规则，促进数据流动、保护个人权益、解决安全挑战，推动创新和数字经济发展，更好地迎接我国面对数字时代带来的机遇和挑战。具体而言，本文总结提出如下几点经验与建议：

### （一）完善数字贸易标准、扩大数据交易流通

#### 1. 完善数据交易标准制定

数据交易流通是在已有数据量基础上促进数据重用、发挥数据价值的有效手段，有机聚集、整合不同的数据集，在数据集之间寻求更多相关关系的建立，从而促进数据融合应用（数字贸易白皮书，2021）。但是，当前全球对数字贸易定义和统计规则尚未形成统一的共识，导致边界不清、数据统计口径不一致等一系列亟须解决的重大问题[1]，标准化协调统一、形成共识的基本原则，是解决上述问题的重要手段之一。数字经济时代的全球竞争，很大程度上已成为规则和标准的竞争。数字贸易标准，已成为国际竞争的新赛道，提前布局

[1] Pei J. "A survey on data pricing: from economics to data science," IEEE Transactions on knowledge and Data Engineering, 2020.

我国数字贸易标准体系，对于我国积极参与国际数字贸易规则体系的构建具有积极的意义。提前做好标准体系及标准建设方面的储备，有助于提前参与数字贸易国际标准体系建设，提升标准适用性，使全世界看到我国推进数字贸易全球化的实践和努力。同时，以全球数字贸易博览会、亚运会等国际大活动为契机推动数字贸易国际标准化合作，组织开展国际性数字贸易标准化活动，不断深化与数字贸易相关组织的标准化交流与合作，积极参与国际标准化组织及团体联盟的标准化活动和标准研制，对接国际经贸规则，输出中国方案，将我国数字贸易的标准化经验推向国际，在全球贸易规则制定中抢占话语权。

**2. 培育数据要素市场基础制度——数据交易所**

数据交易所是各类数据要素市场主体进行数据流通交易活动的指定场所，从性质上，可分为国家级数据交易所和区域（或行业）数据交易中心两类。它提供了一个市场环境，使数据拥有者能够将其数据资产进行交易，而数据购买者则可以获取所需的数据资源。数据交易所通常提供数据清洗、整合、分析和安全等服务，以增加数据的价值和可用性。数据交易所对于完善数字贸易标准能够提供一定的支持。通过数据交易所，不同的数据交易参与方可以在一个统一的平台上进行数据交易，从而促进数字贸易的开展。数据交易所可以规范交易流程、确保交易的合规性，并提供数据安全保护措施，有助于建立更加稳定和可信赖的数字贸易环境。此外，数据交易所还可以推动数据共享与合作，促进数据资产的互联互通，为数字贸易的发展提供基础支持。此外，数据交易所还可以促进数据的流通和再利用，为数据提供更广泛的应用场景和商业机会。通过数据交易所，数据的买卖可以更加便捷和高效，各方可以更好地利用数据资源，进行市场分析、决策支持、产品创新等活动，有助于促进数据市场的竞争和创新，推动数据服务和解决方案的不断优化和更新。

## （二）开放数据共享、释放数据潜在价值

### 1. 扩大数据开放、推动数据治理制度环境升级

数据开放共享是释放数据价值的基础条件，是打破信息鸿沟的关键要素。当前阶段，数据开放共享突出表现为政府等公共部门的公共数据资源开放共享的问题[1]。政府作为开放数据的来源和监管者发挥着核心作用，要充分开发利用这些海量数据，就必须具备“开放共享”的思维方式[2]。政府可以使用政策和其他机制来确定社会中开放数据的性质。为了促进开放数据方法，政府可以减轻消费者和企业对开放数据安全性的担忧，并帮助教育公众了解对经济和社会的潜在好处。政府可以利用其影响力，通过对话和监管让数据更加开放，同时制定政策，深思熟虑地解决隐私、保密、知识产权保护和责任等问题。提供政府数据不仅能创造价值，还能为其他机构的开放定下基调。研究表明数据开放每年可释放 3 万亿美元的经济潜力[3]。除此以外，Chui et al. 数据开放还能够带来巨大的社会效益。例如在新冠疫情期间，通过公共数据开放，各地区成功实现了相互连接的“健康码”系统，为疫情防控和医疗物资的调配提供了重要支持。

[1] 中国信息通信研究院:《数字贸易发展与影响白皮书（2019 年）》。

[2] 刘叶婷、唐斯斯:《大数据对政府治理的影响及挑战》,《电子政务》2014 年第 6 期。

[3] Chui M., Farrell D., Jackson K., “How government can promote open data”, McKinsey Company, 2014.

2020年3月中共中央、国务院发布《关于构建更加完善的要素市场化配置体制机制的意见》提出要推进政府数据开放共享，地方公共数据开放共享平台建设快速推进。截至2020年4月底，我国已有130个省级、副省级和地级政府上线了数据开放平台，其中省级平台17个、副省级和地级平台113个[1]。开放数据支持对政府的公共监督，并通过提高透明度来帮助减少腐败。开放数据可以更轻松地监控政府活动，跟踪公共预算支出和影响，如提高机构的透明度和问责制使数据更加开放，改进现有过程的效率和有效性。例如，2022年3月1日起，福建省全面启用政府采购网上公开系统，先实现政府采购全流程的在线流转、全过程网上监控。省直各单位所有的政府采购事项全部在网上运行，实现“网下无交易，网上全公开”。供应商可以看到有关所需商品数量、当前出价和过往相似产品采购的中标数据的信息，如成交价格、价格和数量等。这些努力不仅降低了采购成本，还使供应商能够更好地预测需求，发现新产品或服务。企业向政府部门共享数据也会成为政企合作、政企共治的常见路径。比如，2018年2月交通运输部要求网约车平台公司向监管信息交互平台传输相关基础静态信息以及订单信息、经营信息、定位信息、服务质量信息等运营数据。2019年10月，辽宁省市场监督管理局与美团进行数据信息对接共享，实现区域入网食品企业入驻信息共享、许可信息共享、食品安全社会评价和投诉信息共享，既让平台可及时查验证照的真实性，也为市场监管部门实施线下精准监管、了解市场动态形势、策略研判、风险分级管理等工作提供数据参考。

[1] 复旦大学数字与移动治理实验室:《中国地方政府数据开放报告（2020年上半年）》。

### 2. 发展数字新技术、探索数据治理新方法

数据中蕴含着巨大的社会和经济价值，实现这些价值，数据治理扮演着重要角色，既要数据安全也要数据畅通。数据保护是在进行数字化转型的大背景下，在数据流动和使用状态中的数据保护，不同于以前防火墙式的静态保护，数据治理更倾向于动态保护。近年来，5G、物联网、云计算、大数据、人工智能、区块链等新技术新应用，激发数字经济新活力，同时也为数字化发展治理提出了新方法。以区块链为数据验证赋能举例，区块链是一种分布式账本技术，旨在通过多节点的共同参与来实现交易记账，每个节点账户都是完整的、不可篡改的，这有助于将用户融入三方治理账户，实现不受影响和不间断的数据生产、数据垄断和数据使用。通过节点授权，最终数据收益在各方之间按照实现数据所有权共享的比例共享[1]。尽管在此过程中共享交易信息，但账户信息是高度加密的。因此，零知识证明是保护账户隐私的有效策略。零知识证明是在不向验证者提供任何有用信息的情况下，让验证者相信自己具有一定的知识或能力，例如在不泄露用户身份的情况下实现资产转移。

数据共享交易和潜在价值释放的实现发生在“产权确认—隐私保护—协同计算—价值共享”的价值链上。该方案被金融和区块链行业广泛接受，它基于隐私计算和人工智能相结合的解决方案，是一种通过将多种密码算法与前沿区块链技术相结合，解决密钥管理等安全问题的新方法。区块链技术广泛应用于设备认证、通信加密等领域，或许可以为打破“数据孤岛”、促进数据交易提供有力支撑。

[1] Alaei S., “Makhdoumi A, Malekian A. Optimal subscription planning for digital goods”, 2019.

### （三）防范交易风险、统筹安全和发展

#### 1. 完善数据安全立法建设

数据风险规制是释放数据价值的安全保障。大数据在为国家治理带来机遇的同时，也带来了风险，如信息安全风险，同时对数据的连续性管理和个人信息保护提出了更高的要求。为此，在完善数据安全立法建设中，可以从以下三个方面着手，确保数据交易的安全性并促进数字贸易的发展：其一，建立全面的数据安全法律框架。制定明确的数据安全法律法规，涵盖数据的收集、存储、传输、处理和使用等环节，明确相关主体的权责和义务。针对个人隐私保护、敏感数据处理、数据安全审计等方面进行法律规定，确保数据交易过程中的合法性、合规性和透明度。加强数据侵权和网络犯罪的打击力度，制定相应的惩罚措施，提高违法成本，维护数据安全和交易秩序。其二，强化数据安全监管和执法力度。加强数据安全监管部门的建设，增加专业人员和技术力量，提升监管效能和能力。建立健全的数据安全监管机制，包括数据安全评估、审查和认证机制，确保数据交易环节的合规性和安全性。加强对数据交易平台和数据处理者的监督，建立举报和投诉机制，及时查处违规行为，保护用户的合法权益。其三，推动行业自律和标准制定。鼓励相关行业组织和企业制定自律准则，明确数据交易和处理的最佳实践标准。加强行业间的信息共享和合作，建立数据安全技术研发和创新联盟，促进数据安全技术的发展和应用。推动行业标准的制定和推广，包括数据安全管理体系、数据加密和隐私保护等方面，提升数据交易的安全可靠性和信任度。通过上述措施的综合实施，可以确保数据交易的安全性和合规性，为数字贸易提供稳定和可靠的环境。同时，加强国际合作，推动国际间数据安全治理

的协调与合作，共同构建全球数据安全的共识和标准。

**2. 完善市场监管机制与社会信用机制**

在我国数据要素市场体系建设过程中，存在市场秩序不完善及监管体系缺位等症结，应着力推动数据要素市场化配置体制机制的创新与完善[1]。一方面，要充分完善市场监管机制。建立健全的数据交易市场准入机制，加强对数据交易平台和参与者的监管，确保市场的规范运作和公平竞争。加强数据交易信息披露制度，要求交易平台和数据提供方充分披露数据的真实性、完整性和安全性信息，为交易参与者提供明确的决策依据。加强对数据交易活动的监测和监控，建立风险预警机制，及时发现和处置潜在的风险和违规行为。并加强数据交易市场的跨部门协作，建立数据交易市场监管的联合机制，实现信息共享和资源整合，提高监管的效率和覆盖面。另一方面，要建立健全社会信用机制。建立完善的数据交易主体信用评价体系，对数据交易参与者进行信用评估和排名，形成良好的市场秩序和信用环境。在企业层面，要推动企业自律和行业规范，鼓励企业加强内部数据管理和安全控制，提升数据使用的合法性和合规性。在公众层面，要加强数据交易参与者的信用宣传和教育，提高大众对数据交易风险和安全的认知，增强市场参与者的风险意识和自我保护能力。同时，注重信用监管和惩戒机制，对违规行为实施严厉的处罚措施，并将不良信用记录纳入信用档案，形成有效的惩罚机制。不断提高网络数据空间的安全综合防护能力。这将为构建全国统一的数据要素大市场奠定良好的技术安全基础。

[1] 高世超、田倩仪：《智库视点 | 民营企业参与上海城市数字化转型的对策建议》，上海经信智声，https://mp.weixin.qq.com/s/j6kvtDgZuwq5x6YZOPa3Cw，2021 年。

## 第五节　建设数字贸易国际枢纽港的对策建议

建设数字贸易国际枢纽港作为上海发展数字贸易的重要战略举措，对于上海提升国际贸易中心能级，构建国内大循环的中心节点和国内国际双循环的战略链接具有重要意义。因此，如何破解数字贸易国际枢纽港建设过程中在跨境数据流动、数字贸易规则以及数字贸易平台等方面的体制机制障碍与现实困境值得关注。为此，本节针对上述问题给出了相应的对策建议。

### 一、完善数据跨境自由流动制度、推广数字贸易便利化措施

一是建立灵活性的数据出入境管制体系，探索制定细化的数据分类分级标准。参考欧盟相关经验，筹划数据管理规范的立法事项并颁布地方细则，明确商业领域合法利用个人信息的途径，构建个人信息商业利用的制度闭环[1]。二是加大数字贸易开放力度。首先，在临港新片区试行数字贸易负面清单制度，制定开放时间表和路线图，并出台具体的配套细则和实施方案，在兼顾国家信息安全的前提下推进数字贸易开放。其次，在临港新片区探索设立离岸数据中心和数字特殊监管区域，优先推进与境外工业商业数据直通，并为工业互联网建设提供专用通道。还可以加速开放上海基础电信业务，放宽外商投资比

[1] 刘斌、崔楠晨：《数字贸易规则与中国制度型开放：未来向度和现实进路》，《中国特色社会主义研究》2022 年第 2 期。

例限制，并选取新闻、社交、购物、视频等领域进行先行试点，逐步开放部分网络管制。三是推进数字贸易便利化，将数字贸易纳入单一窗口管理，简化数据要素流动的管理程序。同时，探索建立基于软件实名认证和数据产地标签识别的监督规范，促进非敏感、非关键领域数据的自由流动，降低数字贸易交易成本。

## 二、积极对接谈判、参与引导国际数字贸易规则制定

数字贸易规则竞争现已成为当前大国博弈的前沿领域[1]。面对数字贸易、跨境数据流动带来的外贸监管治理问题，上海应当积极参与、引导国际数字贸易规则的制定，实现上海与国际数字贸易规则和制度对接，从而打通数据要素跨境流动、数字产品和服务跨境贸易、数字产业国际投资和技术合作等政策和制度壁垒。目前，《全面与进步跨太平洋伙伴关系协定》（CPTPP）、《美墨加协定》（USMCA）、《区域全面经济伙伴关系协定》（RCEP），《数字经济伙伴关系协定》（DEPA）、美日数字贸易协定等区域及双边协定成为数字贸易规则制定的主要平台，但当前国际上尚未出现主导性制度规则，存在大量监管空白。在此形势下，建议上海市充分利用中国加入 CPTPP 和 DEPA 等区域数字贸易谈判的东风，主动对接国际高标准经贸规则，发挥上海在新技术应用、沙盒监管方式创新、数字制度保障方面的优势，通过组建一支包括法律、贸易、数字经济等领域的专家团队，开

[1] 丁国杰、韩佳、刘梦琳等：《临港新片区打造高水平数字贸易枢纽港研究》，《科学发展》2022 年第 9 期。

展数字贸易规则的研究和制定工作，挑选优势领域，引导探索制定国际水准的制度规则。

在具体举措上：一是积极争取国家相关部委的支持，将数字贸易的核心议题如跨境数据流动、设施本地化、源代码、增值电信服务开放等重点领域，在上海临港新片区进行分类监管先行先试的探索，并在知识产权保护等方面进行更大力度的压力测试。通过推进国家级跨境电商综合试验区建设，建立跨境电商负责标准体系，在全球支付信用体系、数字产品征税、跨境电商规范经营等领域引导国际规则的制定。二是争取司法部以及最高人民法院的支持，与国际主要城市建立数字贸易仲裁合作关系，将上海打造成为数字贸易仲裁中心，在争端解决机制、补救手段等上给予制度保障。三是以 RCEP 为契机，推动中日韩数字贸易协定谈判，打造中国在亚太地区数字贸易规则的领导权。四是开拓“数字贸易朋友圈”，以“一带一路”为纽带，打造“数字丝路”，开展数字贸易经贸合作，寻求更多与中国利益诉求相近国家的支持，进而逐步与欧美国家开展数字贸易对话和协商。

## 三、着力完善数字贸易生态圈、提升数字贸易国际竞争力

一是瞄准新型数字贸易业态。建议围绕上海实际，将高度依赖技术创新和数据跨境流动的数字服务作为发展的重点，通过构建统一的数据平台，实现数据的采集、标注、存储、传输、管理和应用等全生命周期价值管理，帮助上海企业实现更高效高质的数字贸易。围绕人工智能、大数据、云计算、智能终端、卫星互联网、工业互联网、区块链等重点领域夯实数字贸易产业基础，聚焦其衍生的服务新业态如

行业云、数据服务、数字金融、数字设计等来构筑数字贸易新优势。二是重点做好数字贸易服务平台的建设。建设高质量的数字贸易公共服务平台，为数字贸易企业提供信息共享、政策咨询、政策匹配、项目对接、数据合规咨询、风险预警、知识产权、支付清算等服务，搭建与海外市场资源的双向对接渠道。三是充分利用上海已有的贸易展会平台如进博会以及各领域的国际性贸易活动，促进数字贸易的纵深发展。建议在年度进博会中，与国际组织、数字贸易主要经济体、数字贸易领军企业等联合，将数字贸易作为进博会核心主题之一，持续就其中面临的年度关键议题以及长期发展问题进行交流、协商，建立共同推进机制。并且在服务贸易展区中，单列数字贸易展区，提升其显示度。加快引进在数字贸易领域具有领先地位的龙头企业，例如腾讯、阿里巴巴等。同时，培育一批在关键领域具有广泛影响力、辐射面广的数字贸易平台，提高视听、影音、游戏等数字化领域的企业集聚度。适时成立数字贸易推进工作小组，定期召开工作会议，会商解决发展中遇到的重大问题。

## 四、因地制宜构建不同的数字贸易合作方式

上海可以在保障数据安全的基础上针对不同数字贸易对象采取差异化合作。从贸易对象看，美国、欧盟、数字丝绸之路沿线国家是上海数字贸易的主要经济体。美国是上海重要的数字贸易对象，其企业国际竞争力较强，比较强调扩大市场准入、主张跨境数据自由流动、减少数字贸易壁垒等。因此，在与其进行数字贸易时，可充分利用区块链等技术以及制定对等规则来有效推动数字贸易合作。欧盟是全球

数字贸易的引领者，非常注重规则主导者，可以引导上海数字贸易平台企业加入欧盟及其他国际跨境数据流动资格认证，满足所在地的业务合规要求，实现跨境数据流动和经贸合作。“一带一路”沿线大多数发展中国家则面临“数字鸿沟”，数字基础较为薄弱，更关注数字贸易便利化层面的开放发展。因此，上海可以引导这一类经济体设立数字贸易示范区的试点，以“试点对接试点”探索合作，获得经验后再推广。同时以非官方的行业协会、商会为主办单位，策划相关重点产业以及企业家论坛，强化数字贸易领域的全方位合作。

# 第七章 数字时代的上海产业政策

发展数字经济离不开与之相适应的产业政策体系，构建合意的数字经济产业政策体系已成为推进中国式现代化的重要驱动力量。上海市率先基于数字经济发展特点，及时调整升级产业政策体系，在数字产业发展方面走在中国乃至世界前列。梳理上海数字经济产业政策转型实践，对“十四五”期间进一步健全和完善数字经济治理体系，制定更加灵活高效的系统性政策措施具有重要意义。本章节首先回顾上海市产业政策转型背景和实践，并梳理出数字时代上海产业政策转型实践存在的问题和挑战，最后提出数字时代下产业政策体系调整方向和具体路径。

## 第一节　产业政策转型与上海实践

发展数字经济是把握新一轮科技革命和产业变革新机遇的战略选择，是未来经济社会发展的重要基石，是大国竞争的主要战场。我国高度重视数字技术与数字经济的发展，并且将信息化发展升级成国家战略之一。为了适应数字经济时代下产业发展的要求，上海市以国家政策为指导积极调整产业政策体系。本节重点从历史和产业政策体系构成两大维度梳理分析上海产业政策转型背景与实践成果。

## 一、上海产业政策转型背景

进入21世纪以来，以数字技术为核心的新一轮科技革命和产业变革快速兴起。新一代通信技术、大数据、云计算、人工智能、物联网等数字技术迅速发展并向各领域渗透。随着世界各国逐渐意识到数字技术与数字经济在未来社会、经济与科技发展以及国家竞争中的重要作用，中国政府也对数字技术与数字经济予以高度重视，并先后出台一系列产业政策支持其发展。随着数字技术与数字经济的战略性意义和发展前景逐渐显现，中国政府围绕数字产业化和产业数字化两方面逐步加码产业政策，国家信息化发展已上升为中国国家战略。作为我国开放程度最高、高质量人才最集中、创新能力最强的城市之一，上海市拥有发展数字经济的强大优势。以国家政策为指导，上海市在数字经济领域的产业政策随着数字技术与数字经济的发展而不断演进。自2000年开始，上海市数字经济领域产业政策大致经历了三个阶段。

第一阶段是从2001年至2005年，受2001年中国入世的影响，上海市将提升城市综合竞争力作为“十五”时期的主要任务。这一阶段上海市产业政策的重点在于大力发展现代服务业、加快建设工业新高地，以带动工业化为目的支持信息产业优先发展。第二阶段是从2006年至2015年，由于“十五”期间中国信息通信及电子产业快速发展，全球数字技术与产业发展步伐加快，逐渐成为国际竞争的战略重点，因此中国在这一阶段将信息产业发展与信息化上升到国家战略层面。上海市紧随中央产业政策导向，开始注重培育和发展新一代信息通信技术及相关产业，并且将其作为战略性新兴产业的重点领域，列为上海市主导产业之一，以自主发展、促进应用为发展核心，注重信息产业体系技术能力、创新能力的提升与自主可控。第三阶段是2016年至今，上海市不断强化和升级数字经济领域的战略部署，大力支持以平台经济、移动互联网、大数据、云计算、人工智能、物联网等为代表的数字技术及相关产业的发展，并积极推进新一代信息技术与服务业、制造业等传统产业或实体经济领域的深度应用与融合，加快完善数字新型基础设施建设，大力推动数字经济产业发展。

自进入数字经济时代以来，上海市的产业政策体系呈现出一些新的发展趋势。一是高度重视数字经济领域科技创新与新技术扩散，重点促进数字技术在各领域的渗透、融合与发展；二是基于产业特性制定差异化的数字产业政策；三是功能性产业政策在上海市产业政策体系中的分量与重要性日趋增加，数据立法等产业政策实践走在全国前列；四是不断增加数字基础技术和数字人才等生产要素的高质量供给；五是重视数字基础设施的建设和数字应用场景的培育。

## 二、上海产业政策转型实践

上海市高度重视数字经济产业的发展，对上海市产业政策体系进行全面调整和升级。一方面，从公平竞争、数字产业立法、知识产权保护等多个角度出发进行了探索性尝试，成果丰硕；另一方面，调整优化重点产业支持政策，在三大先导产业、六大产业集群、四大新赛道产业和五大未来产业上，着力促进产业政策向功能性和普惠化转型。

### （一）持续推进反垄断与公平竞争审查

十八大以来，经济迎来了新的发展阶段，以互联网、大数据、云计算、人工智能、区块链等为代表的数字技术为经济发展提供了强大动力。上海作为我国经济中心、数字经济发展重镇，随着大数据、云计算、人工智能、移动互联网、智能终端等新一代信息技术渗透到社会的各个领域，经济运行效率得到了极大提升，而数字技术在不断释放技术红利的同时，也衍生出了诸如行业垄断，排他性竞争协议以及大数据杀熟等一系列问题。《中华人民共和国反垄断法》《中华人民共和国网络安全法》等系列国家级法规相继出台，上海市市场监督管理局（以下简称“上海市市场监管局”）积极落实各项法律法规，并形成上海经验。这在一定程度上规范和制约了对数字技术的滥用行为，保障数字技术的合理使用是市场经济可持续发展的前提。加强反垄断执法和公平竞争审查，坚持平台经济反垄断和防止资本无序扩张，是保障上海数字经济企业创新和健康发展的必要条件。

上海市市场监管局重点完善以“双随机，一公开”监管和“互联网＋监管”为基本手段、以重点监管为补充、以信用监管为基础的新型监管机制。不断加大对价格垄断行为的查处力度，严肃查处通过滥用市场支配地位，滥用行政性权力实施价格垄断的行为。严格政府文件的增量审查和存量清理工作，严格把好地方性法规、规章、规范性文件的制订关和审核关，形成高压态势，对损害竞争、损害消费者权益以及妨碍创新的垄断协议、政府政策文件、滥用市场支配地位的行为等进行规范。全面清理市场经济活动中含有地区封锁和行业垄断内容的现行规定，支持各种所有制企业公平享受各项企业扶持政策，公平获取各类社会资源，公平参与各类重大项目，积极维护市场主体的公平竞争。

在反垄断方面，平台经济反垄断逐步成为执法关注的重点领域。通过对上海食派士商贸发展有限公司滥用市场支配地位“二选一”案等典型案件进行依法查处，发挥警示作用，规范平台经济领域竞争秩序。2021 年上海市市场监管局配合总局对阿里巴巴、美团、玻璃行业协会、先声药业、扬子江药业等多起案件进行查处。无论是传统经济领域还是新兴的数字经济领域，上海市场监管均走在全国前列。此外，上海市还开展企业竞争合规管理体系建设试点工作，探索开展长三角区域竞争状况试评估工作，对标 RCEP、CPTPP 等国际经贸规则，探索构建营商环境公平竞争子指标体系。为集合社会力量共同维护良好的市场竞争环境，上海市出台了《公平竞争审查举报处理试行办法》，建立投诉举报绿色通道并主动进行信息公开，鼓励社会各界共同参与反垄断治理。

在公平竞争审查方面，仅 2019 年就梳理政策措施 7475 件，清理 26 件（拟修订 7 件、废止 19 件），并率先开展公平竞争审查第三方评估，分别对 26 个市联席会议成员单位、16 个区政府公平竞争审查制度实施情况进行综合评估，对民营企业、招投标等重点领域政策措施是否符合审查标准进行专项评估，重点审查 1296 件政策措施，并形成评估报告。2021 年进一步对全市各政策制定机关近两年来出台的 802 份规范性文件进行自查，抽取 114 份规范性文件进行重点核查，实现市级政策文件公平竞争审查三级把关。组织实施第三方评估，开展公平竞争审查业务培训和“长三角公平竞争审查技能提升立功竞赛”。组织专业队伍对各区公平竞争审查制度实施情况进行执法检查考核，将公平竞争审查工作纳入本市法治政府建设实地督查。2022年以来，市场监督管理总局组织在上海开展公平竞争审查信息化建设、举报处理、重大政策措施会审、公平竞争指数四项试点，进一步创新公平竞争审查实施机制，提升审查质量效能，强化制度刚性约束，优化公平、透明、可预期的制度环境，为数字经济健康良性发展创造了更优良的制度环境。

### （二）数字产业法律体系不断完善

上海市新兴产业发展正加速抢占赛道，面临着美国为首的发达经济体以产业立法为手段的新型竞争挑战。产业立法具有规范性、普适性和稳定性。产业政策贯穿产业发展的全阶段，短期的产业关系变化需要产业政策进行调整，产业相关法律法规则可以视作产业政策的法律化，是对产业政策的凝练和规范，保障产业的长期稳定发展。

上海发展数字经济产业具有广泛的技术、人才、市场和制度基础，数字经济产业进入快速发展期，社会关系正趋于稳定，政策经验较为丰富，容易形成严格、规范、稳定的法律，为成熟产业制定基础性发展规范。此时可在政策基础上深化总结提炼出具有普适性和规范性的法律法规，规范市场主体行为，充分保障市场机制的运行，更好发挥市场作用。同时市场经济主体也面临着较多规范问题，需要立法支持，如人工智能、数字化转型以及一些未来产业的发展等。规范数字经济产业的发展，总结上海数字经济发展经验，加快推出产业立法正当其时，既是对上海发展经验的总结和梳理，也是顺应上海数字经济发展需要和国家数字经济制度建设的现实要求。

上海结合《上海法治政府建设规划（2021—2025 年）》，依托浦东立法权，在新兴领域进行了立法探索。在数字经济发展环境培育上，上海市在数据开放、信息基础设施建设等多个领域加强和完善产业立法，促进和规范数字经济相关产业发展。2021 年，为保障数据所有者合法权益，规范数据处理活动，促进数据依法有序自由流动，保障数据安全，加快数据要素市场培育，推动数字经济更好服务和融入新发展格局，上海市制订并实施了《上海市数据条例》，对数据权益、公共数据开放、数据交易、数据要素市场、数据开放合作等多个数字经济发展的重点问题以立法的形式规范化，此后又相继出台了《上海市公共数据开放暂行办法》《上海市数据交易场所管理实施暂行办法》等多个细分领域的产业立法。在上海市数字经济发展的底层支持上，上海市于 2023 年出台并实施了《上海市信息基础设施管理办法》，对全市信息基础设施的规划、建设、维护、保护和监督等活动进行规范化管理，保障信息基础设施安全，推动经济、生活、治理全面数字化转型。

在具体的产业发展上，上海重点发展的人工智能、生物医药、集成电路等产业政策数量较多，如人工智能产业自 2017 年以来共拥有十多项相应的产业政策，2022 年上海市颁布了全国首部人工智能省级法规，即《上海市促进人工智能产业发展条例》。在智能网联汽车产业相关的法规政策体系中，2022 年出台了《上海市浦东新区促进无驾驶人智能网联汽车创新应用规定》。随着法治政府建设的推行和上海市“十四五”时期经济社会发展目标任务，上海市将进一步系统谋划、统筹推进政府立法工作。除了加强国家安全、科技创新、公共卫生、文化教育、民族宗教、生物安全、生态文明、防范风险、反垄断、涉外法治、城市更新、城市安全、食品药品、民生保障等重点领域立法外，尤其强调了加强数字经济立法。在互联网金融、人工智能、大数据、云计算等新兴领域大力开展立法研究，积极推进相关立法，以良法善治保障新经济、新产业、新业态、新模式健康发展。

### （三）数字知识产权保护力度逐步增强

数字经济是典型的知识密集型产业，与知识产权保护制度存在天然的联系。高质量的知识产权保护水平能够保障权利人享有数字专利的独占性收益、获得市场竞争优势，有助于激发数字技术创新积极性，催生数字经济新产业新模式，推动经济高质量发展。因此，我国正不断深化数字知识产权保护制度与实践改革。为响应国家在知识产权保护制度上的变革，上海市也在互联网、电子商务、人工智能、大数据和区块链等新型知识产权领域内积累了大量服务经验，探索性地建立和完善了知识产权纠纷多元化解与维权援助机制，为数字企业提供全生命周期知识产权服务。同时，上海市也在浦东新区建立了与国际规则接轨的知识产权保护制度、商事争端解决机制。然而，数字经济的发展速度之快前所未有，数字知识产权侵权行为存在频率高、范围广、形式多样、隐蔽性强、取证难等突出特点，现行的知识产权制度难以有效应对互联网虚拟世界的隐蔽侵权行为。

上海市知识产权局下设上海市知识产权保护中心和上海市知识产权服务中心等专业机构，并大力建设知识产权金融服务平台、信息服务平台等，提高上海市知识产权保护和服务水平。2015 年上海设立知识产权法院，为经济社会发展提供有力的司法服务和保障。闵行区、浦东新区相继于2016年和2019年入选国家知识产权示范城区。为提高知识产权保护服务水平，上海市全面优化知识产权保护的总体设计，在浦东新区率先探索专利、商标、版权、原产地地理标志“四合一”知识产权综合管理和执法体制机制，完成市、区两级知识产权机构改革，实现对专利、商标、原产地地理标志的集中统一管理。出台《上海市知识产权保护条例》《上海市反不正当竞争条例》《关于强化知识产权保护的实施方案》《上海市知识产权强市建设纲要（2021—2035年）》等。2022年，上海浦东新区、闵行区更是成功入选全国首批国家知识产权强市建设示范城市（城区），徐汇区、松江区、嘉定区成功入选全国首批国家知识产权强市建设试点城市（城区），充分肯定了上海市知识产权保护工作。

在知识产权保护领域深入开展重点领域、关键环节、重点群体行政执法专项行动。加大对知识产权刑事犯罪行为打击力度，强化民事司法保护，不断完善知识产权纠纷多元解决机制。在知识产权服务领域，上海知识产权质押融资规模逐年扩大，知识产权保险产品不断丰富，知识产权资产证券化项目效应初显，知识产权金融创新产品不断突破。2022年专利商标质押融资登记项目519笔，登记金额121.53亿元，同比增长59.2%；知识产权保险投保801笔，保额2.9亿元，同比增长94.5%。上海知识产权质押融资工作经验还入选了2022年商务部国家服务业扩大开放综合试点示范建设最佳实践案例。

不仅如此，在市政府的支持下，知识产权国际合作不断加强，国际合作交流成效显著。与世界知识产权组织（以下简称WIPO）签署《关于在知识产权领域发展合作的谅解备忘录》及其补充协议，推进WIPO仲裁与调解上海中心落地并开展业务。上海知识产权国际论坛的国际影响力持续提升，市政府与 WIPO 联合颁发上海知识产权创新奖，推动建设上海国际知识产权学院等。

上海市知识产权建设成果卓著。2011 年至 2022 年，上海市年发明专利授权量从 0.92 万件增长到 3 万件；PCT 国际专利年申请量从 847 件增长到 5591 件，同比增长 15.76%，较同期全国平均增速高 14.62 个百分点，仅上海一市 PCT 专利申请量占全国申请总量的 8.09%。有效注册商标总量从 26.18 万件增长到 173.74 万件；作品版权年登记量从 2.36 万件增长到 31.89 万件。截至 2022 年 12 月，全市有效发明专利数量达 201950 件，其中半数以上的专利为高价值发明专利，数量为 10.18 万件，同比增长 19.64%，每万人口发明专利拥有量超 80 件，在全国各省区市中排名前列。

### （四）高度重视数字技术在各领域的渗透、融合与发展

21 世纪中国进入数字经济时代以来，上海市开始大力推动信息化与工业化的融合发展。随着新兴数字技术和产业的不断发展演化，上海市愈发重视数字经济领域的科技创新与新技术向农业、工业和服务业各领域扩散，强调新一代信息技术产业需要将促进应用作为发展重点之一。2021 年，上海市更是将集成电路和人工智能两大基础性的数字产业定位为先导产业，强调充分发挥芯片技术、人工智能技术辅助其他各产业进行高效管理和创新的功能，大力推动数字技术在各产业领域的渗透、融合与发展。在六大重点产业集群中首先强调要促进电子信息产业稳中提质，同时明确提出各类重点产业与互联网等数字技术融合发展的具体要求，如生物医药先导产业和生命健康重点产业需要聚焦智慧医疗、智能健康产品等领域，发展智慧引领、普惠民

生的健康服务新业态；汽车产业需要重点发展智能网联汽车等制造领域，延伸发展智慧出行、汽车金融等服务领域，促进汽车与 5G 通信、物联网、智能交通等融合发展；高端装备产业需要重点发展智能制造装备等制造领域，以及系统集成、智能运维等服务领域，进一步开放智能制造应用场景，建设智能产线、智能车间、智能工厂。

同时，由于各产业对于数据要素的需求程度不同，产业进行数字化转型的路径不能一概而论。因此，上海市根据不同产业的生产要素需求特性制定了差异化的产业政策，使其更加符合产业发展的客观规律。对于生物医药、集成电路等数据与技术密集型产业，上海市坚持实施数字赋能、全面转型的宗旨，比如在生物医药产业研发、转化、生产、流通到销售和服务的全链条上布局数字化赋能行动，在集成电路设计、制造和封测等全产业链环节中培育一批具有国际竞争力的上市企业，并且鼓励产业内统一大数据平台的建设以及人工智能辅助研发等技术的突破，以数字技术为支点撬动产业高质量发展。对于汽车制造、高端装备制造等技术与资本密集型产业，上海市制定了以推进智能化、数字化和网络化生产为重点的产业政策，支持智能网联汽车、智能制造等产业领域的重点项目建设，着力夯实重大功能性平台以及公共服务平台等新型数字基础设施。对于钢铁、化工等能源密集型产业重点实行一体化数字管控、智能绿色生产等产业政策。对于时尚消费品等知识和劳动力密集型产业，上海市将生产定制化、柔性化、绿色化以及消费场景数字化作为产业政策实施重点[1]。

[1] 艾瑞咨询:《2022 年中国供应链数字化升级行业研究报告》，https://max.book118.com/html/2022/0524/8027104050004103.shtm。

在引导“2+3+6+4+5”产业与新一代信息技术深度融合的方式上，上海市政府综合利用了财政补贴、减税降费、低息贷款、产业基金等丰富的产业政策工具。为引导生物医药制造业与新一代信息技术深度融合，上海市政府根据医药企业实施信息化、智能化、绿色化改造的程度，向此类医药企业给予占投资额一定比例的资金扶持，以打响“张江研发 + 上海制造”的生物医药品牌。为推进汽车产业智能化、绿色化发展，临港新片区相关部门向在集成电路、人工智能领域开展实质性生产或研发活动的新能源车企业提供了减税降费的政策优惠。为提升上海市智能制造综合能力，上海市将数字化融合程度纳入高端装备制造业产业项目的考察评估范围，通过建立产业基金，发挥其杠杆作用，引导各类社会资金聚焦企业创新活动，支持包括智能制造企业在内的高端装备创新企业在科创板上市。为培育“4+5”新赛道产业和未来产业新优势，上海市制定了装备首台（套）奖励、科技创新券、消费补贴、产业准入等产业政策，同时着重提出完善数字基础设施建设、培育数字经济创新平台，集中力量培育发展新动能。

## （五）数字技术和人才要素的高质量供给能力持续提高

核心技术是数字经济发展的重要基础和主要支撑，其中数字基础技术和通用技术是我国数字经济发展的最大短板，面临严重的“卡脖子”问题。为保障数字产业安全、稳定和可持续发展，上海市高度重视底层基础技术的研发，制定了一系列技术强基计划，加快半导体、基础工业软件、人工智能、大数据等底层核心技术的国产替代。例如，在人工智能产业，上海市重点开展了“人工智能算法创新行动计划”，着重实施“算法基础突破行动”，大力支持基础算法理论研究，推动核心算法技术突破，引导企业和科研机构面向认知智能、决策职能、量子机器学习等前沿基础技术领域加大研发投入，引进和组织具有国际影响力的算法领域学术会议。构建算法创新平台体系，联合上海企业、科研院所和高等学校的力量协同促进人工智能算法创新。

此外，数字人才是数字技术创新和数字经济发展的基础，可以划分为数字化专业人才、数字化应用人才和数字化管理人才，通常既需要掌握一项特定的数字化技术，又需要具有在某一场景内应用数字化技术的能力，还需要紧跟技术和产业发展趋势，在产业数字化转型过程当中起到关键作用。因此产业数字化转型从根本上来说是人才的转型。为实现上海市建设国际数字之都的目标，需要培养和引进大批数字化人才。随着上海市数字经济的快速发展，对于高质量数字人才的需求不断扩大，上海市政府在针对数字人才的留才引才政策上作出了巨大努力。

在数字人才的培育方面，上海市实施开放的数字化转型人才政策，重视培养高端复合型人才，探索混班学习交流机制，积极举办数字人才培训基地和创新赛事，致力于打造数字人才成长基地。在规划层面，《上海市全面推进城市数字化转型“十四五”规划》制定了较为全面的上海市数字人才培养方案，诸如加强高等院校基础学科和人工智能等新兴学科建设，促进数学、统计学、计算机等学科融合发展；强化培育以“首席算法师”为代表的复合型人才，打造数字技术实训基地和专业技术人员继续教育基地；在企业内设置数字化转型特设岗位试点等。在实践层面，上海市积极举办多项数字人才培育活动，如举办上海城市数字化转型“智慧工匠”选树、“领军先锋”评选、国资国企数字化转型创新大赛等活动，聚焦集成电路、人工智能、生物医药三大重点产业，为城市和产业数字化转型储备人才、储备项目。通过表彰一批优秀人才、优秀创新成果和场景，上海市积极引导企业和社会各界人士加强数字技术交流学习、合作竞争，激发城市数字化转型的创新活力。在数字人才的引进和留存方面，上海市逐渐加大对数字领域青年人才、领军人才和国际人才的引进力度，例如落实集成电路、人工智能、元宇宙、智能终端等重点产业研发设计人员的人才奖励政策，鼓励数字产业高层次技术人才在沪创业并给予一定的创业扶持。此外，为打造创新创业、安居乐业的数字人才高地，上海市还出台多种政策增强数字人才在沪工作和生活的幸福感，比如用好外籍人才永久居留等相关便利服务政策；在数字人才落户、就医、子女入学方面制定优惠政策；强化数字人才服务保障和融资支持，深化科研人才减负松绑机制的政策创新等。

### （六）重视数字基础设施建设和应用场景培育

数字经济的快速发展依赖于强大坚实的数字基础设施支持，上海近年来不断在硬件和软件上加强数字基础设施建设，夯实数字经济发展的重要基座。在硬件设施上，上海加快推进光纤网络扩容提速，促进人工智能、集成电路等产业的发展，深化 5G 的商用部署和规模化应用。截至 2023 年 3 月，上海市在 5G 网络能级方面的多个统计指标在全国居于领先地位，全市累计建设 5G 室外基站超 6.9 万个、5G 室内小站超 29 万个，已实现全市 16 个行政区的 5G 网络全覆盖。每万人基站数达 26.6 个，居全国第二，全市 503 个重点场所 5G 覆盖率超 95%。不仅如此，上海在智能工厂、算力基础设施、数字化人才培育、智能化应用场景开发等方面的建设也如火如荼，加快推进人工智能大模型、区块链技术、5G、机器人、数字孪生、元宇宙等技术在院校、实验室/实训基地的融合应用，深化典型场景应用赋能产业发展。

在软件上，上海高度重视数字基础设施建设的制度建设和法制保障。为强化上海信息基础设施的建设和管理，促进社会经济生活全面数字化转型，上海制定并实施了《上海市信息基础设施管理办法》。这一综合性立法从制度层面进一步完善了信息基础设施的发展和管理，强调了资源统筹、集约利用和设施安全。不仅如此，在建设环节，上海在土地、金融、科技、风险管控、接轨国际等方面均出台了相应的保障方案，创新融资方式，鼓励民间资本参与数字经济基础设施建设，在安全许可的情况下，进一步扩大公共数据开放，加快数据要素的自由流动和共享。在评估环节，上海建立了数字新型基础设施评价体系，制定了科学的数字经济基础设施成熟度测算体系，强调对数字经济基础设施建设进行合理评估。

上海在不断推进数字基础设施建设的同时，也致力于开拓数字新技术应用场景，促进新技术在企业落地，充分挖掘数字经济增长潜力。比如上海率先进行了政务云建设，将大数据云计算等数字技术广泛应用于政务数字化建设，与华为合作将区块链技术应用到政务数字化领域。同时，在企业方面，尝试打造智能工厂标杆企业，引导全市10000家规上工厂在各类数字应用场景中进行智能化改造，实施智能工厂数字基础新设施评估诊断、典型场景应用赋能产业发展、建设公共服务支撑能力等新型举措，助推新一代数字技术在企业生产经营实践中快速落地。

# 第二节 数字时代上海产业政策存在的问题与挑战

数字经济成为当前经济发展最活跃的领域，数字技术迭代迅速，数字经济发展特点也在快速变化，产业政策体系的调整难免滞后于经济发展实践。本节基于上海产业政策转型实践和数字产业发展面临的现实问题，重点从公平竞争、产业立法、知识产权等产业政策维度和技术、人才、数据等要素维度出发，梳理上海市产业政策体系存在的问题和挑战。

## 一、数字时代下反垄断竞争政策理论与实践亟待创新

一是上海出台的相关数字经济发展政策中，竞争政策“含量”仍然较低。对上海市政府自2008年以来的政策文本进行分析后发现，自反垄断法实施以来，上海市政府发布数字经济相关政策文件中，明确包含“反垄断”“公平竞争”等竞争政策关键词的文件相对较少。如图7-1所示，在361份市政府重要文件中，只有15份文件明确提及“反垄断”和“公平竞争”，相对而言竞争政策含量较低。而且政府部门对传统的产业政策具有一定的路径依赖，相关产业政策在政策制订、实施和评估阶段均有较为成熟的方法和案例可供借鉴参考，应用过程中更是信手拈来，这进一步导致竞争政策含量较低。产业政策实施过程中，其他与竞争政策相矛盾的问题主要体现为对统一大市场理解比较模糊，对不同组织形式、不同地区、不同所有制的经营者差别对待，存在着本地保护等较为明显的市场主体选择性问题，不利于

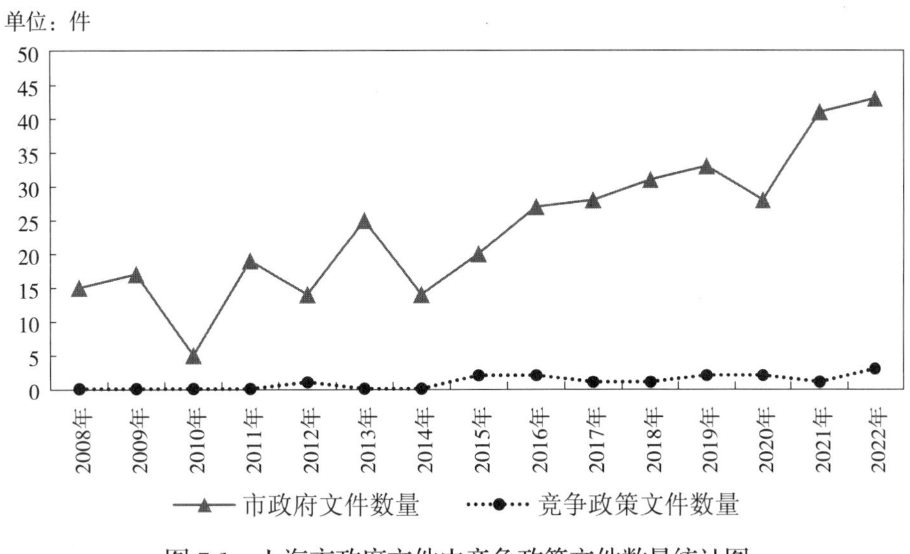


图 7-1　上海市政府文件中竞争政策文件数量统计图

资料来源：上海市人民政府网站。

发挥上海开放、市场化的优势，新兴领域企业活力依然有待释放。

二是反垄断与竞争政策与国际规则不完全相适应，急需调整以保障公平竞争。以 WTO 为主的国际经贸规则体系注重边境开放，但是，当前国际经贸规则的谈判却呈现新的发展趋势。一方面，WTO 改革方案的谈判不仅关注投资贸易的自由化，而且更加强调竞争的公平性，讨论议题包括产业补贴、国有企业等问题；另一方面，双边或区域性贸易投资谈判不再仅仅关注贸易和投资便利化，而是拓展到知识产权保护、政府采购、竞争中立、环境保护、数据流动、劳工标准等新议题，尤其是国有企业和竞争政策问题。在跨太平洋伙伴关系协定（TPP）谈判过程中，有关国有企业和竞争政策的主题一直受到关注。美国明确表示要创设规则确保私有领域的商业和工人有能力与国有企业竞争，特别是在国有企业受到政府支持从事的商业活动中。CPTPP 的国有企业条款便是规范国有企业参与商业竞争的标准。

三是平台经济反垄断面临着一系列难题亟待理论与实务界共同解决。数字经济条件下的平台经济，具有海量用户数据，可以借助数字技术给平台用户画像，进而实现一级价值歧视、大数据杀熟；也可以借助平台垄断力量实现自我优待、市场封锁、排他性交易，严重侵害消费者剩余。平台经济下反垄断理论与实践中存在着相关市场界定难、违法行为难以取证查处等问题，对反垄断规则及其分析工具带来新的挑战。挑战主要集中在相关市场界定、市场支配地位认定、经营者集中审查几个方面。相关市场界定为识别经营者市场势力、判定经营者行为的市场损害效果提供了场域，在各类反垄断案件中均具有至关重要的作用。数字经济下产品大多以免费的形式存在和销售，因此难以从功能、价格、质量等传统维度对其服务进行分析。基于价格下降的假定垄断者测试（SSNIP）、基于质量下降的假定垄断者测试（SSNDP）等测试方法又仍然饱受争议，相关市场界定存在巨大困难，进而难以准确界定数字经济平台的市场支配地位。不仅如此，数字经济发展速度远超反垄断法律和执法实践，其发展的动态性使得数字平台经营者集中审查难度快速提升。

## 二、数字经济产业立法薄弱

一是产业政策多，在新兴领域进行了立法探索，但产业促进的法律效应较弱。上海重点发展的人工智能、集成电路等产业政策数量较多，且上海在新兴领域的立法走在全国前列，对于产业的健康和创新发展有重要意义。然而，在具体的实施过程中，上海市对已立法领域的配套政策落地有所欠缺。例如，在数据领域，上海虽然出台了《上海市数据条例》，对权益保护、数据开放和数据交易等进行了规范，但是在具体的数据开放、流通、交易等方面进一步深化立法、促进政策落地等诉求仍然较大。另外，对于立法的覆盖与推广亦冀望突破之举，如上海关于智能网联汽车的立法作用范围仅限于浦东新区，但上海智能网联汽车发展的重要一环却于嘉定区布局，无法享受到上海智能网联汽车产业立法的红利效应。政策仍然需要探索如何突破地域限制、将浦东地区的先进做法在法律许可的范围下溢出到智能汽车产业集聚的嘉定等地。

二是数字经济产业立法过程中跨部门的会签制度导致立法内容原则性表述多、碎片化现象严重。立法过程往往由一个牵头政府部门与市人大共同起草文件，组织多部门协调与会签。在这种制度安排下，数字经济产业立法存在碎片化和模糊化的问题。同时立法结果往往是各部门之间利益协调和博弈的折中结果，最终的立法以及政策方案倾向于模糊、笼统和缺乏可操作性，由此确立的产业法律对数字经济产业发展的促进效应可能大打折扣。同时，数字经济产业立法过程中企业与专家的参与度不高，仍然存在一定的“空中楼阁”问题。一线的企业与行业专家往往只是在征求意见阶段有限参与，导致与企业实际需求可能存在一定的脱节。数字经济发展快速，政府部门往往存在着较为严重的信息不对称问题，知识更新速度不及处于市场竞争和数字经济发展环境中的一线企业，对市场经济的准确判断和精准分析不可避免地出现一定误差。同时，数字经济产业发展规律，不仅受到产业政策的影响，更是受到数字经济自身技术经济特征和物理特征的影响。产业立法中相关的经济政策研究专家和相关技术领域专家必不可少。进一步扩大数字经济产业立法中的一线企业参与、政策专家和数字经济技术专家参与是提高产业立法精准度和政策效能的重要途径。

三是在数字经济产业立法过程中缺乏对产业施策工具的深化和对体制机制的突破，导致立法同质化现象突出，大多集中于数据管理领域。产业立法过程中沿袭产业政策工具的倾向还较为明显，主要集中在行政监管、营商环境、公共服务保障、金融支持、税收优惠、公共性资源支持等方面，可能导致政策立法资源配置的能力逐渐减弱，政策也会越来越“平”。产业立法越走越窄，容易导致产业立法与传统产业政策出现交叉同质化现象。在促进产业发展的立法中应该更加关注突破束缚、支持产业良性发展的体制机制，有利于先进生产力的引入和生产关系的优化，以法律的形式为数字经济发展提供制度保障。同时，上海数字经济相关产业立法主要集中于数据领域，仍然未能解决数字经济发展和应用中面临的部分合法性问题。比如，在自动驾驶汽车领域，相关法律未能对自动驾驶的合法性和法律责任进行明确的界定，导致法律在推进过程中面临不小挑战。在区块链领域，这一技术应用的合法性仍然饱受质疑，导致企业在技术的产业化探索中畏手畏脚，严重限制了上海数字经济的快速发展。

## 三、数字知识产权执法难度不断提高

一是上海市知识产权权利客体的数字化形式更加丰富。对于传统的知识产权权利客体而言，其数字化体现在成果载体和创作手段两方面。根据《中华人民共和国民法典》以及《中华人民共和国著作权法》等法律对于知识产权权利客体的规定，表 7-1 列出了数字时代下各类权利客体在成果载体和创作手段上的变化。一方面，随着信息技

**表 7-1　知识产权权利客体与保护模式对比**

| 权利客体类型 | 传统载体 | 数字化载体 | 传统创作手段 | 数字化创作手段 |
|---|---|---|---|---|
| 发明、实用新型和外观设计 | 工业产品 | 数字系统和软件 | 对工业产品进行技术、流程或外观改进 | 使用计算机编程语言创造新的数字技术、软件、系统和页面设计 |
| 商标 | 纸张、录像带、DVD 等 | 网页图片等 | 在纸张上进行绘制，运用油墨印刷在产品或其外包装表面 | 借助计算机软件进行绘制及制作（图片文件等） |
| 文字作品 | 纸张等 | 网页等 | 书写 | 使用 html 等计算机语言进行编辑（txt 文件或网页等） |
| 音乐、戏剧、曲艺、舞蹈、杂记、摄影、电影等艺术作品 | 录像带、DVD 等 | 音乐软件、视频网站等 | 运用照相（录音）等手段将外界事物的影像（声音）摄录在胶片或光盘等载体中 | 借助计算机软件进行绘制及制作（数字动画、短视频等） |
| 美术、建筑作品、工程设计图、产品设计图、地图、示意图等图形作品和模型作品 | 纸张或模型等 | 网页图片、建模软件图纸等 | 用颜料在纸张等载体上进行绘制或用木片进行模型搭建 | 借助计算机技术、电子信息技术以及仿真技术等模拟虚拟环境（图片文件、VR 作品等） |

术发展，智力成果能够依附于数字化载体而存在，也更多地采用了数字化方式进行传播。数字化传播不受时空限制，导致侵权成本大幅降低，侵权行为更加普遍。另一方面，随着数字化创作手段日益丰富，权利客体的表现形式更加多样，与传统的作品表现形式存在较大的差异。此类新型权利客体能否被认定为著作权法所保护的客体成为知识

产权司法实践中的争议点。根据《中国城市科技创新发展报告2022》和《2022中国数字城市竞争力研究报告》，上海市科技创新活跃度和数字经济竞争力均位居全国第二。因此上海市丰富的知识产权能够凭借更加多样的数字化载体存在，数字知识产权数量也更多，如VR作品，人工智能生成物以及区块链、云计算和人工智能等新领域的创新技术等。

此外，互联网新兴技术的发展也创造出了新的知识产权权利客体。数据作为数字经济带来的新型生产要素，涉及多类参与主体，产权归属复杂、权利内容多样，而且具有低边际成本、无损耗、易复制和价值高等特征，导致数据收集、交易过程中极易产生纠纷。上海市高度发达的数字经济决定其拥有巨大的数据总量，更容易发生数据泄露和侵权，对上海市现有的知识产权保护制度提出了巨大的挑战。

二是上海市数字知识产权跨国侵权案件数量较多。鉴于传统知识产权载体的"有形性"，以往的知识产权保护存在地域性规定，即在我国申请授权的知识产权仅在我国以及与我国共同缔结知识产权国际公约的国家和地区受到相应知识产权法律的保护。然而数字知识产权大多存在于虚拟的网络空间内，其载体具有"无形性"，能够以极快的速度进行"无国界"传播，容易被不同法律环境中的主体获得和使用。上海市作为我国数字创新活动最频繁、开放程度最高、互联网产业发展最发达的城市之一，数字知识产权更容易在互联网环境下进行"无国界"传播，此类跨国界知识产权案件的侵权行为和执法主体将更加难以被确认。因此，数字时代下上海市知识产权行政管理机构和执法机关面临着更大的挑战。

三是上海市数字知识产权保护制度仍然需完善，行政执法难度仍然较大。首先，上海市缺乏独立、系统的数字知识产权保护制度，上海数字知识产权至今仍与有形载体上的传统知识产权受同一套知识产权制度的保护，然而数字知识产权的强隐蔽性导致其行政执法过程中存在更大的困难。其次，上海正在建设数字贸易港，亟待信息数据传输、数字传播平台、电子图形界面等方面的保护条款落地，尤其是在涉及数据资产的跨境流动时需要特别注意知识产权和数据的保护。由于互联网的发展，数据的跨境流动成为一种常态，伴随而来的是数据跨境流动对主权国家安全的潜在风险。数据在不同隐私安全保护水平的国家跨境流动将会带来潜在安全问题。例如，个人信息在管辖宽松的国家存在过度使用的风险等。目前知识产权新形态（数字化产品）及其背后的数字技术针对数据、源代码、算法规则等方面的权益侵占行为仍然未能产生良好的保护作用。尤其是对盗版数字内容网络传播等行为的监管和行政处罚力度仍然不够，而且对人工智能等产业的发展中面临的数据侵权等问题仍然缺乏明确规定和规范措施。最后，上海市数字经济和网络活动的高速发展导致新型数字知识产权侵权案件快速增加，人工智能、物联网、工业互联网等数字经济新业态的持续发展导致各类新型的网络权利主体也不断涌现，原有的知识产权保护体系远远落后于上海数字经济发展实践。

## 四、产业政策普惠性不足

一是上海市的数字产业政策倾向于直接干预微观主体，普惠性尚显不足。当前上海市产业政策关注的重点产业包括三大先导产业和六大重点产业集群，数字经济、绿色低碳、元宇宙、智能终端四大新赛道产业，以及未来健康、未来智能、未来能源、未来空间、未来材料等五个方面的未来产业。为促进数字技术向以上产业领域渗透、融合和发展，上海市颁布了内涵丰富、形式多样的产业政策，不仅包括加强数字基础设施建设和互联网反垄断等普惠性的产业政策，也包括大量财政补贴、减税降费、低息贷款、产业基金等传统产业政策工具。然而，此类传统产业政策的扶持手段往往因其干预市场公平竞争遭到美国、欧洲等发达经济体的反补贴调查或反补贴诉讼。因此，上海迫切需要对大规模政府补贴等传统产业政策手段进行调整。不可否认的是，在上海产业基础不强、产业体系不完备、创新水平较低的大背景下，集中力量办大事取得了一些成就，但是也造成了不公平竞争，甚至滋生了寻租等现象。直接深入到企业，对特定规模、地区和所有制下的企业进行支持和帮扶已不合产业发展需要。

二是上海市数字产业政策往往将大中企业、国有企业作为产业政策支持的重点，而忽视了中小微企业、民营企业等在科技创新和市场开拓方面的优势和效率差异。在上海市数字经济发展实践中，民营经济已经成为城市数字经济发展的中坚力量。根据 2022 年上海市工商业联合会数据，民营经济增加值在全市生产总值中占比约为 27.1%；在 9956 家新认定高新技术企业中，民营企业占比超过 80%；在 7572 家专精特新企业以及 500 家专精特新“小巨人”企业中，民营企业占比均超过 90%[1]。然而，上海市经信委的问卷调查结果显示，308 份有效问卷中 42.3% 的中小微民营企业尚未进行数字化转型，制约

[1] 白雪洁、李琳、宋培：《数字化改造能否推动中国行业技术升级？》，《上海经济研究》2021 年第 10 期。

其数字化转型的主要原因在于数字化资源受限、融资渠道狭窄等方面[1]，因此中小微民营企业对数字产业扶持政策的需求更为迫切。在现有的数字产业政策体系下，上海市通常按照项目投资额或产值规模给予企业政策优惠，部分中小微民营企业由于投资有限、规模较小，能够享受到的政策优惠力度较弱，难以满足中小微民营企业数字化转型的现实需求。

## 五、数字技术和人才政策的集中度、稳定性和精准性不足

一是上海市数字技术和人才政策的集中度不足。上海市现有的数字基础技术扶持政策和人才政策较为分散，在不同产业、不同市辖区的政策文件中存在较大差异，缺乏统一、普适、协调的政策法规体系，导致政策搜寻成本较高，数字基础技术研究项目、数字人才与其相应的扶持政策难以快速匹配，无法充分发挥政策效应。

二是上海市数字技术和人才政策的稳定性不足。随着近年来上海市数字经济的高速发展，数字经济新业态、新模式、新引擎和新职业不断涌现，对数字基础技术、数字人才的需求瞬息万变。相应地，上海市数字基础技术、数字人才政策更新速度较快，虽然具有短期效应好、适应现实等优点，但也导致政策持续时间短、稳定性不足、可预期性差、不确定性强。数字基础技术研究项目、数字人才难以适应快速变化的政策内容，导致数字技术和人才政策的效果不明显。

[1] 蔡爱民、查良松:《GIS数据共享机制研究》,《安徽师范大学学报》(自然科学版)2005年第2期。

三是上海市数字技术和人才政策的推介方式在主动性和精准性方面仍显不足。目前，上海市缺乏针对数字技术扶持政策和数字人才政策的主动推介机制，虽然存在政策宣讲活动，但活动频率、精准度和影响力等方面稍显不足。在制定数字技术和人才政策后，上海市政府仍然以被动等待技术项目、人才上门为主要方式实现政策对接。然而，由于政府与企业、项目、人才之间存在信息不对称问题，此类政策对接方式精准度不足，导致符合政策扶持条件的技术项目和人才无法及时获知政策信息，政策难以发挥最大效用。上海市具有大数据技术和平台优势，但尚未充分利用数字技术实现技术项目、人才与政策的精准对接。

## 六、数据基础设施和应用场景落后于现实需要

一是数据基础设施建设缓慢，信息公开、数据开放共享落后于数字经济企业发展需求。该方面主要存在三个问题。首先，开放数据较为零散，缺乏有机整合。上海市公平数据开放平台目前共有 5366 个数据集，数据条目超过 2 亿条。但大多数据只有一条或者单独的一列，数据之间孤岛问题仍然比较严重。其次，开放数据范围有限，难以满足数字经济发展需要。尤其对于需要大量公共数据的人工智能、大数据等企业，有限的开放数据制约其创新发展。最后，数据开放与跨境流动缺乏细则规定，数据跨境流动仍然面临着较大的不确定性，数据跨境流动阻碍较大。

二是数字经济新兴技术的应用场景仍然缺乏，部分新技术仍然停留在民用领域，未能产生大规模的商业化爆点应用场景。比如 5G 网

络虽然具有低延迟、高并发、高拓展等技术属性，但同时面临着建设使用成本高昂等一系列经济特性。推广 5G 的商业化应用快速落地才是彰显 5G 技术社会和经济价值的关键。目前上海市 5G 技术仍主要应用于民用消费级领域，缺乏在商业上大规模应用的场景。与之类似，区块链技术存在应用落地难、法律定位不明晰等限制性问题。区块链技术的现实应用很容易触发金融监管、数据隐私、知识产权等方面的法律边界。目前上海对于区块链技术产品缺乏法律认定。数字经济制度基础设施的缺失，导致相关行业企业难以大展身手。

## 第三节　数字时代下上海产业政策调整方向

完善数字经济治理体系，协同推进数字产业化和产业数字化是构建数字中国的有力支撑，是实现数字经济规范、健康和可持续发展的重要保证。为构建更适宜的产业政策支持体系，上海需要加速数字经济赋能传统产业转型升级，培育经济新产业、新业态和新模式，不断做大、做强、做优数字经济产业。本节基于数字经济产业发展特点和上海产业政策体系存在的问题和挑战，梳理上海产业政策的调整方向。

### 一、充分发挥产业政策和竞争政策的协同效应

一是加强竞争政策与产业政策的协调。在市场经济条件下，确立竞争政策优先的地位，在《反垄断法》和《公平竞争审查》的框架下

协调产业政策和竞争政策的机制设计。当二者存在冲突时，应明确竞争政策的优先政策地位，各类其他政策不得违背竞争政策的基本要求。同时，在政府产业政策的全生命周期中，严格落实公平竞争审查制度，做好对存量政策文件的清理，修改完善不合理的规章制度，同时严格审查增量文件。不仅如此，在公平竞争审查中还要加强社会监督，借助上海高校智库和律所等专业第三方服务机构的集聚优势，积极开展第三方评估，充分发挥专业机构的作用，竭力破除市场分割等严重限制上海全面开放和市场化的因素，充分释放上海数字经济发展活力。

二是与国际通行规则接轨，适时审慎调整竞争政策，逐步调整实现竞争中立和非歧视待遇。CPTPP 等国际规则从竞争立法和确保执法公正、透明度及国有企业、非商业援助、产业损害等方面做出规定，特别要求保证国有企业遵循竞争中立原则，防止其商业行为扭曲市场。首先上海应该适时调整竞争执法活动并确保执法程序公正，从制度上保证公平的市场竞争行为。其次强调竞争政策制定和执行中遵循透明度原则。上海需要及时通过上海发布、上海市场监管等平台向公众或缔约方公布竞争法律法规和政策措施，在加大多种渠道的宣传工作的同时，严格执行公平公正。最后明确国有企业和指定垄断的商业行为限制，如遵循“非歧视待遇”“禁止提供非商业援助”原则，保证不歧视他国企业、产品和服务。

三是加强平台经济反垄断法理论探索和实践经验总结。首先，需要对平台经济条件下的反垄断理论与方法论进行探索性分析。无论是直接的理论创新还是在传统单边市场条件下的理论与方法论修正，都是理论界与实务界重点关注的问题。政府监管部门应坚持公平监管和从严监管原则，尽早确立适应数字经济的反垄断审查标准，不再把结构性的垄断或集中度指标作为反垄断管制的核心目标，转而关注互联网企业反竞争行为。其次，总结和确立平台经济条件下反垄断实践的导向和原则。秉持包容审慎理念下的依法监管原则，以保护创新为政策目标，避免从不监管、松监管的一个极端，走向过度监管、过严监管的另一个极端。基于平台经济领域的特殊性，反垄断执法应做出相应调整变革。再次，上海的数字经济发展极为快速，经济社会实践极度超前经济理论。在制度建设和执法实践中，要适当考虑到对新兴产业和未来产业的外溢效应，避免制度建设先验地限制行业发展，制度设计中适当加入缓冲机制。最后，传统经济条件下的反垄断和竞争执法同样要引起重视，在经营者集中领域应加强相应执法，维护市场公平竞争，构建世界一流营商环境。

## 二、充分发挥产业立法对数字经济发展的支撑作用

一是强化立法部门与产业主管部门协同，明确产业立法的领域与边界，同时加快已有产业立法的深化与政策配套。建议由本市产业主管部门与立法部门建立常态化工作小组，提出产业政策立法化的需求，厘清产业立法的产业边界，重点将具备基础性、安全性、龙头战略性特征的产业纳入产业立法的调整范畴。基础性产业包括重要的数据产业、能源产业、智能交通产业等；安全性产业包括国防科技产业、集成电路产业等；战略性产业包括一些前瞻性产业如生物医药、人工智能、智能网联汽车、元宇宙等新赛道产业。同时，新兴产业立法的重点应放在保障数据等基础要素的流动、体制机制的突破上，特

别是需要发掘部市合作的能级，对标国际高标准，在技术与产业亟须突破的关键环节进行创新性立法。对于已有的产业立法，建议在企业关注的核心诉求上进一步深化、细化，特别是在数据立法的落地方面尽快突破。对于目前在浦东效果较好的立法举措，凝练其中可行的政策包，加快在全市推广和复制，充分发挥立法政策配套、落实的效应。

二是强化产业主管部门在产业政策立法上的功能，促进技术创新，维护相关产业和企业的正当发展权益。产业立法的重点应该围绕技术研发进行，发挥其广泛的创新溢出效应。首先理顺产业政策立法的体制机制，以产业主管部门为主体，整合本市科技管理部门的部分职能，保障产业立法的全过程、全链条畅通。其次建议选择带有基础研究或普适性技术的产业进行立法保障，比如可以对关键技术领域、产业领域的基础研究比例进行立法保障，对基础性技术的开发和技术平台的建设给予立法保障。第三，建议在产业立法过程中重点关注中小企业，保障科创类中小企业的发展。同时，以立法形式保护本市企业的公平竞争地位，对个别国家施加于本市相关产业或企业的歧视性限制措施进行法律效力否定和违法责任确立，以产业立法形式保障上海企业和企业家的合法权益。

三是进一步强化产业立法在体制机制改革与突破上的作用。建议本市产业立法首先重点对不适应产业发展的体制机制进行改革与突破，对产业相关主体的利益进行调整与优化，建立与该产业相匹配的基本民商事制度、监管制度、责任制度。本市政府（或委托产业主管部门）依法对产业法执行过程中的不作为、乱作为情况予以梳理、纠偏。其次，强化本市产业立法和政策的评估、监督机制。由市人大会同产业主管部门，积极引入第三方评估机构、企业等主体，对产业立法与政策的效果开展周期性评估。建立本市产业主管部门就产业促进成效向本市人大常委会的定期报告机制，以强化本市人大对相关产业法实施的监督。在此基础上，由本市产业主管部门根据产业发展的需要，提出相关产业法的修订诉求。

四是强化产业立法与产业政策、竞争政策的衔接，增强企业的获得感。建议本市在产业立法前期，依托产业主管部门进行立法前期调研与研究，充分听取和吸收重点企业的立法诉求与政策立法化的建议，立法过程中进一步提高企业的参与度，有针对性地解决产业发展过程中制约市场主体活力的关键问题和核心困境。同时，在体制机制的突破上，立法应充分和竞争政策相协同，对于竞争政策中核心的公平竞争审查制度、反垄断等问题可通过立法加以进一步明确与规范，打通产业链发展的堵点，充分保障本市立法的政策优化效应，为政策落地提供保障，增强企业的获得感。在立法与产业政策的协同上，在坚持立法原则性规定的条件下，发挥产业政策的灵活性。

## 三、创新并加强数字经济知识产权保护

一是推动数字知识产权保护技术创新。数字信息技术的迅速发展在推动知识产权保护技术进步的同时，也带来了侵权技术的更新迭代，因此必须加强数字知识产权保护技术创新，利用新兴科技手段提高数字知识产权保护效率、降低维权成本，保护数字知识产权权利人的合法权益。上海市需要充分利用已有的数字技术优势，率先促进防侵权数字技术的发展。针对数字知识产权易复制的问题，推动电子水

印、密码锁和反复制设备等技术手段创新发展，提高数字知识产权侵权成本，从而有效遏制侵权行为的发生。针对数字知识产权隐蔽性强的特点，充分利用互联网大数据和区块链等新技术精准识别侵权行为，降低侵权识别成本，加大侵权打击力度。一方面，推动文字、图像搜索引擎以及大数据系统的创新发展，知识产权权利人可以利用上述技术对侵权商品和侵权行为进行关键词识别，便于权利人及时发现侵权行为并维权，破解数字知识产权侵权责任主体认定难的问题。另一方面，促进区块链等电子数据存证技术的发展，利用区块链技术可以进行交易数据、电子凭证等关键证据的永久留存，降低信息被篡改、删除的风险，对涉互联网知识产权案件的取证留存模式进行数字化改革，以提高取证效率、降低取证成本，破解数字知识产权案件举证难的问题。在实现数字知识产权保护技术创新的方式上，建立上海市公共技术创新平台，鼓励本市各类数智产业园区进行知识产权保护技术的联合开发，共同抵御针对数字知识产权的侵权违法行为。

二是加快建设上海市知识产权大数据中心，加强国际合作。上海市知识产权局、知识产权法院和市场监管部门需要就知识产权保护工作建立信息互通共享机制，推进专利申请授权、企业信用、司法审判和行政执法信息系统之间的互联互通，促进数字知识产权管理和执法协作。针对跨国界的数字知识产权侵权行为，上海市需要加强与国内外数字企业、各国各地区政府以及知识产权国际组织的相互沟通、协调与合作，在此基础上强化在数字知识产权协同执法、数据互通、人才培训和交流等领域的国际合作，积极承办国际知识产权保护研讨会和国际教育活动，实现互利共赢。鼓励上海市数字经济龙头企业与国际知识产权保护组织合作建立以数字技术为支撑的知识产权打假联盟，形成强大的保护合力。在国家知识产权局指导下，积极参与国际数字知识产权保护规则和标准的制定，向世界贡献数字知识产权治理的上海经验。

三是制定专门的数字知识产权保护政策，推进数字知识产权地方立法。上海市需要加强在数字经济领域的知识产权地方立法，使之更适应数字经济时代的知识产权保护需求。对现有的数字知识产权保护制度进行梳理，结合上海市当前数字经济发展对于知识产权行政保护的新趋势和新要求，形成一套兼具综合性、基础性和前瞻性的数字知识产权保护制度。在此基础上，丰富和完善人工智能、电子商务、大数据、物联网等细分产业的知识产权保护条例，引入专业机构、专业人才以及业界技术专家参与立法，指定或成立专门机构推进立法。同时密切关注数字经济新领域的高速发展和变化，针对新型网络纠纷及时出台相应的知识产权保护制度修订条例，以适应数字经济领域创新和应用周期不断缩短的情况。在执法方面，培养具备数字技能的专业数字技术调查官参与执法调查，精准直击数字产业知识产权保护的痛点和难点，构建统一、高效和完善的数字产业知识产权保护体系。

## 四、坚持推动数字产业政策向普惠化功能性转变

一是从整体上推动上海市数字产业政策及时转型，从差异化、选择性产业政策转向普惠化、功能性产业政策，充分利用市场机制改造财政补贴等传统产业政策手段。目前上海市数字产业政策体系仍然以财政补贴等选择性产业政策为主，功能性产业政策起辅助作用。虽然选择性产业政策在过去几十年的产业发展实践中起到重要作用，但随

着上海市步入数字经济时代，数字技术与实体经济深度融合，部分产业、部分企业的技术快速发展，甚至处于全球领先地位，选择性产业政策的弊端逐渐暴露。选择性产业政策在一定程度上会扭曲价格机制和破坏公平竞争，偏好扶持大中型企业的政策倾向可能阻碍小企业的颠覆性数字技术创新，失去技术开发的先机。与选择性产业政策不同，功能性产业政策面向的对象是普惠化的，对各类产业、各种所有制企业和各种规模的企业一视同仁，市场居于主导地位。功能性产业政策着眼于弥补市场失灵，培育市场功能，优化产业发展的市场环境，促进技术创新，提升人力资本，降低社会交易成本，起到“查漏补缺”的作用。当然，选择性产业政策在一定条件下仍然有发挥作用的空间，关键是要明确政策的适用领域和边界。上海需要充分利用国际化优势，学习更加符合国际惯例和规则的政策支持方式，借助市场机制改造传统产业政策手段，把对公平竞争的破坏降到最低。

二是密切关注中小微民营企业数字化转型过程中遇到的堵点、痛点、难点，破解中小微民营企业“不愿转、不敢转、不会转”的问题。针对部分中小微民营企业因成本高而不愿意进行数字化转型的问题，上海市需要加大对中小微民营企业数字化转型的专项扶持力度，探索合适的数字化转型专项补贴力度，减轻企业转型的资金压力。针对部分中小微民营企业因转型阵痛期长而不敢进行数字化转型的问题，上海市可以联动区政府、相关行业协会和特色园区，加强对企业数字化转型全过程的动态督促、管理和服务力度，建立企业数字化转型问题报告、进度报告和运行监测报告等机制，帮助中小微民营企业平稳渡过数字化转型阵痛期。针对中小微民营企业因数字化转型能力不够而“不会转型”的问题，上海市可以建立数字化转型服务供应商推荐目录，鼓励供应商开发中小企业数字化转型通用工具，树立数字化转型方案先进典型，搭建数字化转型服务供应商与中小微民营企业的信息对接平台，降低企业数字化转型的成本，引导更多中小微民营企业进行数字化转型实践。

## 五、整合数字技术和人才政策并实施精准推送

一是加强上海市数字技术、人才政策的顶层设计和政策整合。上海需要对分散在各产业、各市辖区产业政策文件中的数字技术扶持政策和数字人才政策进行梳理、整合、重构，制定统一协调的上海市数字技术政策和数字人才政策。基于各产业对数字基础技术和数字人才的需求共性，上海需要制定带有地方性法规性质的数字技术政策文件和数字人才政策文件，增强政策稳定性、科学性和可持续性。充分利用上海市企业服务云等一站式互联网服务平台，上海可以建立数字技术、数字人才政策服务专区，将现行人才政策进行归类整理，形成顶层政策、综合政策、配套政策和具体操作流程四个层级，再运用中英双语进行线上发布和实时更新，完善线上政策咨询和政策申报机制，降低企业、数字技术项目和数字人才的政策搜寻成本。

二是加强政策宣传，根据上海市数字技术政策和数字人才政策的特征标签主动搜寻适用企业、项目和人才，精准实施政策推送。一方面，通过新闻媒体和网络媒介，上海可以加强对梳理整合后的上海市数字技术、人才政策的宣传和推广，提高政策普及度和影响力；另一方面，上海需要转变过去制定政策吸引项目和人才上门的做法，充分利用本市数字技术项目和数字人才数据库，根据本市数字技术和人才

政策的特征标签主动搜寻目标技术和人才，组织专门力量上门进行政策宣传和推介，实现政策打包、精准送达，增强上海市数字技术引进和数字人才引进的主动性和精准性。

## 六、完善信息基础设施和培育新技术应用场景

一是进一步完善数据开放共享制度和治理机制建设。在保障数据安全和数据所有者权益的情况下，上海需要构建多源汇聚、关联融合、高效共享和有序开发利用的数据资源制度体系。同时，政府作为数据管理者需要推进数据体系建设，加强对数据的管理和有机整合，促进数据的开放共享和高效利用。

二是政策积极培育新技术应用场景，充分发挥政府、国有企业等的引领作用。对于部分成本较高但具有极强规模经济效应的数字基础设施，政府牵头，适当引入民间资本参与建设，保障数字基础设施建设尽可能接近最小经济规模，充分挖掘数字基础设施建设的规模经济红利。对于部分应用场景不明确，法律定位模糊的数字技术，上海可以在政府部门内部先行寻找应用场景，充分发挥政府采购的引领和示范作用，如与华为等合作尝试在政府部门内推广应用区块链技术等。对于那些市场主体参与度不高的数字技术应用，积极探索和总结应用程度不高、市场主体参与度较低的原因，改革其中限制性因素等。例如，当前数据交易大多基于场外交易，上海可以适当引入国有企业、政府数据在场内交易，积极挖掘数字交易平台的网络外部性效应，不断提高数字经济平台体量和服务水平。

# 参考文献


1. 艾瑞咨询:《2022年中国供应链数字化升级行业研究报告》, https://max.book118.com/html/2022/0524/8027104050004103.shtm。

2. 白雪洁、李琳、宋培:《数字化改造能否推动中国行业技术升级?》,《上海经济研究》2021年第10期。

3. 蔡爱民、查良松:《GIS数据共享机制研究》,《安徽师范大学学报》(自然科学版)2005年第2期。

4. 曾艺、韩峰、刘俊峰:《生产性服务业集聚提升城市经济增长质量了吗?》,《数量经济技术经济研究》2019年第5期。

5. 钞小静、薛志欣、孙艺鸣:《新型数字基础设施如何影响对外贸易升级——来自中国地级及以上城市的经验证据》,《经济科学》2020年第3期。

6. 陈宏辉、贾生华:《企业利益相关者的利益协调与公司治理的平衡原理》,《中国工业经济》2005年第8期。

7. 陈钊、初运运:《新兴企业进入与产业链升级:来自中国无人机行业的证据》,《世界经济》2023年第2期。

8. 程大中:《中国服务业存在"成本病"问题吗?》,《财贸经济》2008年第12期。

9. 程大中:《中国服务业增长的特点、原因及影响——鲍莫尔—富克斯假说及其经验研究》,《中国社会科学》2004年第2期。

10. 戴魁早、黄姿、王思曼:《数字经济促进了中国服务业结构升级吗?》,《数量经济技术经济研究》2023 年第 2 期。

11. 戴跃华:《上海数字贸易发展的瓶颈和对策》,《科学发展》2020 年第 8 期。

12. 邓子云、何庭钦:《区域人工智能产业发展战略研究》,《科技管理研究》2019 年第 7 期。

13. 第一财经:《上海:2023 年将新建 5G 基站 1 万个 5G 网络流量占比超 60%》,第一财经 https://finance.sina.cn/2023-02-07/detail-imyevxkr6240343.d.html,2023 年 5 月 31 日。

14. 丁国杰、韩佳、刘梦琳等:《临港新片区打造高水平数字贸易枢纽港研究》,《科学发展》2022 年第 9 期。

15. 丁伟、倪诗颖:《数字贸易视野下我国跨境数据监管的发展困境及合作治理》,《北京邮电大学学报》(社会科学版)2023 年第 1 期。

16. 董祥千、郭兵、沈艳等:《基于利润最大化的数据资产价值评估模型》,《大数据》2020 年第 3 期。

17. 敦帅、陈强:《创新策源能力:概念源起、理论框架与趋势展望》,《科学管理研究》2022 年第 4 期。

18. 敦帅、陈强、马永智:《创新策源能力评价研究:指标构建、区域比较与提升举措》,《科学管理研究》2021 年第 3 期。

19. 复旦大学数字与移动治理实验室:《中国地方政府数据开放报告(2020 年上半年)》。

20. 高骞、史晓琛:《转变思路,应对挑战,增强上海科技创新策源功能》,《科学发展》2021 年第 1 期。

21. 高世超、田倩仪:《智库视点 | 民营企业参与上海城市数字化转型的对策建议》，上海经信智声，https://mp.weixin.qq.com/s/j6kvtDgZuwq5x6YZOPa3Cw，2021 年。

22. 郭凯明、杭静、徐亚男:《劳动生产率、鲍莫尔病效应与区域结构转型》,《经济学动态》2020 年第 4 期。

23. 韩峰、柯善咨:《追踪我国制造业集聚的空间来源：基于马歇尔外部性与新经济地理的综合视角》,《管理世界》2012 年第 10 期。

24. 韩峰、阳立高:《生产性服务业集聚如何影响制造业结构升级？——一个集聚经济与熊彼特内生增长理论的综合框架》,《管理世界》2020 年第 2 期。

25. 韩璐、陈松、梁玲玲:《数字经济、创新环境与城市创新能力》,《科研管理》2021 年第 4 期。

26. 江飞涛:《理解中国产业政策》，中信出版集团 2021 年版。

27. 江小涓、罗立彬:《网络时代的服务全球化——新引擎、加速度和大国竞争力》,《中国社会科学》2019 年第 2 期。

28. 江小涓:《高度联通社会中的资源重组与服务业增长》,《经济研究》2017 年第 3 期。

29. 孔艳芳、刘建旭、赵忠秀:《数据要素市场化配置研究：内涵解构、运行机理与实践路径》,《经济学家》2021 年第 11 期。

30. 李培鑫:《上海张江：争当“元宇宙”发展领跑者》,《决策》2023 年第 Z1 期。

31. 刘斌、崔楠晨:《数字贸易规则与中国制度型开放：未来向度和现实进路》,《中国特色社会主义研究》2022 年第 2 期。

32. 刘淑春:《中国数字经济高质量发展的靶向路径与政策供给》,《经济学家》2019 年第 6 期。

33. 刘叶婷、唐斯斯:《大数据对政府治理的影响及挑战》,《电子政务》2014 年第 6 期。

34. 刘奕、夏杰长、李垚:《生产性服务业集聚与制造业升级》,《中国工业经济》2017 年第 7 期。

35. 骆建文、王洋:《提升深圳科技创新策源能力的国际顶尖人才集聚与培育策略研究》,《上海管理科学》2022 年第 5 期。

36. 庞瑞芝、李帅娜:《数字经济下的“服务业成本病”:中国的演绎逻辑》,《财贸研究》2022 年第 1 期。

37. 上海市经信委:《〈上海市信息基础设施管理办法〉正式施行,关于上海信息基础设施,你需要知道的那些事》,上海市经信委 https://app.sheitc.sh.gov.cn/zxxx/694562.htm,2023 年 3 月 3 日。

38. 上海市人民政府办公厅:《关于进一步加快智慧城市建设的若干意见》,2020 年。

39. 上海市人民政府办公厅:《上海市数字经济发展“十四五”规划》,2022 年。

40. 上海市市场监管局:《上海市召开公平竞争审查联席会议,通报第三方评估情况》,上海市市场监管局,2020 年 7 月 9 日。

41. 施东辉:《发挥科创板与注册制优势,强化上海科技创新策源功能》,《科学发展》2021 年第 6 期。

42. 宋方青、邱子键:《数据要素市场治理法治化:主体、权属与路径》,《上海经济研究》2022 年第 4 期。

43. 宋建、郑江淮:《产业结构、经济增长与服务业成本病——

来自中国的经验证据》，《产业经济研究》2017 年第 2 期。

44. 汤婧：《“竞争中立”规则：国有企业的新挑战》，《国际经济合作》2014 年第 3 期。

45. 万晓榆、罗焱卿、袁野：《数字经济发展的评估指标体系研究——基于投入产出视角》，《重庆邮电大学学报》（社会科学版）2019 年第 6 期。

46. 王佳希、杨翘楚：《中国在全球创新网络中的地位测度——来自美国专利数据库的证据》，《中国科技论坛》2022 年第 7 期。

47. 王小瑛：《陈国青：大数据的管理喻意》，《商学院》2014 年第 6 期。

48. 魏航：《ChatGPT：对传统教育“时空力”的挑战》，https://mp.weixin.qq.com/s/dGzY2HGC-jzgOl7qi0MzBw，2023 年 2 月 10 日。

49. 魏作磊、刘海燕：《服务业比重上升降低了中国经济增长速度吗》，《经济学家》2019 年第 11 期。

50. 吴江：《数据交易机制初探——新制度经济学的视角》，《天津商业大学学报》2015 年第 3 期。

51. 夏杰长、肖宇：《以服务创新推动服务业转型升级》，《北京工业大学学报》（社会科学版）2019 年第 5 期。

52. 向东旭：《唯物史观视域下的数字资本逻辑批判》，《当代世界与社会主义》2021 年第 6 期。

53. 谢婼青：《科技创新策源能力：影响因素与提升路径》，《上海经济研究》2023 年第 2 期。

54. 薛强：《推进企业标准监管的思考与建议》，《中国市场监管研究》2019 年第 9 期。

55. 杨先明、侯威、王一帆:《数字化投入与中国行业内就业结构变化:“升级”抑或“极化”》,《山西财经大学学报》2022 年第 1 期。

56. 杨以文、郑江淮:《区域专利合作促进人工智能发展的机制与效应测度——来自 WIPO 数据的经验证据》,《东南学术》2021 年第 4 期。

57. 叶琴、徐晓磊、胡森林等:《长三角人工智能产业空间格局及影响因素》,《长江流域资源与环境》2022 年第 3 期。

58. 殷凤、党修宇:《上海对接高标准数字贸易规则的现状、不足与对策》,《秘书》2022 年第 6 期。

59. 于良春:《中国的竞争政策与产业政策:作用、关系与协调机制》,《经济与管理研究》2018 年第 10 期。

60. 余典范、王超、陈磊:《政府补助、产业链协同与企业数字化》,《经济管理》2022 年第 5 期。

61. 余典范、王超、龙睿:《生产网络的理论与应用研究进展》,《产经评论》2022 年第 4 期。

62. 余东华、信婧:《信息技术扩散、生产性服务业集聚与制造业全要素生产率》,《经济与管理研究》2018 年第 12 期。

63. 张波:《问策上海 2025 | 引才政策的发展历程、经验及改进建言》,澎湃网 https://www.thepaper.cn/newsDetail_forward_10201197,2020 年。

64. 张其仔、许明:《实施产业链供应链现代化导向型产业政策的目标指向与重要举措》,《改革》2022 年第 7 期。

65. 张晴、于津平:《投入数字化与全球价值链高端攀升——来自中国制造业企业的微观证据》,《经济评论》2020年第6期。

66. 张伟:《生成式AI发展划了安全和规范底线》,《中国高新技术产业导报》2023年4月17日。

67. 张晓玉:《基于讨价还价博弈的大数据商品交易价格研究》,辽宁科技大学硕士学位论文2016年。

68. 张渊阳:《智库视点 | 为加快推动上海产业数字化转型的对策建议》,上海经信智声 https://mp.weixin.qq.com/s/eH4j4gWgwL7oYFD2p7RsyQ,2021年。

69. 赵宸宇、王文春、李雪松:《数字化转型如何影响企业全要素生产率》,《财贸经济》2021年第7期。

70. 赵文华:《基于专利信息分析的上海技术创新策源能力评价研究》,华东师范大学硕士学位论文2020年。

71. 赵义怀:《上海数字经济发展的现实基础、未来思路及举措建议》,《科学发展》2020年第4期。

72. 郑畅:《人力资本对城市创新的影响及其异质性分析》,西南财经大学硕士学位论文2021年。

73. 中华工商时报:《上海:专精特新企业民企占比超九成 市民营经济发展联席会议通过2023年促进民营经济高质量发展行动计划》,https://www.acfic.org.cn/qlgz/gdgsl/202304/t20230414_190281.html,2023年。

74. 仲春:《奇虎诉腾讯垄断案件中相关商品市场的界定》,《电子知识产权》2013年第10期。

75. Acemglu D., Akcigit U., Kerr W. R., "Innovation network. Proceedings of the National Academy of Sciences", 2016 (113):

11483–11488.

76. Alaei S., Makhdoumi A., Malekian A., “Optimal subscription planning for digital goods”, 2019.

77. Banihashemi S., Hosseini M. R., Golizadeh H. et al., “Critical success factors (CSFs) for integration of sustainability into construction project management practices in developing countries”, International journal of project management, 2017.

78. Baumol W. J., “Macroeconomics of Unbalanced Growth”, American Economic Review 1967, 57 (3): 415–426.

79. Bhargava B., Ranchal R., Othmane L. B., “Secure information sharing in digital supply chains”, 3rd IEEE international advance computing conference (IACC). IEEE, 2013: 1636–1640.

80. Boehm C. E., Flaaen A., Pandalai-Nayar N., “Input linkages and the transmission of shocks: Firm-level evidence from the 2011 Tōhoku earthquake”, Review of Economics and Statistics, 2019, 101(1): 60–75.

81. Carretero A. G., Gualo F., Caballero I., et al., “MAMD 2.0: Environment for data quality processes implantation based on ISO 8000-6X and ISO/IEC 33000,” Computer Standards & Interfaces, 2017.

82. Carvalho V. M., Nirei M., Saito Y. U. et al., “Supply chain disruptions: Evidence from the great east japan earthquake”, The Quarterly Journal of Economics, 2021, 136(2): 1255–1321.

83. Chen Q., Gao Y., Pei J. et al., “China’s domestic production networks”, China Economic Review, 2022, 72: 101767.

84. China AI, “Development Report”, China Institute for Science

and Technology Policy at Tsinghua University, 2018.

85. Colombier, C., “Drivers of health care expenditure: Does Baumol’s cost disease loom large?”, FIFO Discussion Paper 2012: 12–15.

86. Damioli G., Van Roy V., Vertesy D., “The impact of artificial intelligence on labor productivity”, Eurasian Business Review, 2021, 11: 1–25.

87. Fuchs V. R., The Service Economy, Columbia University Press, 1968.

88. Hartwig J., “What Drives Health Care Expenditure?—Baumol’s Model of ‘Unbalanced Growth’ Revisited”, Journal of Health Economics 2008, 27(3): 603–623.

89. Heckman J. R., Boehmer E. L., Peters E. H. et al., “A pricing model for data markets,” i Conference 2015 Proceedings, 2015.

90. Korovkin V., Makarin A., “Production Networks and War: Evidence from Ukraine”, Available at SSRN 3969161, 2022.

91. Langston J., “Microsoft announces new supercomputer, lays out vision for future AI work”, Microsoft AI Blog, 2020.

92. Lucas Jr., Robert E., “On the mechanics of economic development. Journal of monetary economics”, 1988, 22: 3 42.

93. Pan W., Xie T., Wang Z., et al., “Digital economy: An innovation driver for total factor productivity”, Journal of Business Research, 2022, 139: 303–311.

94. Pei J., “A survey on data pricing: from economics to data science,” IEEE Transactions on knowledge and Data Engineering,

2020.

95. Piraveenan M., Jing H., Matous P. et al., "Topology of international supply chain networks: A case study using factset revere datasets", IEEE Access, 2020, 8: 154540–154559.

96. Romer P. M., "Endogenous technological change. Journal of Political Economy", 1990, 98: S71–S102.

97. Shreeves S. L., Cragin M. H., "Introduction: Institutional repositories: Current state and future", Library Trends, 2008.

98. Swan J., Newell S., Scarbrough H. et al., "Knowledge management and innovation: networks and networking. Journal of Knowledge Management", 1999 (3): 262–275.

99. The economics of artificial intelligence: an agenda, University of Chicago Press, 2019.

100. Tung L., "ChatGPT can write code. Now researchers say it's good at fixing bugs, too. ZDNet". 2023.

101. Yu, Dianfan, Rui Long, and Chao Wang, "Production Network: Application in China", International Studies of Economics, 2023, 2：159–183.

# 后 记

加快发展数字经济，促进数字经济与实体经济深度融合是新形势下增强产业链供应链韧性，推动产业向高端化、智能化和绿色化发展的重要途径。上海市在人工智能、大数据和云计算等前沿领域有着坚实的基础，市第十二次党代会明确提出“要推动产业数字化与数字产业化协同发展、打造具有世界影响力的国际数字之都。”上海所承担的国家战略、自身的经济和产业结构特点决定了其数字化发展战略的特殊性。本书聚焦“数字经济与上海产业高质量发展”这一主题，通过数据分析、典型案例研究等方法深入评估和总结了上海市产业数字化转型的现状和问题，并从实现数字化引领方面提出了针对性建议。

作为 2023 年度上海智库报告系列丛书之一，本书得到上海市哲学社会科学规划办公室的大力支持，智库报告评审过程中专家提供的宝贵建议显著提升了本书质量。同时，本报告的顺利出版离不开上海人民出版社专业和高效的编校工作，在此深表感谢。本报告是上海财经大学中国式现代化研究院、中国自由贸易试验区协同创新中心、中国产业发展研究院集体研究的成果。具体分工如下：余典范教授负责拟定报告内容纲要、组织撰写，并对全书进行通校和审订，王超承担了相关的联络、校对工作，宋晴参与了相关章节的校对工作。第一章由龙睿和贾咏琪负责，第二章由王佳希和宋晴负责，第三章由魏航教授负责，第四章由杨翘楚和张宇负责，第五章由王超负责，第六章由张艺璇和李鑫负责，第七章由张家才和杨佳琪负责。

希望本报告的出版能起到抛砖引玉的效果，在为上海市产业数字化转型提供资料参考的同时，激发更多决策者、研究者和读者的关注和讨论。

作者

2023 年 8 月

**图书在版编目(CIP)数据**

乘数而上:数字赋能上海产业高质量发展/余典范等著.—上海:上海人民出版社,2023
(上海智库报告)
ISBN 978-7-208-18497-8

Ⅰ.①乘… Ⅱ.①余… Ⅲ.①信息经济-经济发展-研究-上海 Ⅳ.①F492.3

中国国家版本馆 CIP 数据核字(2023)第 157034 号

**责任编辑** 罗 俊 郑一芳
**封面设计** 懂书文化

上海智库报告
**乘数而上**
——数字赋能上海产业高质量发展
余典范 魏 航 王 超 王佳希
张家才 杨翘楚 等 著

**出 版** 上海人民出版社
(201101 上海市闵行区号景路 159 弄 C 座)
**发 行** 上海人民出版社发行中心
**印 刷** 上海新华印刷有限公司
**开 本** 787×1092 1/16
**印 张** 18
**插 页** 2
**字 数** 202,000
**版 次** 2023 年 9 月第 1 版
**印 次** 2023 年 9 月第 1 次印刷
ISBN 978-7-208-18497-8/F·2839
**定 价** 80.00 元